朝鮮時代 身分變動 研究

朝鮮時代 身分變動 研究

-賤人의 身分上昇을 중심으로-

李 弘 斗 著

혜안

머리말

이 책은 1996년 동국대학교 대학원에 '朝鮮時代 賤人의 身分變動研究'라는 주제로 제출한 박사학위논문을 약간 수정 보완한 것이다. 그 주요 내용은 첫째, 조선시대 천인이 신분상승함에 있어서 조선 초기와 임진왜란 직후는 천인 從良의 폭이 확대되는 데 반하여, 성종대 이후와 인조반정부터는 오히려 그 폭이 축소되는 이유가 어디에 있으며, 둘째, 천인 종량이 확대되는 현상을 통해서 중세사회 해체 과정과 시대적 성격을 해명할 수 있는가를 究明하는 데 있다.

필자가 이와 같은 문제에 관심을 갖게 된 것은 1993년 박사과정을 이수하던 중 조선시대 신분사를 깊이 공부하면서부터이다. 그런데 당시 신분구조 변동에 대한 국사학계의 대체적인 견해는 조선 초기의 경우 각 신분 간의 사회이동이 활발하였으나 17세기부터는 신분의 하향이동 현상이 보편화되었으며, 18세기 이후부터는 신분의 상향이동이 전개된다는 것이었다. 이 때 조선 전기는 과거를 통한 양인신분 내의 계층이동이 주류이고, 18세기 이후 천인의 신분상승은 도망한 노비가 대부분인 것으로 이해하였다. 따라서 필자는 천인의 從良을 국가발전 단계와 관련해 볼 때 조선 후기가 조선 전기보다 신분변동의 폭과 범위가 확대되어야 함에도 불구하고 무엇 때문에 신분변동의 폐쇄적 현상이 더욱 심화되는가 하는 의문을 가지게 되었다.

이러한 문제의식에서 출발한 필자는 조선 초기에 있어서 法制를 통한 천인 종량의 구체적인 사례에 주목하게 되었다. 전통사회에 있어서 양인의 職役은 軍役이었다. 따라서 군역의 의무가 없는 천인이 법제를 통해 군역에 편제되는 일련의 과정을 해명할 수 있다면 천인의 良人化를 입증할 수 있을 것으로 생각하였다.

이와 같은 연구계획을 실현하기 위한 작업의 일환으로 필자는 먼저 세조대부터 인조 때까지의 기간에 천인이 軍功論賞을 통해서 어떻게 신분상승하는가의 문제를 李施愛亂, 乙卯倭變, 尼湯介亂, 壬辰倭亂, 丙子胡亂 등을 중심으로 살펴보았다(1995, 「軍功論賞을 통한 조선조 賤人의 身分變動」, 『동국사학』 29). 다음으로 세조 5년 五衛 소속인 奴軍의 壯勇隊가 설치되었는데 장용대는 公私奴婢가 입속하여 去官과 동시에 從良되었다는 점에서 조선 초기 천인의 제도적 종량을 통한 신분이동의 개방적 특성을 고찰하는 데 타당한 주제였다(1996, 「壯勇隊를 통한 朝鮮時代 賤人의 身分變動」, 『실학사상연구』 8). 한편 조선 초기 사회성격을 구명하는 방법으로 補充隊 입역을 통한 천인의 종량 문제를 살펴보았다. 필자는 여기서 보충대가 兩班婢妾 소생의 특권을 보장하기 위한 제도였을 뿐 아니라 양인을 확대하기 위한 목적도 있었음을 입증하여 조선 초기 사회성격을 良賤制 사회로 해석하였다(1996, 「補充隊를 통한 賤人의 身分變動」, 『동국사학』 30). 이후 필자는 조선 초기는 천인 종량의 폭이 가장 컸던 시기였음을 확인하고, 다른 한편으로 17세기 이후는 신분하강 현상이 보편화되었다고 주장한 E. W. 와그너와 한영국의 견해를 사회변동론에 입각하여 비판하였다(1996, 「朝鮮時代 賤人 身分變動의 諸問題」, 『경주사학』 15). 조선 후기 사회성격에 관해서는 임진왜란 이후 하급신분의 광범한 신분상승이 실현되었다는 신분변동론에 대해, 양란 이후의 거듭된 전란에도 불구하고 양반지배체제가 오히려 강고해졌다는 신분불변동론이 있다. 인조반정 이후 서인이 정국을 주도하면서부터 양반중심의 사족지배체제가 확립되어 신분하강 현상이 보편화되었음은 부인할 수 없겠다. 한편 조선 후기부터 나타난 중세 신분질서 해체과정은 양란 이후의 사회변동에 편승하여 더욱 심화되어 갔다. 이와 같은 맥락에서 천인이 불법으로 武科에 급제하여 土族으로 신분상승하는 사례를 선조대 賤人武科, 광해군대 廣取武科, 숙종대 萬科를 중심으로 살펴보았다(1996, 「武科를 통해 본 조선후기 천인의 身分變動」, 『민족문화』19). 이어서 公私賤과 內奴가 束伍軍을 통해서 신분상승하는 과정을 두 가지로 나누어 살펴보았다. 하나는 속오군이 軍役에 편제되어 종량하는 경우이고, 다른 하나는 營將制 실시 이후 속오군이 給保·給復됨으로써 천인들의 사회적 지위가 상승하는 경우이다(1997, 「束伍軍을 통해 본 조선후기 賤人의 身分變動」, 『군사』34).

이와 같은 내용의 본서는 크게 두 부분으로 나누어 연구되었다. 첫째, 지금까지 조선 전기는 職役에 따라 신분이 세습된 사회였기 때문에 천인의 양인화가 불가능한 것으로 인식하였다. 그러나 이러한 신분 해석은 성종대 이후부터 적용이 가능할 뿐 법제를 통해 천인의 양인화가 폭넓게 실현된 조선 초기(개국~세조 연간)에는 적용할 수 없다는 점을 입증하고자 하였다. 본서의 2·3·4장이 여기에 해당된다. 둘째, 조선시대 천인의 양인화 문제를 중세 신분질서 해체과정의 일환으로 접근하려고 하였다. 특히 임진왜란 이후부터 숙종대까지를 다룬 5장에서는 천인이 무과에 급제하여 신분상승하는 과정을 실증적 차원에서 접근하되, 북벌체제와 赴防軍士 확보문제와 연관하여 살펴보려고 하였다.

그러나 이 책은 천인이 양인으로 신분상승하는 문제를 천인의 군역편제와 무과급제에 한정하였기 때문에 중세사회 해체과정이나 시대성격을 밝히기에는 한계가 있으며, 논지의 전개 또한 비약이 없지 않다고 생각한다. 이러한 문제는 高麗 部曲의 郡縣昇格을 통한 천인의 신분상승과 조선시대 奴婢從父·從母法을 통한 천인의 신분상승을 다루는 과정에서 보완할 것을 약속하는 바이다.

 부족하지만 필자가 이 정도의 책을 출간하는 데는 많은 분들의 지도와 격려가 있었다. 먼저 지도교수이신 元裕漢 선생님께서는 학문적인 지도와 함께 진정한 학자의 길을 몸소 실천을 통해 가르쳐 주셨다. 南都泳 선생님께서는 큰 주제를 선택하되 철저한 고증을 요구하셨으며, 林英正 선생님께서는 신분사 분야를 연구하는 학자로 성장할 수 있도록 이끌어 주셨다. 車文燮 선생님께서는 필자의 부족한 글을 읽고 많은 잘못을 지적해 주셨지만 용기도 함께 주셨다. 명지대학교의 洪鍾佖 선생님께서는 철저한 사료 분석을 통한 논문지도뿐만 아니라 필자가 대학강단에 설 수 있도록 배려해 주셨다. 또한 학부 때부터 관심을 갖고 격려해 주신 홍익대학교의 丁海本 선생님과 金九鎭 선생님의 學恩에 힘입은 바가 크다. 고려대학교 柳承宙 선생님께도 감사드린다. 필자가 한문 원전을 해독할 수 있도록 가르침을 주신 전북 장수군 산서면 오산리 雲洞書堂의 曉山 權熙哲 선생님께도 감사드린다. 여러 번 수정한 원고를 참을성 있게 타이핑해 준 동국대학교 사학과 박사과정의 朱聖智 님에게도 따뜻한 감사를 드린다. 아울러 본 연구가 있기까지 인내로써 뒷바라지한 아내에게 감사한 마음을 전한다. 끝으로 경제성이 없는 학술서적을 출판해 주신 오일주 사장님, 윤문과 교정을 맡아주신 김현숙 선생님과 도서출판 혜안의 모든 분들께 깊은 감사를 드린다.

1999년 7월 필자

朝鮮時代 身分變動 研究
차 례

서 론

　조선시대 신분구조와 신분이동의 성격에 관해서는 크게 두 시기로 나누어 설명되고 있다. 조선 초기의 사회신분을 둘러싸고 양반·중인·양인·천인으로 나누는 四分法의 兩班制說과 양인과 천인으로 구분하는 二分法의 良賤制說이 상호 대립관계에 있으며, 양란 이후 하층계급의 광범한 신분상승이 실현되었다는 변동론과 임진왜란 이후의 거듭된 전란에도 불구하고 양반지배체제가 오히려 강고해졌다는 불변동론이 양립하고 있다.[1]

---

1) 조선시대 신분사 연구 현황은 다음 글을 참조할 것. 金俊亨, 1986, 「朝鮮後期 身分制·鄕村秩序의 硏究現況과 '국사' 敎科書의 內容分析」, 『歷史敎育』 39 ; 金仁杰, 1987, 「朝鮮後期 身分史 硏究現況」, 近代史硏究會 編, 『韓國中世社會 解體期의 諸問題(下)』; 鄭杜熙, 1993, 「朝鮮前期 支配勢力의 形成과 變動」, 『韓國社會發展史論』; 權寧國, 1995, 「身分構造와 職役」, 한국역사연구회 편, 『한국역사입문②』; 韓嬉淑, 1995, 「良賤制와 身分構造變動」, 한국역사연구회 편, 『한국역사입문②』. 조선시대 신분제와 신분논쟁에 관한 것은 다음 논고를 참조할 것. 李相佰, 1964, 「賤者隨母考 - 良賤交婚出生者의 身分歸屬問題 -」, 『震檀學報』 25·26합집 ; 文守弘, 1967, 「朝鮮初期의 奴婢考 - 奴婢의 從夫·從母法을 중심으로 -」, 성균관대 석사학위논문 ; 平木實, 1968, 「17世紀에 있어서의 奴婢從良」, 『韓國史硏究』 3 ; 全炯澤, 1982, 「補充軍 立役規例를 통해 본 朝鮮初期의 身分構造」, 『歷史敎育』 30·31집 ; 鄭鉉在, 1984, 「朝鮮初期의 新良人」, 『慶尙大論文集(人文系編)』 23-1 ; 池承鍾, 1985, 「朝鮮前期의 免賤從良과 良賤間의 身分障壁」, 『社會科學硏究』 3, 慶尙大 ; 梁寧祚, 1986, 「麗末鮮初 良賤交婚과 그 所生에 관한 硏究」, 『淸溪史學』 3, 韓國精神文化硏究院 ; 李成茂, 1987, 「朝鮮初期 奴婢의 從母法

조선시대 신분사에 관한 국사학계의 통설은 조선 전기에는 각 신분 간의 사회이동이 활발하였으나 중기 이후부터 폐쇄적으로 되면서 17세기에는 신분의 하향이동이, 18세기 후반 이후는 상향이동이 지배적 현상이었다는 것이다.[2] 그러나 조선 초기의 경우 천인을 양인신분의 身良役賤으로 편제하는 광범한 양인확대정책이 실현되었음에도 불구하고, 지금까지의 身良役賤 연구[3]나 과거제도와 관련한 양인 연구[4] 등은 모두 양인신분 내의 계층이동만을 다루고 있을 뿐이다. 심지어 이분법에 입각한 韓永愚의 양천제 연구도 조선왕조의 건국 주체세력에 중점을 둔 것이기 때문에 천인의 신분변동과는 직접 관련이 없는 실정이다.

태종 17년(1417) 訴良한 良賤不明者 1만여 명을 補充軍에 입역시켜 去官과 동시에 從良하였던 사실,[5] 세조 5년(1459) 賤人兵種으로 창설된 壯勇隊가 실복무를 마치고 去官하면 從良되었던 사례,[6] 세조 13년(1467) 李施愛亂 때 1,254명이 軍功論賞을 통해 從良되었던 사실[7] 등은 신분사의 관점에서 볼 때 중세 신분질서의 해체 요인으로 평가할 수 있으며, 임진왜란 이후 천인의 武科及第[8]와 束伍

과 從父法」,『歷史學報』115 ; 李成茂, 1987,「朝鮮時代 奴婢의 身分的 地位」,『韓國史學』9, 韓國精神文化研究院 ; 金東仁, 1994,「朝鮮前期 良賤交婚에 나타난 良人分化 樣態」,『崇實史學』8 ; 韓永愚, 1983,「朝鮮初期 兩班研究의 現況과 問題點」,『朝鮮前期社會經濟研究』; 李成茂, 1984,「朝鮮初期 身分史研究의 再檢討」,『歷史學報』102 ; 韓永愚, 1985,「朝鮮初期 社會階層研究에 대한 再論」,『韓國史論』12 ; 劉承源, 1986,「朝鮮初期身分制研究」, 乙酉文化社 ; 宋俊浩, 1987,「朝鮮兩班考」,『朝鮮社會史研究』, 一潮閣.
2) 金仁杰, 1987, 앞의 논문, 339쪽.
3) 劉承源, 1973,「朝鮮初期의 身良役賤階層」,『韓國史論』1, 서울대 국사학과.
4) 宋俊浩, 1976,「朝鮮時代의 科擧와 兩班 및 良人」,『歷史學報』69 ; 崔永浩, 1991,「朝鮮王朝 前期의 科擧와 身分制度」,『國史館論叢』26.
5) 李弘斗, 1996,「補充隊를 통한 賤人의 身分變動」,『東國史學』30.
6) 李弘斗, 1996,「壯勇隊를 통한 朝鮮時代 賤人의 身分變動」,『實學思想研究』8.
7) 李弘斗, 1995,「軍功論賞을 통한 朝鮮朝 賤人의 身分變動」,『東國史學』29.

軍의 편제9)를 통해서도 중세 신분질서 동요 현상의 일단을 살필 수 가 있겠다.

이와 같은 일련의 역동적인 천인의 신분상승이 『경국대전』의 신분체계와는 다른 양상이라고 할 때, 그 동안 제도사 중심의 신분사 연구는 재해석의 여지가 없지 않다고 하겠다. 즉, 직역을 신분과 동일시함으로써 간과할 수밖에 없었던 신분변동의 역동적 실상을 밝히는 데에 중점을 두어야 할 것이다. 본서는 이러한 문제의식을 갖고 신분변동을 동태적으로 파악함으로써 조선시대 신분구조와 신분이동을 해명하여 시대성격을 究明하고자 한다.

본서의 연구목적은 크게 세 가지로 요약할 수 있다.

첫째, 천인신분이 양인신분으로 변동하는 현상을 신분제의 역동성 내지 진보성으로 간주함으로써 역사를 발전적으로 평가하는 것이다. 조선시대는 職役에 따라 신분이 세습되는 전근대 사회였으므로 신분이나 계급 간의 상하이동은 거의 폐쇄적이었으며, 다만 동일 신분과 계급 내에서의 계층이동만이 가능한 것으로 이해되어 왔다. 그러나 이 같은 신분 해석은 양인의 私民化가 심화된 성종대 이후부터 적용이 가능할 뿐 천인의 양인화가 광범하게 실시된 조선 초기(개국~세조 연간)에는 通時的으로 적용할 수가 없다 하겠다. 따라서 본 연구는 從良의 전제조건인 賤人兵種의 기능을 시대별로 고찰하여 從良의 적용 범주를 밝히고자 한다.

둘째, 군역을 통한 천인의 신분상승에 대한 고찰이다. 지금까지 천인의 신분상승에 관한 연구는 부분적으로만 언급되었을 뿐10) 단일 주제의 논고는 많지 않은 실정이다. 이와 같은 현상은 五衛 소속

---

8) 李弘斗, 1996, 「武科를 통해 본 朝鮮後期 賤人의 身分變動」, 『民族文化』 19.
9) 李弘斗, 1997, 「束伍軍을 통해 본 朝鮮後期 賤人의 身分變動」, 『軍史』 34, 國防軍史研究所.
10) 千寬宇, 1979, 「朝鮮初期 五衛의 兵種」, 『近世朝鮮史研究』, 一潮閣.

의 각 병종에 대한 연구가 미흡한 탓도 있겠지만 그 동안의 연구가
兩班制說에 바탕을 둔 兩班特殊軍의 연구에만 치중하였기 때문인
것으로 이해되는바,11) 이로 인해 賤人兵種의 去官을 통한 신분변
동을 간과하였던 것이다. 따라서 본 연구는 천인이 군역을 통해 신
분변동하는 제 양상의 추이를 살펴봄으로써 천인이 양인으로 신분
상승하는 실상에 접근하고자 한다.

셋째, 補充隊와 壯勇隊의 去官, 軍功論賞, 武科及第, 束伍軍의
편제 등을 통해서 천인의 종량이 광범하게 실현되는 임진왜란을 조
선 후기의 기점으로 해석하는 것이다. 이 문제는 본 연구가 지향하
는 최종목표이며, 역사해석의 이론적 틀을 제공하는 부분에 해당된
다. 이와 같은 일련의 제도를 통한 종량이 정치변동과 시대변화에
따라 실제로 어떻게 신분변동하였는가를 살피고, 아울러 그것이 갖
는 역사적 의의를 검토함으로써 임진왜란이 곧 조선 후기의 기점임
을 입증하려고 한다. 필자의 이 같은 견해는 임진왜란을 기준으로
조선시대를 전기·후기로 구분하는 통설을 부정하고 16·17세기의
조선사회가 동일하다는 사실을 전제로 하는 조선중기설에 대해 반
론적인 성격을 갖는다고 하겠다.12)

지금까지 조선시대 천인의 신분변동에 관한 연구는 조선 전기의
경우 각 신분 간의 상하이동의 폭이 좁은 것으로 인식하였기 때문
에『經國大典』에 의존한 제도사 연구에 비중이 두어졌다. 따라서
補充軍과 壯勇隊 去官을 통한 종량이나 軍功論賞에 의한 종량 등

---

11) 車文燮, 1959~1960,「鮮初의 甲士에 대해서」,『史叢』4·5 ; 1967,「鮮初의
    忠義·忠贊·忠順衛에 대하여」,『사학연구』19 ; 李成茂, 1980,「兩班과 軍
    役」,『朝鮮初期兩班硏究』, 一潮閣 등이 이와 같은 관점에서 기술되었다.
12) 李泰鎭, 1993,「朝鮮後期 兩班社會의 變化」,『韓國社會發展史論』, 一潮閣,
    181~182쪽 ; 金仁杰, 1995,「中世社會의 再編과 近代로의 移行」, 한국역사
    연구회 엮음,『한국역사입문②』, 316쪽.

이 간과되었으며, 조선 후기의 그것은 솔거노비층의 광범위한 도망 현상에 의해서 신분상승하는 것이 주류인 것처럼 해석함으로써[13] 종량의 여러 양상이 충분히 구명되지 못한 실정이다. 이처럼 기존 연구들은 조선 초기의 역동적인 신분변동을 신분의 폐쇄성이 반영된 『경국대전』을 통해 해석함으로써 그 실상을 제대로 파악할 수가 없었다. 따라서 본 연구에서는 천인의 양인화에 따른 여러 요인을 동시에 살펴보려고 한다.

이러한 연구목적과 연구문제로부터 본 연구는 다음과 같은 가설을 설정할 수 있겠다. 첫째, 조선 초기는 양인확대정책이 실시된 결과 천인 종량의 폭과 범위가 확대되었다. 이에 따라 천인신분의 상향이동이 전개될 것이다. 둘째, 성종대부터는 신권이 확대된 결과 양인의 私民化 현상이 심화되기 때문에 신분이동의 폐쇄적 측면이 강화된다. 그러므로 천인신분의 상향이동은 억제될 것이다. 셋째, 임진왜란 이후 광해군 시대까지는 광해군의 실리적 외교와 北人政權의 정국 주도로 신분이동의 개방적 측면이 우세한 결과 천인의 신분상승이 확대될 것이다. 넷째, 崇明反淸의 정치이념과 북벌체제를 고착시킨 인조·효종대는 신분이동의 폐쇄성이 반영된 결과 신분의 하강현상이 나타날 것이다. 다섯째, 현종대부터 실시된 奴婢從母法, 숙종대 萬科를 통한 武科及第와 농업 및 상품화폐경제의 발달로 인해 중세 신분질서가 동요됨으로써 조선의 신분제는 급격히 해체될 것이다.

위의 가설을 검증하기 위해서 필자는 다음과 같은 두 가지 방법으로 본 연구를 진행할 것이다. 먼저 연대기 사료를 중심으로 한 분석이다. 연대기 사료는 『朝鮮王朝實錄』·『備邊司謄錄』·『增補文獻備考』를 주로 활용할 것이다. 조선 후기는 帳籍·量案·古文書

---

13) 鄭奭鍾, 1983, 『朝鮮後期社會變動硏究』, 一潮閣, 185~194쪽.

등 다양한 사료가 있어서 신분구조와 신분이동 연구에 활용할 수 있지만 필자는 이들 사료 대신 연대기 사료에 의존하려고 한다. 조선 전기에는 이와 같은 사료가 없는 것도 한 원인이지만, 장적에 기재된 내용의 신뢰성과 정확성에 의문이 제기되고 있기 때문이다.14) 조선 전기의 신분구조와 신분이동에 대한 연구가 그 동안 부진하였던 이유는 사료의 한계성에도 기인하지만, 한편으로 국사학계의 신분사 연구가 부진하였기 때문이다. 그것은 기본 사료인『조선왕조실록』의 내용조차 파악하지 못한 것에서 잘 드러난다. 따라서 본 연구에서는 1차 사료인『조선왕조실록』중 군역을 통한 천인의 신분상승과 관련된 내용을 수집하는 데 주력할 것이다.

다음으로 천인이 新良人으로 신분상승한 이후 또다시 지배계층으로 신분상승하고자 시도한 자료까지 수집할 것이다. 이것은 納粟策과 군공논상을 통해서 면천된 新良人은 종량의 혜택이 당대까지만 유효하였다는 그 동안의 주장에 대한 반론적 성격을 갖는다. 6장으로 구성된 본서에서는 2·3·4장에서 조선 초기부터 17세기 후반까지 종량의 추이를 살피고, 5·6장에서는 임진왜란 이후의 양인화를 살필 것이다. 특히 전자의 2·3장은 천인병종으로서 군역과 밀접한 관계가 있는데 그것은 당시 신분과 군역이 불가분의 관계에 있었기 때문이다. 후자의 무과가 종량의 주체가 되었던 것은 임진왜란 이후 군제변동에 따라 五衛가 붕괴되고 五軍營이 설치된 데에 그 원인이 있다. 임진왜란 이후 천인의 종량 문제를 살필 수 있는 주제로서 納粟免賤이 있지만, 본서의 연구가 군역을 중심으로 한 것이기 때문에 범주에서 제외하였다. 다만 임진왜란 중의 納粟策은 크게 보면 군량수송과 관계되므로 본서에 포함하였다.

---

14) 崔承熙, 1989,「朝鮮後期 '幼學'·'幼生'의 身分史的 意味」,『國史館論叢』1, 國史編纂委員會.

이상의 방법을 통해 필자는 신분제의 개방성에 관한 자료를 집중적으로 분석·검토하게 될 것이다. 중세 신분질서가 동요하는 데 있어서 국가의 역할은 어떠하였는가의 문제도 간과하지 않을 것이며, 또한 양인의 私民化가 왜 신분제의 폐쇄성과 관련되는가의 문제에도 주목할 것이다.

본서는 위에서 제시한 연구목적과 접근방법을 토대로 다음과 같이 여섯 장으로 나누어 조선시대 천인의 신분상승에 관하여 살펴보고자 한다.

제1장 조선시대 賤人 身分變動의 제 문제에서는 먼저 조선 초기의 新良人이 법제적으로는 양인이지만 사회신분으로 볼 때 결코 양인이 될 수 없다는 견해를 비판적으로 고찰하고, 조선 초기의 신분체계를 직역과 동일하게 해석한 양반제설의 문제점을 제기할 것이다. 여기서 말한 양반제는 士族과 士林의 문제는 물론 家門과 譜學을 토대로 신분제의 不動性을 주장한 일련의 양반 연구를 포함한다. 마지막으로 임진왜란 이후 피지배층의 광범한 신분상승에 대해 오히려 사족지배체제가 고착화됨으로써 신분하강 현상이 지배적이었다는 E. W. 와그너와 韓榮國의 견해를 검토하고, 그 오류를 지적할 것이다.

제2장에서는 補充軍이 去官함으로써 신분상승하는 문제를 검토하려고 한다. 여기에는 조선 초기의 신분구조와 지배층의 성격논쟁뿐만 아니라 아직도 논의의 여지가 많은 양반제설15)과 양반의 특권을 보장할 목적으로 보충군을 설치하였다는 견해 등이 과연 타당한가의 문제,16) 大小人員婢妾 소생이 보충군에 입속하는데 이 때의

---

15) 鄭杜熙, 1992, 「朝鮮前期 支配勢力의 形成과 變遷」, 『韓國社會發展史論』, 一潮閣.
16) 宋俊浩, 1987, 「朝鮮兩班考」, 『朝鮮社會史研究』, 一潮閣.

‘大小人員’을 양반이나 士族과 동의어로 해석할 수 있는가의 문제,17) 아울러 보충군이 거관을 통해서 얼마만큼 신양인으로 신분상승하였을까의 문제도 포함된다.

제3장에서는 奴軍인 壯勇隊를 통해서 公私賤과 內奴가 종량되는 과정을 분석하려고 한다. 壯勇隊와 壯勇衛는 서로 다른 兵種인데도 불구하고 그 동안 학계에서는 賤人兵種으로만 이해하였다.18) 그러므로 먼저 창설 당시에는 천인병종이었던 장용대가 성종대에 이르러 양인병종인 장용위로 개칭된 원인을 구명하여 그 오류를 시정하고, 임진왜란 이후에 또다시 천인병종의 장용대로 전환된 이유를 五衛가 붕괴되는 군제변동 내지는 양계지역의 군사적 특수성과 관련해서 검토하되, 국가권력이나 지배세력과의 유기적 관계에도 유의할 것이다. 마지막으로 광해군대에 이르러 內奴와 공사천이 奴軍인 장용대를 통해서 종량되는 보편적 현상을 입증함으로써 중세 신분질서가 붕괴되는 실상에 접근하고자 한다.

제4장에서는 군공논상을 통해서 천인이 종량되는 과정을 살펴보려고 한다. 한국사의 경우 군공을 통해서 신분상승한 사례는 고려 공민왕대의 添設職에서 그 유래를 찾을 수 있다. 그러나 대량적이고 체계적인 軍功免賤의 경우는 세조 13년(1467) 李施愛亂부터이고, 임진왜란 이후에는 더욱 확대되었다. 그런데 지금까지는 임진왜란 이후부터 신분제가 동요한 것으로 인식하기 때문에19) 조선 전기의 양천간 신분이동 현상을 폐쇄적인 것으로 해석할 수밖에 없었다. 따라서 필자는 본 장에서 이 같은 견해에 대해 반론적 측면에서 군

---

17) 宋俊浩, 1987, 위의 책.

18) 千寬宇, 1979, 「朝鮮初期 五衛의 兵種」, 『近世朝鮮史硏究』, 一潮閣, 118쪽 ; 李載龒, 1984, 「朝鮮初期의 遞兒職」, 『朝鮮初期社會構造硏究』, 一潮閣.

19) 金容燮, 1963, 「朝鮮後期에 있어서 身分制의 動搖와 農地所有」, 『史學硏究』 15 ; 鄭奭種, 1983, 앞의 책.

공논상의 실시 과정을 검토하되, 정부와 지배계급의 기본적 입장은 무엇이며 국가의 권력구조 변동이 천인의 신분상승에 미치는 영향도 함께 검토할 것이다. 또한 군공논상으로 신분상승한 이후 新良人의 신분구조 변동을 분석함으로써 신분이동이 갖는 본질적 의미와 함께 시대 성격을 검증하려고 한다.

제5장에서는 임진왜란 이후 賤人들이 武科及第를 통해 종량하는 과정을 검토할 것이다. 성종대에 이르러 양인의 私民化가 심화됨으로써 군역인구가 감소되었는데, 이에 따라 16세기 말에 鎭管制가 制勝方略制로 전환되었음은 주지의 사실이다. 이와 같은 상황에서 발생한 임진왜란은 軍兵의 확보를 더욱 어렵게 만들었기 때문에 국가는 赴防軍士를 확보하는 수단으로 천인의 무과급제를 용인하였던바, 이에 대응한 지배층의 기본 입장을 살펴보고, 숙종대에 이르러 천인의 무과응시가 보편화된 역사적 배경을 밝힐 것이다. 필자는 임진왜란 이후 무과를 통한 천인의 양인화가 광범하게 실현되었다고 보기 때문에, 임진왜란과 두 번의 호란에도 불구하고 양반제 사회가 더욱 강고해진 결과 천인의 무과급제가 실현되지 않았다는 또 다른 견해[20]에도 유의하면서 논지를 전개하려고 한다.

제6장에서는 束伍軍을 통한 천인의 신분상승 과정을 살펴보려고 한다. 속오군은 임진왜란 이후 戚繼光의 紀效新書法에 따라 신분의 구별없이 兩班·良人·賤人이 한 隊伍에 편제된 지방군사제도이다. 여기서는 임진왜란 이후 군액이 감소된 상황에서 천인들이 군역에 편제될 수밖에 없었던 시대적 배경을 살펴보고, 아울러 속오군을 통해 천인의 신분상승이 실제로 실현되는가의 문제에 중점을 두되, 임진왜란 이후 선조·광해군대와 북벌시기인 인조·효종·숙

---

20) 宋俊浩, 1995, 「朝鮮後期의 科擧制度」, 『國史館論叢』 63, 國史編纂委員會 ; 沈勝求, 1996, 「壬辰倭亂 중 武科及第者의 身分과 特性」, 『韓國史研究』 92.

종대로 나누어 검토하려고 한다.

이상의 연구는 軍役制 편입을 전제로 한 천인의 從良을 통해 조선 초기 신분구조 변동을 새롭게 인식하게 될 수 있을 뿐 아니라 임진왜란 이후 광범한 신분변동을 실증적 차원에서 분석함으로써 중세 신분질서 붕괴 현상도 어느 정도 입증할 것으로 전망된다.

제1장 조선시대 賤人 身分變動의 제 문제

제1절 문제 제기

근대사회로의 이행 문제와 관련한 조선시대의 신분변동 연구는 크게 두 가지로 나누어 살펴볼 수 있다. 하나는 양인신분 내에서의 계층이동이고, 다른 하나는 천민이 법제적 형식을 취하여 종량하는 신분이동이다. 이에 대한 학계의 연구경향은 전자의 경우 平民이 과거를 통해서 신분상승한 것에 역점이 두어진 반면,[1] 후자는 비록 조선 초기에도 일시적으로 실시되기는 했지만 보편적인 종량은 조선 후기에 이르러 천인의 잉여생산물 축적이나 노비의 도망을 통해 이루어진 것이 주류라고 이해하였다.[2] 한편 조선 초기에 종량된 新良人을 신양역천의 賤民신분이라고 해석함으로써 신분제의 동요와

---

1) 科擧를 통한 평민의 신분상승에 관해서는 다음 논고가 참고된다. Wagner, Edward W., 1974, "The Ladder of Success in Yi Dynasty Korea", *Occasional papers on Korea*, Vol. 1 ; 宋俊浩, 1976, 「朝鮮時代 科擧와 兩班 및 良人(1) - 文科와 生員進士試를 중심으로 - 」, 『歷史學報』 69 ; 崔永浩, 1991, 「朝鮮王朝 前期의 科擧와 身分制度」, 『國史館論叢』 26, 國史編纂委員會.

2) 金容燮, 1963, 「朝鮮後期에 있어서의 身分制의 動搖와 農地占有」, 『史學研究』 15 ; 鄭奭鍾, 1972, 「朝鮮後期 社會身分制의 崩壞 - 蔚山府 戶籍臺帳을 중심으로 - 」, 『19世紀의 韓國社會』, 성균관대 대동문화연구원.

관련한 천인의 종량은 임진왜란 이후부터 보편화되었다고 파악하는
견해도 있다.3) 따라서 조선 초기에 良人擴大政策에 바탕을 둔 광
범한 賤人의 良人化가 실현되었음에도 불구하고, 조선 전기의 법제
를 통한 천인의 역동적인 신분상승은 그 동안 설명할 수가 없었다.
다시 말해서 조선 초기의 사회성격을 규정하는 데 있어서 지금까지
는 양반신분의 특권을 주장한 양반론자들의 주장이 우세하였기 때
문에 천인의 역동적이고 개방적인 신분상승의 여러 현상을 간과할
수밖에 없었던 것이다.

한편 중국에서는 宋代 이후 科擧의 기능이 확대되면서 신분이동
이 활발하였는데 淸代보다는 明代가 그 폭이 넓고 그 중에서도 명
나라 초기가 가장 활발한 사회변동기였다는 연구결과가 나와 있
다.4) 한국의 鮮初는 중국의 明初와 사회·경제적 여건이 비슷함에
도 불구하고 그 동안 한국사에서는 이 시기를 개방적으로 보는 견
해가 소수 의견으로 취급되고 있다.5) 이는 제도사를 통한 실증적
연구가 부족한 것도 한 이유가 되겠지만, 기존의 연구자들이 職役
을 신분과 동일한 것으로 해석하거나 또는 양인신분 내의 계층이동
의 가능성만 인정할 뿐 良賤 간의 신분이동의 가능성은 배제하였기
때문에 나타난 현상이다. 이와 같은 상황에서 從良을 통한 천인의
역동적인 신분상승을 간취할 수 없었음은 당연한 결과라고 하겠다.
따라서 필자는 먼저 조선 초기를 신분상승이 억제된 시기로 해석하

---

3) 鄭鉉在, 1984, 「朝鮮初期의 新良人」, 『論文集』 23 - 1, 慶尙大.
4) 中國社會의 신분이동에 관한 實證的 研究現況은 다음 논고를 참조할 것. 何
   炳棣, 1962, 『明淸社會史論』; 韓永愚, 1985, 「美國內 韓國身分資料 및 朝鮮
   時代身分史 研究動向에 대한 研究」, 『韓國史論』 13, 서울대 국사학과.
5) 조선 초기를 개방적으로 보는 연구자는 註1)에 해당된 자 외에 다음의 연구
   자가 있다. 韓永愚, 1971, 「朝鮮初期 上級胥吏 成衆官」, 『東亞文化』 10 ; 劉
   承源, 1987, 『朝鮮初期 身分制研究』, 乙酉文化社.

는 양반제론과 관계된 제 논고를 비판적으로 분석·검토하고, 임진 왜란 이후 천인의 광범한 신분상승에도 불구하고 신분하강 현상을 주장한 여러 견해의 타당성을 검토함과 동시에 그 오류를 지적하고자 한다.

제2절 조선 초기 身分上昇 문제

본 절에서는 천인이 양인으로 신분상승하는 여러 양상을 파악하여 조선 초기의 시대성격을 구명하려고 한다. 그러나 鮮初의 신분구조 변동을 개방적 측면에서 다룬 논고는 그렇게 많지 않은 실정이다.[6] 그러므로 양인신분 내의 계층이동이나 4분법의 양반제론, 2분법의 양천제론 등 당시 신분구조 변동과 관련한 논고도 일단 분석대상으로 삼아 검토해 보고자 한다.

국가의 법제와 사회의 관습으로 성립된 신분제는 한 시대의 사회 성격을 반영할 뿐 아니라 신분의 세습적 요인에 따라서 개인의 권리·의무까지 차등적으로 규정하기 때문에 조선 초기의 신분제 연구는 일찍부터 활성화되었고 그 연구 성과 또한 크다고 하겠다.

먼저 조선 전기의 신분질서 변화는 成宗代를 중심으로 그 이전과 이후의 두 시기로 나누어 살필 수가 있다. 전자의 경우는 양인확대 정책에 바탕을 둔 광범한 천인의 신분상승이 실현되었음에도 불구하고 지금까지는 면천종량이 신분제를 변질시키지 않았다는 견해가

---

6) 조선 초기의 免賤從良에 대해서는 다음 논고가 참고된다. 鄭鉉在, 1982, 「朝鮮初期의 奴婢免賤」, 『慶北史學』 5 ; 1986, 「朝鮮初期의 奴婢法制」, 『慶尙史學』 2 ; 池承鍾, 1985, 「朝鮮前期 免賤從良과 良賤間의 身分障壁」, 『社會科學硏究』 3, 慶尙大.

지배적이다. 조선 초기의 免賤從良을 다룬 鄭鉉在도 이 점에서는 크게 다르지 않다. 그는 이 문제에 대해 다음과 같이 설명하고 있다.

> 新良人은 법제적으로 엄연한 양인으로서 正兵에 入屬하여 軍役을 부담하거나 때로는 (武才가 뛰어난 경우에 한하지만) 甲士의 職으로 진출하는 등의 면에서는 본래의 양인과 구별되지 않는다. 그러나 양인임에도 불구하고 이들에게 과거 응시자격이 없었던 것, 賤妾子孫과 같이 正七品 이하의 직에 限品敍用되었던 것, 또 때로는 還賤되기도 했다는 사실에서 보면 본래의 양인과 함께 파악할 수는 없겠다. 이러한 면에서 우리는 新良人과 身良役賤을 대비시켜 볼 수 있지 않을까? 이 두 계층은 법제적으로는 양인이면서도 사회신분적으로는 결코 양인으로 대우받을 수 없었던 것이다.[7]

여기서 氏는 신양인의 신분이 법제적으로는 양인이지만 사회신분으로 볼 때 결코 양인이 될 수 없다는 사실을 지적하고 있다. 다시 말해서 조선 초기에 법제를 통해서 免賤從良된 新良人의 창출이 유교적 신분질서가 확립되어 가던 과도기적 하층민 신분구조의 한 단면을 보여줄 뿐이라고 해석함으로써, 軍功論賞과 壯勇隊의 去官을 통한 免賤從良의 시각을 견지하였음에도 불구하고 그것을 신분제의 변질이라는 범주까지 확대시키지 못한 한계를 지니고 있다. 이와 같이 조선 초기의 新良人을 身良役賤과 동격으로 해석한 것은 조선 초기를 양반제 사회로 파악하려는 데 그 목적이 있는 것으로 보인다. 婢妾産으로 종량된 경우나 부모 중 어느 한 쪽이 양인임으로 해서 종량된 경우는 신양인에서 제외하고, 순수한 奴婢出生者만을 新良人으로 규정한 것이 그것이다.

------

7) 鄭鉉在, 1984, 앞의 논문, 138쪽.

　다음으로 '조선 초기 사회구성에 관한 논쟁'을 살펴보면, 조선 초기의 신분체계를 兩班·中人·良人·賤人의 네 개 범주로 구분 설정한 兩班制論과 양인·천인의 두 개 범주로만 나누는 良賤制論이 상호 대립되어 있다. 특히 양반제에 대한 인식은 1921년 田中德太郎의 「朝鮮의 社會階級」도 그렇지만, 四方博의 일련의 연구[8] 역시 조선시대의 양반제가 폐쇄적이고 엄격하여 사회발달의 저해요인이 되고 있다고 한 데서 그 본질을 파악할 수 있다.

　1960년대 초 韓㳓劤의 「韓國社會階層의 近代化過程」에서도 이조후기 신분제가 사회를 더욱 정체케 하여 국가와 사회의 발전을 저해하였을 뿐만 아니라 도리어 자기 속박을 지어서 이조사회를 전면적으로 붕괴시키는 결과를 초래하였다고 인식함으로써 조선사회를 발전적으로 체계화하는 데는 실패하였다.[9] 그러나 한우근은 여기서 4분법적 신분체계의 분류기준으로 출생·직업·거주지·토지 소유관계 등 구체적 요인을 제시하였고,[10] 이와 같은 방법은 조선시대 양반연구를 대표할 뿐 아니라 최초의 학문적 성과로 평가되는 李成茂의 『朝鮮初期兩班研究』에 반영되었다. 그러나 이성무의 연구는 제도사 중심의 15세기 양반연구에 국한된다는 한계성 외에도 조선 초기의 신분구조 변동과 관련해서 볼 때 신분이동의 폐쇄성을 지향하는 문제점을 지적할 수 있겠다. 다시 말해서 평민은 경제적 능력, 교육여건, 까다로운 응시절차 때문에 科擧에 응시하여 급제할

---

8) 四方博, 1937, 「李朝人口に關する一研究」, 『京城帝國大學法學會論集』 9 ; 1938, 「李朝人口に關する身分階級別的觀察」, 『朝鮮經濟研究』 3 ; 1941, 「李朝時代の都市と農村に關する一試論」, 『京城帝國大學法學會論集』 12 - 3, 4.

9) 金仁杰, 1987, 「朝鮮後期 身分史 研究現況」, 近代史研究會 編, 『韓國中世社會 解體期의 諸問題(下)』, 한울.

10) 최근에 池承鍾은 韓㳓劤의 이 같은 신분의 분류기준에 대해 異論을 제기하였다(池承鍾, 1988, 「身分概念 定立을 위한 試論」, 『한국 고·중세 사회의 구조와 변동』, 文學과 知性社).

수 없었으므로 결국 양반만이 급제할 수밖에 없었다11)라고 하여 과거를 통한 평민의 신분상승을 거의 불가능한 것으로 파악하였다.

양반연구의 한계는 李泰鎭・李樹健・李秉烋 등에 의해 士族과 士林에 관한 연구가 본격화되면서 어느 정도 극복됨과 동시에 그 연구범위도 확대되었다.12) 그러나 이들 연구 역시 성종대 이후 사림세력이 중앙정계에 등장한 과정을 훈구세력과의 대립관계에서 찾았으므로 세조대에 이르러 광범하게 실현된 양인확대정책을 간과할 수밖에 없었다. 이와 같은 현상은 鄭杜熙13)와 金泰永14)의 연구에서도 똑같이 나타나고 있다. 즉, 세조대의 정치현상을 부정적으로 보기 때문에 전자와 같은 범주에서 크게 벗어나지 못하고 있다.

한편 家門과 譜學을 토대로 양반제의 不動性을 강조하는 宋俊浩의 일련의 양반연구15)도 양반신분에 대한 이해방식에 중요한 영향을 끼쳐 왔다.16) 그러나 이 연구 또한 신분제의 부동성을 주장하고 있으므로 신분이동의 폐쇄성을 본질로 하는 연구와 같은 맥락의 것으로 보인다.

결국 이상의 양반연구는 그 동안의 많은 연구성과에도 불구하고 조선 초기 정치현상을 부정적으로 평가한 전제 위에 士林의 성격을 부각시켰기 때문에 양인확대정책을 토대로 한 신분제의 역동적 현

---

11) 李成茂, 1980, 『朝鮮初期兩班研究』, 一潮閣.
12) 李泰鎭, 1972・1973, 「士林派의 留鄉所 復立運動」(上)・(下), 『震檀學報』34
    ・35 ; 李樹健, 1979, 『嶺南士林派의 形成』, 영남대출판부 ; 李秉烋, 1984,
    『朝鮮前期 畿湖士林派研究』, 一潮閣.
13) 鄭杜熙, 1994, 『朝鮮時代의 臺諫制度』, 一潮閣.
14) 金泰永, 1994, 「朝鮮初期 世祖王權의 專制性에 대한 一考察」, 『韓國史研究』
    87.
15) 宋俊浩, 1987, 『朝鮮社會史研究』, 一潮閣.
16) 池承鍾, 1995, 「傳統社會와 社會史 -家族・鄉村社會・身分研究를 중심으
    로 -」, 『韓國學報』80.

상을 간과하였던 것이다.

다음에서 조선 초기 신분구조의 문제를 놓고 1980년대 초 李成茂·韓永愚·宋俊浩 3자 간에 벌어진 논쟁[17]을 신분이동의 역동성과 정체성에 초점을 맞추어 그것이 갖는 역사적 의미를 살펴보도록 하겠다. 먼저 양반제를 학문적으로 체계화시킨 이성무의 신분이동에 관한 견해는 다음과 같다.

 ⑴ 良身分 내의 신분이동은 登科, 立功, 國王의 特旨 등에 의하여 상향이동할 수도 있고 反逆, 政治的 疏外, 經濟的 沒落 등에 의하여 하향이동할 수도 있었다. 심지어는 賤人 출신이나 庶孼 출신도 특별한 정치적 계기나 특수한 상황을 만나면 公卿이 되기도 하였다. 그러나 이러한 신분이동이 신분의 벽을 완전히 무시할 정도로 보편적인 것은 아니었다. 이러한 신분의 벽이 없다면 신분의 구별이 없는 현대사회나 다름이 없을 것이기 때문이다.[18]

 ⑵ 일반 平民이나 中人層의 양반집권층에 대한 부단한 신분향상운동으로 신분의 상향이동이 이루어지고 이것이 역사발전의 중요한 원동력이 되었지만 이것도 양반집권층과의 긴밀한 연관하에 이해되어야만 조선사회의 발전과정을 바르게 파악할 수 있을 것이다. 국가신분제 사회인 조선사회에서 사회신분의 구별을 도외시한 開放論은 무의미하며, 아울러 지배층을 사상한 신분들도 무의미하기 때문이다. 비록 비교적 다른 시대에 비하여 개방적인 것처럼 보이

---

17) 韓永愚, 1982,「李成茂 著,『朝鮮初期兩班研究』- 朝鮮初期 身分·階層研究의 現況과 문제점 -」,『社會科學論評』1, 韓國社會科學研究協議會 ; 宋俊浩, 1983,「朝鮮兩班考 - 朝鮮朝 社會의 階級構造에 관한 試論」,『韓國史學』4, 韓國精神文化研究院 ; 李成茂, 1984,「朝鮮初期 身分史研究의 再檢討」,『歷史學報』102 ; 韓永愚, 1985,「朝鮮初期 社會階層 研究에 대한 再論 - 李成茂의「朝鮮初期 身分史研究의 再檢討」및 宋俊浩의「朝鮮兩班考」에 답함 -」,『韓國史論』12.

18) 李成茂, 1984, 앞의 논문, 227쪽.

는 조선 초기 사회에 있어서도 마찬가지다.19)

 ⑴은 兩班·中人·良人의 경우 정치·사회적 요인에 의해서 각 신분 간의 상향이동 내지 하향이동이 상호 실현될 수 있고 심지어 천인이나 서얼의 신분상승도 가능하였지만, 각 신분 간의 이동이 보편적 현상은 아니라는 것을 지적하고 있으며, ⑵의 경우도 일반 평민이나 중인층의 부단한 신분상승 욕구로 신분의 상향이동이 실현되고 이것이 곧 역사발전의 원동력으로 작용하였으나, 이와 같은 현상은 양반을 중심으로 한 신분제 운영의 보조적 수단에 불과할 뿐임을 설명하고 있다. 결국 신분제 사회인 조선사회에서 신분의 개방적 요인에 기초한 근대화의 모색이란 무의미하다는 것이다. 여기서 우리는 양반제가 본질적으로 신분구조 변동의 폐쇄성을 내재하고 있음을 알 수 있겠다.

 한영우는 1983년『朝鮮前期社會經濟研究』를 출간하여 조선 초기 신분제에 관한 새로운 견해를 제시하였다. 즉, 여말선초의 閑良과 上級胥吏를 士族과 동등한 존재로 해석함으로써 당시 사회는 良賤 두 계급만 존재하는 사회이고 양반신분의 특권적 요인이 인정되지는 않았다고 주장하였다. 그리고 양반의 특권적 신분의식은 성종대 이후부터 나타난다고 이해함으로써 조선 초기를 신분이동이 가장 활발한 시기로 평가하였다. 따라서 신분사의 인식체계에서 볼 때 조선 초기가 조선 후기보다 근대적인 성격이 더 농후한 시대였다는 결론에 도달하게 되었다. 이 같은 이해방식은 그가 임진왜란 이후를 신분하강 현상이 지배적인 사회로 인식하는 이론적 배경이 되기도 하였다.

 송준호는 1983년「朝鮮兩班考」(『한국사학』 4)에서 한영우·이성

---

19) 李成茂, 1984, 앞의 논문, 232쪽.

무의 연구에 비판을 제기한 다음 양반제에 바탕을 둔 자신의 연구 결과를 밝혔다. 먼저 조선 전기의 사회계층으로서의 양반은 문무관 료집단을 가리키는 총칭일 뿐 일반적으로 생각하는 양반 즉, 양인보다 상위에 위치하는 특권적 신분층을 의미하는 것이 아니라고 한 한영우의 견해가 학계나 일반에 상당한 영향을 끼치고 있다는 사실을 비판의 전제조건으로 삼고 있다. 이와 관련하여 송준호는 다음과 같이 설명하고 있다.

> 특히 주목되는 것은 그의 그러한 견해가 중고등학교의 국사교과서에서 그대로 반영되어 있다는 사실이다. 이것은 만에 하나라도 그의 견해가 잘못된 것이라고 가정한다면, 비록 그것이 國史 전체에 있어서 차지하는 의의가 극히 작은 문제라고 하더라도(사실은 그렇지 않다) 많은 학생들이 그간에 잘못된 국사교육을 받았으며 또 현재에도 받고 있다는 것을 의미하는 것으로서 사소한 문제가 아니라고 생각한다. 필자가 여기에서 먼저 그의 견해를 좀더 구체적으로 검토하려는 이유도 여기에 있다.[20]

조선 초기 신분구조 변동에 대해 개방적 입장을 견지한 한영우의 견해가 중·고등학교 국사교과서에 채용된 것은 타당하지 않다고 주장한 이면에는 자신의 양반제론에 대한 극도의 옹호가 내재되어 있다. 한영우의 양천제론이 국사교과서에 게재됨으로써 문제가 된다는 주장은 다른 논고에서도 제기된 바 있으나[21] 필자로서는 한영우가 양천제론에 입각해서 중·고등학교 국사교과서를 집필한 것은 문제가 될 수 없다고 생각한다. 왜냐하면 송준호가 조선 초기 大小

---

20) 宋俊浩, 1983, 앞의 논문.
21) 金俊亨, 1986, 「朝鮮後期 身分制·鄕村秩序의 硏究現況과 '國史' 敎科書의 內容分析」, 『歷史敎育』 39.

人員의 婢妾 소생이 補充軍을 去官함으로써 新良人이 되는 과정을 통해 양반의 특권을 입증하려고 하였지만, 대소인원의 개념에 대한 명확한 정의 없이 이를 士族이나 兩班과 동의어로 사용하여 그것을 양반의 특권적 현상이라고 주장한 것에 불과하기 때문이다. 다른 한편 조선 초기 신분구조 변동을 개방적으로 해석하는 견해는 그 동안 식민사관의 한 범주로 이해되어 왔던 양반제의 폐쇄성을 지양하는 새로운 역사 해석 방법이기 때문이기도 하다.

다만 한영우가 임진왜란 이후의 신분제 동요를 조선 전기의 합리적인 사회이동이 비합리적·혈연적 요인에 의해 저해되어 나타난 것으로 단순화시켜[22] 17세기 이후의 신분하강 현상을 지배적이라고 본 견해는 검토의 여지가 있다. 이는 양천제에 입각해서 신분제 동요 현상을 설명하되, 양인신분 내의 계층이동으로만 한정하고 양인과 천인 간의 신분이동을 간과한 데서 나온 결과가 아닌가 한다. 따라서 필자는 조선 초기와 임진왜란 이후의 사회신분구조를 분리하지 않고 역사발전의 시각에서 補充隊·壯勇隊·軍功論賞·武科及第·束伍軍을 주제로 신분체계 중 천인의 신분구조 변동을 고찰하는 데 주력할 것이다.

제3절 조선후기 身分下降의 문제

신분사의 관점에서 볼 때 양인확대정책을 실시한 조선 초기는 개방적인 시기로 평가할 수 있다. 그러나 성종대 이후 성리학적 명분론에 기초한 사족지배체제가 확립되자 사회변동은 억제되고 그 결

---

22) 金俊亨, 1986, 앞의 논문, 60쪽.

과 임진왜란과 두 차례의 호란이 발생하였다. 특히 임진왜란을 기점으로 사회질서가 크게 동요하였는데 그 과정에서 신분제가 변질되었음은 주지의 사실이다.

그런데 최근 임진왜란 이후 사족지배체제가 오히려 강화되었다는 견해가 대두되고 있다. 다시 말해서 임진왜란 중 士族은 의병활동을 통해 향촌지배력을 더욱 강화시킬 수 있었으며, 한편 이러한 사실은 17세기 사회적 성격을 16세기의 그것과 동질적인 것으로 평가하는 근거가 되었다. 따라서 임진왜란 이후 사회변동의 폭은 축소될 수밖에 없으며, 또한 임진왜란이 조선 후기의 기점이 될 수 없다는 결론에 이르게 된다. 이와 같은 역사인식은 기존의 통설과 정면으로 배치되는 것으로, 임진왜란 이후에는 오히려 身分下降이 지배적인 현상이었다고 주장한다. 이러한 입장을 견지한 연구자는 그 이론적 배경을 와그너의 "Social Stratification in 17th Century Korea : Some observations from a 1663 Seoul Census Register"와 韓榮國의 「朝鮮中葉의 奴婢結婚樣態」에 두고 있다.

하버드 대학의 와그너(E. W. Wagner)는 族譜나 榜目 등 家系 자료를 이용한 조선시대 사회계층 및 신분이동에 관한 연구에서 많은 업적을 쌓고 있다. 그 동안의 와그너 연구는 다음 세 가지로 요약할 수 있다.

첫째, 士林과 非士林은 사상적으로 서로 이질적이지만 가문의 측면에서 볼 때는 하나의 일체적이고 지속적인 집단으로 볼 수 있다.23) 둘째, 조선 초기의 신분구조는 상당히 융통성이 있고 개방적이다. 셋째, 조선 후기는 신분하강 현상이 지배적이다.

이 같은 견해는 조선 초기의 신분이동에 관해 개방적으로 인식한

---

23) 韓永愚, 1985, 「美國內 韓國身分資料 및 朝鮮時代身分史 硏究動向에 대한 硏究」, 『韓國史論』 13, 서울대 국사학과.

점에서 국사학계의 통설과 크게 차이가 없다. 다만 임진왜란 이후부터는 신분하강이 지배적인 현상이라고 평가한 것은 통설과 정면으로 배치된다. 와그너는 특히 조선 후기 신분하강 현상을 입증하기 위해 현종 4년(1663)에 작성된 서울 北部戶籍을 분석·검토하였다.

그런데 와그너가 조선 초기의 신분구조를 개방적이라고 주장한 것은 타당하지만, 조선 후기를 신분하강 현상이 지배적인 사회라고 본 견해에는 의문의 여지가 없지 않다고 하겠다. 그러한 주장이 설득력을 가지려면 먼저 각 신분의 직역변동을 시대별로 고찰하여 변동비율을 파악해야 한다. 그러나 와그너는 四方博이나 金容燮이 같은 지방의 호적을 일정한 시간이 흐른 뒤의 호적과 비교 분석하여 신분변동을 고찰한 것과 다르게, 단일호적에서 兩班·良人·奴婢 등 각 호주 4祖까지의 직역변동을 추적함으로써 신분변동의 공간성을 간과하였다. 이와 관련하여 와그너가 서울 북부호적을 분석한 핵심 내용을 살펴보면 다음과 같다.

⑴ 서울 북부호적에는 총 681호가 기록되어 있는데, 그 중 양반호는 113호(16.6%), 양인호는 205호(30%), 노비호는 365호(53.3%)이다.

⑵ 서울 북부호적은 양반에서 양인이나 그 이하로, 그리고 양인에서 노비로 전락하는 하향적 이동의 비중이 상당히 크다.

⑶ 조선의 이 작은 지역의 노비인구는 당시 이미 이 지역 전 가구의 50%를 넘었으며, 등록된 인구 약 2,400명 중에서 75% 이상을 차지하고 있다. 모든 자료는 노비의 이러한 구성비가 1663년 당시에도 여전히 더욱 높아지고 있었음을 나타내고 있다.

위 인용문 중 ⑴은 본문에서 분석한 신분별 호구 구성비율이고,

(2)·(3)의 내용은 결론에서 제시된 것이다. 먼저 (1)과 관련하여 서울 북부호적의 신분별 호구비율을 직접 전국적인 신분별 호구비율로 일반화시킨 것은 타당하지 않다. 왜냐하면 당시에는 양계지방의 양인인구가 私民化된 형태로 서울로 집중하는 현상이 많았는데, 와그너는 이들 사민화된 유입인구를 모두 노비로 간주하였을 가능성이 크기 때문이다. 당시 토지를 상실한 雇工과 奴婢들이 서울로 집중하였다는 사실은 다른 논문에서도 입증되고 있다.[24] 와그너와 유사한 방법으로 1672년(현종 13)에 작성된 강원도 金化戶籍을 분석한 수잔 신(Susan Sin)의 논문에서도[25] 兩班戶가 14.2%, 常民戶가 75%인 반면, 奴婢戶는 다만 10.8%에 불과하여 당시 노비호의 비율이 각 지방에 따라 다르다는 사실을 입증해 주었다.

(2)의 각 신분이동이 기본적으로 하강이동이라는 결론과 관련하여 지적할 수 있는 것은 명확한 양반신분의 개념 설정이 미흡하다는 사실이다. 여기서 와그너는 양반의 자격 요건으로 官職이나 職銜의 유무 내지는 노비소유 실태를 기준으로 한 듯하다. 그러나 같은 논고에서 兩班戶主의 2분의 1 이상이 官職이 없었다고 한 설명을 통해서도 그 기준의 모호성을 알 수 있다. 양반의 良人化도 良身分의 여자와 혼인할 경우 당대의 신분은 변동이 없지만 그 자녀는 모두 양신분이 된다고 이해한 것 역시 신분제에서 국가의 법제적 요인을 배제하고 사회의 관습적 요인만 적용시킨 것이라는 점에서 한계성이 있다고 하겠다.

(3)의 경우는 앞에서 설명한 바와 같이 당시 노비인구가 서울로 집중되는 특수한 상황이 전개되었으므로 그것을 전국적인 현상으로

---

24) 韓榮國, 1979, 「朝鮮後期의 雇工 - 18·19世紀 大邱戶籍에서 본 그 實態와 性格 - 」, 『歷史學報』81.

25) "The Social Structure of Kumwha Country in the Late Seventeenth century", *Occasional Papers on Korea*, No. 1, 1974.

일반화시킬 수 없음을 거듭 지적할 수 있다.

이 같은 관점에서 볼 때 와그너가 결론적으로 제시한 "오늘날 역사학자들 사이에 널리 퍼져 있는 임진왜란 이후 조선사회의 양상과 맥락에 대한 어떤 일반화도 그것을 뒷받침해 줄 수 있는 근거를 1663년의 서울 북부호적의 자료로부터 찾을 수 없다"[26]는 주장 역시 논리성과 역사해석에서 취약성을 면치 못하고 있다. 따라서 와그너의 학설을 원용하여 임진왜란 이후의 사회변동론을 비판한 견해[27] 또한 문제가 있다고 생각된다.

다음으로 한영국은 16·17세기에는 양천교혼이 널리 행해진 결과 公私賤이 양인을 침식하였는데, 그것은 양인농민층의 계속적인 몰락과 私奴婢主의 노비증식 기도가 강렬하게 작용한 데 원인이 있다고 보았다. 그리고 이 같은 현상을 영조 7년(1731) 奴婢從母法이 시행될 때까지 보편적인 사회현상이었다고 해석함으로써 임진왜란 이후 신분하강 현상의 일반화를 주장하고 있다. 그러나 조선왕조의 개국에서 영조 7년 이전까지의 시기를 신분이동의 폐쇄적 시기로 파악할 수 있는지는 의문의 여지가 많다고 하겠다. 그의 주장이 합리성을 가지려면 양인확대정책에 바탕을 둔 조선 초기의 역동적인 신분변동과 임진왜란 이후 선조·광해군대에 실시된 광범한 천인의 신분상승에 대해 먼저 그 폐쇄성을 입증해야 한다. 이 문제에 대해 한영국은 다음과 같이 설명하고 있다.

조선왕조에서는 良賤交婚者 소생 자녀의 신분귀속을 규정하는

---

26) 에드워드 와그너, 1987, 「17世紀 朝鮮의 社會階層 - 1663년의 서울 北部戶籍을 중심으로 - 」, 이화여대 한국사연구실 편역, 『朝鮮身分史研究 - 身分과 그 移動 - 』, 法文社.
27) 李泰鎭, 1992, 「朝鮮後期 兩班社會의 變化 - 신분제와 향촌사회 운영구조에 대한 연구를 중심으로 - 」, 『韓國社會發展史論』, 一潮閣.

특별조치법이 크게 세 차례에 걸쳐 개변·시행되었다. 태종 14년 (1414) 6월에 제정·시행된 從父法과 세조 14년(1469) 6월에 제정·시행된 從母法, 그리고 영조 7년(1731) 정월부터 시행된 종모법이 바로 그것이다. …… 이들 법규 이외에는 良役人口나 奴婢人口의 증대 또는 감소를 직접적으로 기도한 조치가 거의 보이지 않는다. 왕조 초기에 주로 公賤의 확보와 班賤交婚 소생의 良人化를 기도한 奴婢辨正作業과 補充軍 제도의 設施가 보이고 순조 원년 (1801)에 無用하게 된 일부 公賤을 良役人口化한 內·寺奴婢의 혁파가 보이고 있을 뿐 대체로 상기 법규 이외에는 양인 및 노비의 유망·이탈이나 이들의 신분적 이동을 억제하는 諸種의 통제조치만이 나타나고 있는 것이다.[28]

한영국은 良賤交婚者 소생의 신분귀속을 규정하는 특별조치법 중 양인인구를 증대시킨 노비법은 태종 14년의 從父法과 영조 7년의 從母法밖에 없다고 설명하고 있다. 이 같은 노비법이 실시된 기간을 구체적으로 언급하지는 않았으나 문맥상으로 볼 때 종부법의 실시 시기를 영조 7년 이후로 이해한 듯하다. 이러한 이해체계를 바탕으로 할 때 良賤交婚을 통한 천인의 신분상승은 조선시대 전 시기를 통해서 초기에는 兩班과 婢妾 소생의 양인화를 위한 奴婢辨正事業과 補充軍 실시를 통해서 실현되었고, 후기의 경우는 영조 7년부터 순조 원년(1801) 公賤의 良人化인 內·寺奴婢의 혁파 이후에야 보편화되었다는 결론에 이르게 된다. 따라서 이 기간 이외에는 양인 및 노비의 유망·이탈이나 이들의 신분이동을 억제하는 여러 종류의 통제조치만 있었다고 평가함으로써 이 기간을 신분제의 폐쇄적 시기로 규정하였다.

---

28) 韓榮國, 1977, 「朝鮮中葉의 奴婢結婚樣態(上)」, 『歷史學報』 75, 177~178쪽.

그렇다면 이와 같은 역사인식은 당시의 실상과 어느 정도 부합되는 것일까. 조선시대 신분제의 운영 실태와 正體를 고찰하고 조선 사회의 성격을 이해하는 방법으로 이 문제를 다룬 것[29]과 관련해 볼 때, 먼저 한영국은 조선시대 전 기간에 걸쳐 실시된 천인의 良人化는 조선 초기 良賤交婚 소생을 위해서 실시한 補充軍 제도와 순조 원년의 內·寺奴婢의 혁파에 따른 것밖에 없다고 단정함으로써 다른 형태의 제도적 從良을 간과하였다. 즉, 조선 초에 태조가 良賤不明者를 양인인 身良役賤으로 편제하여 司宰監과 水軍에 소속시킨 것, 태종이 이들 良賤不明者를 보충군에 편제하여 去官과 동시에 종량하였던 사실, 세조가 동왕 10년 11월 보충군을 폐지하고 종부법을 실시하여 양인을 확대하였던 사실, 세조 5년 壯勇隊 설치에 의한 從良, 세조 13년(1467) 李施愛의 亂부터 실시된 軍功論賞에 의한 從良 및 조선 후기의 武科·訓鍊都監·束伍軍을 통한 일련의 제도적 양인화를 배제한 것이 그것이다.

다음으로 임진왜란 이후에 실시된 補充隊·壯勇隊의 입속과 軍功論賞에 의한 제도적 從良 및 현종 10년에 실시된 종모법의 실시를 배제함으로써 임진왜란 이후 신분하강 현상이 보편화되었다고 주장한 문제점을 지적할 수 있겠다.

마지막으로 다른 논고에서도 지적된 사실이지만[30] 당시 총 100여만에 이르는 公·私奴婢의 0.4%에 불과한 사례를 가지고 임진왜란 이후의 신분하강 현상을 일반화하기는 곤란하다는 점이다. 다시 말해서 임진왜란 직후 광해군 원년은 중앙집권력이 약화되었던 반면, 당시 경상도 官人地主와 土豪 등 양반세력은 막강하였기 때문에

---

29) 韓榮國, 1977, 앞의 논문.

30) 金仁杰, 1987, 「朝鮮後期 身分史 研究現況」, 近代史研究會 編, 『韓國中世社會 解體期의 諸問題(下)』, 한울.

양반지주에 의한 양인의 사민화 내지 私奴와 良女의 혼인을 통한 노비증식 현상은 다른 지역보다 그 폭이 더 컸을 것으로 추정되기 때문이다.

제4절 賤人從良의 역사적 성격

이상에서 賤人의 從良에 대하여 고찰하였다. 그 내용을 요약 정리하면 다음과 같다.

먼저 조선 초기의 경우 법제를 통한 천인의 신분상승은 지금까지 연구되지 않았지만 근래 평민이 과거를 통해 양반으로 신분상승하였다는 견해가 제시되었다. 그러나 이와 같은 주장은 소수의 견해일 뿐 兩班制를 주장하는 다수의 연구자들은 양인이 과거에 응시하는 데는 사회·경제적 제약이 따랐으므로 양반신분을 도외시한 신분이동의 개방론은 무의미하다고 평가하고 있는 실정이다. 여기서 우리는 양반제가 본질적으로 신분제의 폐쇄성에 귀착됨을 알 수 있겠다. 한편 양반제 연구는 士族과 士林의 연구가 본격화되면서 연구범위가 확대되는 등의 효과가 있었으나 조선 초기의 전제왕권을 부정적으로 해석하고 그 위에 사림의 성격을 부각시켰기 때문에 양인확대정책을 토대로 한 신분제의 역동적 현상을 반영할 수 없었다.

또한 韓永愚가 임진왜란 이후의 신분제 동요를 조선 전기의 합리적인 사회이동이 비합리적인 혈연적 요인으로 대체된 것에 대한 반발이라고 본 것은 양인신분 내의 계층이동에만 국한하여 이해하였기 때문이다. 따라서 조선 후기의 신분변동은 양인과 천인 간의 신분이동의 측면에서 볼 때만 그 본질에 접근할 수 있다고 생각한다.

이에 따라 필자는 조선 초기의 천인이 補充隊와 壯勇隊의 去官 및 軍功論賞 등을 통해 신분상승한 사실을 본서의 제2·3·4장에서 입증함으로써 천인의 역동적인 신분변동의 여러 양상을 밝혀 보려고 한다.

다음으로 임진왜란 이후 士族支配體制가 고착화됨으로써 신분하강 현상이 지배적이었다는 견해에 대해, 필자는 와그너와 韓榮國이 신분하강 현상의 근거로 제시한 잘못된 해석을 검토하여 그 오류를 지적하였다. 와그너가 국사학계의 통설과는 달리 조선 초기의 신분구조를 개방적으로 본 것은 타당한 견해였다. 그러나 1663년(현종 4) 작성된 서울 북부호적을 분석·검토하여 신분하강 현상을 전국적인 현상으로 일반화시킨 것은 당시 노비인구가 서울로 집중하였던 특수성을 감안하지 못한 데서 나온 오류였다. 또한 한영국은 16~17세기에 良賤交婚이 널리 행해진 결과 公私賤이 良人을 침식하여 노비인구가 증대하였다고 해석함으로써 임진왜란 이후 신분하강 현상이 일반화되었다고 주장하였다. 필자는 이 같은 주장이 조선 초기부터 영조 7년(1731) 從母法이 실시되기 이전까지의 광범한 천인의 양인화 사례를 부정한 전제하에 내려진 결론임을 지적하였다.

이하에서 필자는 임진왜란 이후 제도적인 賤人의 良人化는 조선 전기부터 실시된 補充隊·壯勇隊·軍功論賞 등과 밀접한 관계하에 이루어졌으며, 조선 후기의 군제변동에 따른 武科及第와 束伍軍 編制를 통해서도 천인의 신분상승이 큰 폭으로 실현되었다는 사실을 본서 제5·6장에서 밝힐 것이다.

제2장 補充隊를 통한 賤人의 신분변동

그 동안 조선 초기 특권신분으로서의 양반의 존재에 대해서는 양반과 과거, 양반의 관계 진출, 양반과 토지소유, 兩班特殊軍, 補充軍 등 양반제를 입증하는 일련의 연구가 있었다.[1] 특히 성종대에 大小人員의 婢妾 소생만이 補充隊[2]에 入屬하여 從良되었던 사실이 양반제의 이론적 근거가 되기도 하였다. 그러므로 보충대는 일찍부터 양반제론자들의 관심의 대상이 되었다.

補充軍에 관한 지금까지의 연구는 일본인 有井智德이 조선 전기의 계급구조를 良賤制 입장에서 다룬[3] 반면, 송준호와 이성무는 兩班制 관점에서 보충군을 다루었으며,[4] 임영정은 그 설치 배경을 집중적으로 다루었다.[5]

---

1) 조선 전기의 신분구조와 지배층의 성격에 대해서는 두 가지 견해가 있다. 하나는 사회신분을 양반·중인·평민·천인으로 구분하는 兩班制論이고, 다른 하나는 양인과 천인으로 구분하는 良賤制論이다. 전자가 그 동안 국사학계의 통설이었던 반면, 후자는 새로운 역사해석 방법인데, 조선 초기의 양인확대정책을 신분사 인식체계에서 발전적으로 해석한 데 그 특징이 있다. 이 양론의 대립을 '조선 초기 사회구성에 관한 논쟁'이라고 하는데, 논쟁의 핵심은 조선 초기 특권 신분층의 유무에 있다.
2) 태종 15년(1415) 賤人兵種으로 처음 설치된 補充軍은 예종 원년(1469)에 補充隊로 개칭되었으며 성종대에는 良人兵種으로 전환되었다.
3) 有井智德, 1961, 「李朝補充軍考」, 『朝鮮學報』 21·22합집.
4) 宋俊浩, 1987, 「朝鮮兩班考」, 『朝鮮社會史研究』, 一潮閣 ; 李成茂, 1987, 「兩班과 良賤制」, 『제2판 韓國史研究入門』, 지식산업사.

이상의 연구에서 有井智德이 조선의 사회신분을 양인과 천인으로 나눈 것은 타당하지만 보충군의 제도 究明에 치중한 결과 보충군의 신분 규정이 생략되어 있으며, 송준호의 연구 또한 大小人員의 개념과 범위를 설정하지 않고 大小人員을 다만 士族이나 兩班과 동일한 개념으로 사용한 다음 그것을 양반의 특권적 현상이라고 주장하였다. 따라서 논리전개와 성격규정에서 일방성을 면치 못하였다.

필자는 이상의 연구업적을 바탕으로 보충대의 설치 목적과 그 전개 과정을 권력구조 변동과 상호 관련해서 숙종대까지 살펴봄으로써 조선 초기의 신분구조와 지배층의 성격은 물론, 임진왜란 이후 중세 신분질서 동요 현상에 어느 정도 접근할 수 있을 것으로 본다.

제1절 補充軍의 설치

조선 초기 신분구조를 통해 사회성격을 이해하고자 할 때 다음 두 가지 견해를 접하게 된다. 하나는 四分法의 兩班制說이고 다른 하나는 二分法의 良賤制說이다. 전자가 양반을 신분으로 규정한 반면 후자는 양반을 단지 양인신분의 상위계층으로만 인정한다. 특히 후자의 견해는 당시 국가가 軍役과 賦稅를 기본 의무로 하는 다수의 양인을 확보하기 위해 고려 말 한때 私民化되었던 천인들을 從良하는 양인확대정책과 밀접하게 관계되어 있다. 따라서 본 절에서는 보충군을 설치한 전후 시기의 역사적 배경을 고찰함으로써 조선

---

5) 林英正, 1977,「鮮初 補充軍 散稿」,『南溪曺佐鎬博士華甲紀念論叢 現代史學의 諸問題』.

초기의 법제에 바탕을 둔 천인의 신분변동을 입증하려고 한다.

조선왕조의 개창으로부터 보충군이 설치되기 이전까지의 사회정책은 다음 두 가지로 요약된다. 하나는 토지문제이고, 다른 하나는 노비문제이다. 주지하듯이 이 시기의 토지문제는 私田改革을 통한 科田法體制로 일원화되었다. 그러나 노비문제는 奴婢辨定都監을 설치하는 등 국가정책의 최우선 과제로 삼았으나 태종 15년(1415) 보충군이 설치될 때까지 몇 번의 치폐를 거듭하였다.

그렇다면 이와 같이 난해한 노비문제의 발단은 어디에 근원하는 것일까. 그것은 공민왕 10년(1361) 紅巾賊의 亂으로 公私典籍이 유실된 결과 다수의 유망노비가 발생하였을 뿐만 아니라 권문세가의 토지와 인구집중에 따른 양인의 私民化 현상이 심화되었기 때문이다. 한편 조선왕조가 추진한 양인확대정책이 구귀족의 재정적 기반을 붕괴시킴으로써 신·구정치세력이 상호 갈등관계에 있었던 것도 한 원인이었다.

그러면 태조 李成桂는 당시 가장 첨예한 사회문제였던 奴婢爭訟에 대해서 어떻게 대처하였을까. 태조는 노비문제의 해결을 위해 동왕 4년(1395) 12월 奴婢辨定都監을 설치하였는데[6] 다음 사료를 통해서 그 해결방안을 살필 수 있다.

> 임금이 도승지 李文和를 시켜 都堂에 전지하였다. "근자에 辨定都監에서 신청한 양천에 대한 일은 양적이 분명한 자는 양인이 되게 하고, 천적이 명백한 자는 천인이 되게 하며, 良賤籍이 분명하지 않는 자는 身良役賤으로 결정하여 官司의 使令으로 定屬한다하였는데, 지금 宣州站과 寧州站의 文契가 명백하지 못한 자가 변정도감에 종량해 줄 것을 호소하였다. 따라서 문적이 분명하지 않

---

6) 『太祖實錄』卷8, 4年 12月 15日 甲辰.

기 때문에 신양역천으로 결정하여 다시 站에 소속시킨다면, 賤隷
와 똑같이 役使시킬 것이니 세월이 흐르면 영영 노비가 될 것이다.
그 원통하고 억울함을 어떻게 펼 수 있겠는가. 이제부터는 양적이
분명하지 않는 자는 외방의 각 郡에 소속시키지 말고, 京中各司의
使令과 城門·院館의 파직 같은 것에 定屬토록 허락하되, 특별히
공을 세우면 논상하고 그 딸자식과 외손은 영구히 종량케 하라."7)

良賤籍이 분명하지 않는 자들을 身良役賤으로 편제하되, 그들을
모두 서울의 各司에 정속케 하여 노비로 전락하지 않도록 하라는
내용이다. 당시 실정으로 볼 때 신양역천이 각 고을에 소속될 경우
壓良爲賤될 소지가 많았다. 이와 같은 사실을 간파한 태조는 이들
을 모두 京中各司에 소속시킴으로써 양인의 私民化를 저지할 수
있었다. 여기서 태조가 良人婢妾 소생을 신양역천으로 삼아 司宰監
水軍에 소속케 한8) 것은 조선 초기에 실시된 양인확대정책의 일환
이었음을 알 수 있다.

한편 태종은 태조의 양인확대정책을 계승하였지만 그 실시 과정
에서 볼 때 독자적인 측면이 많았다. 즉, 良賤不明者 소생과 自己
婢妾 소생을 身良役賤으로 편제하여 司宰監 水軍에 소속시킨 것은
태조의 신분정책을 계승한 것이 되겠지만, 당시 법으로 금지되었던
奴娶良女 소생을 司宰監에 소속시키거나9) 他人婢妾 소생을 종량

---

7) 『太祖實錄』卷13, 7年 4月 4日 庚辰, "上令都承旨李文和 傳旨都堂曰 近者
   辨定都監請申良賤之事 其良籍明白者從良 賤籍明白者從賤 良賤之籍俱不
   明者決爲身良役賤 定屬官司使令 今宣州站及寧州站屬文契不明者 訴良於
   辨定 又以不明決爲身良役賤 還屬兩站 則賤隷如一役使必矣 年代旣久 永作
   奴婢 其寃抑 可得伸乎 自今其良籍不明者 毋屬外方各郡 若京中各司使令
   城門院館把直 許令定屬 其有特立奇功者 宜受職賞 其女子與外孫 永爲良
   人".
8) 『太祖實錄』卷12, 6年 7月 25日 甲戌.

하여 司宰監에 소속시킨 것,[10] 婢妾 소생을 한품하여 贖身하는 법
을 제정한 사례[11] 등은 독자적으로 수행한 양인확대정책이다. 특히
奴娶良女 소생을 신양역천으로 편제하고 從父法을 실시함으로써
양인인구를 크게 확대하였다.

이상 태조 원년부터 보충군이 설치된 태종 15년까지의 기간에 실
시된 일련의 양인확대정책을 당시 大小人員의 自己婢妾 소생의 종
량이 양반신분의 특권을 보장하기 위한 방안으로 실시되었다고 주
장한 것과 관련해 볼 때 그것은 역사 해석에서 약간의 차이가 있음
을 알 수 있다.

그러면 조선 초기 兩班制說의 이론적 근거가 되고 있는 大小人
員의 婢妾 소생의 종량과 당시 양인비첩 소생의 종량과는 실제로
어떤 차별성이 존재하였을까. 만약 있었다면 어떤 역사적 배경에서
논의되었을까. 다음 사료에서 그 해답의 일단을 살필 수 있겠다.

司宰監에서 의정부에 보고하기를, "…… 國朝에 이르러 태조가
여러 사람의 自己婢妾 소생을 身良役賤으로 삼아 司宰監의 水軍
에 붙이었으나 그 딸을 아울러 붙이는 것을 허락하지 아니하였습
니다. 이제 사재감에서 女孫을 사역시키고자 하나 전조의 제도에
는 身良役賤인 자는 모두 그 女孫을 사역시키지 않았으니, 丁吏ㆍ
驛吏의 딸이 良夫에게 시집가면 즉시 양인이 되었고, 同類에게 시
집가면 이내 役을 세웠으며, 鹽干ㆍ津尺의ㆍ딸도 또한 같았으며, 水
軍 모계를 따르는 자손도 의당 干尺의 딸과 마찬가지로 해야 할
것입니다. 인하여 생각건대, 各司의 노비는 부모가 함께 천인인 경
우에도 오히려 限品의 관직을 받는데, 만약 훈구지신의 婢妾 소생

---

9)『太宗實錄』卷2, 元年 7月 27日 甲寅.
10)『太宗實錄』卷10, 5年 9月 6日 戊戌.
11) 上同.

을 尙衣院이나 上林園에 소속시키며 그 식자에 개통한 자를 골라
서 限品의 관직에 충당한다면 어떻겠습니까" 하니 임금이 "2品 이
상의 관리와 自己婢妾 간에 출생한 자손은 영구히 양인으로 삼고,
벼슬은 5품으로 제한할 것이다. 금후로는 公私賤妾을 첩으로 삼는
경우에는 자기 여종으로써 贖身토록 할 것이며, 그 소생도 위 조항
의 예에 의할 것이다. 丁丑年(태조 6년, 1397) 이후에 양인인지 천
인인지 文契가 분명하지 않아 수군에 소속된 자들의 모계를 따르
는 자손은 제외하고, 自己婢妾 소생을 사재감에 붙인 자의 女孫은
길이 수군에 충당케 하라"12) 하였다.

위 사료는 대소인원 가운데 2품 이상의 자기 비첩 소생은 모두
종량하고, 벼슬은 5품에서 제한하며, 관청노비나 타인 노비를 첩으
로 삼는 경우는 자기 노비로 贖身한다는 내용이다. 다시 말해서 고
려의 身良役賤과 조선의 태조대 身良役賤 중 그 女孫은 모두 司宰
監 水軍의 입속에서 제외되었다. 따라서 鹽干・津尺 등 干尺의 딸
이 良夫에게 시집갈 경우 從良은 물론 그 자손들은 모두 限品敍用
되었다. 그러나 당시 勳舊大臣의 婢妾 소생은 신양역천으로 司宰
監의 水軍에 소속되면 한품서용의 혜택을 받을 수가 없었다. 이 같
은 제도적 모순을 해결하기 위해 결국 태종은 2품 이상의 婢妾 소
생을 영구히 종량할 것과 自己婢妾 소생 가운데 女孫도 영구히 司

---

12) 『太宗實錄』卷27, 14年 1月 4日 己卯, "司宰監報議政府曰 …… 至我國朝 太
   祖以諸人自己婢妾所産 爲身良役賤 屬司宰監水軍 不許幷屬其女 今司宰監
   欲役女孫 前朝之制 身良役賤者 皆不役 其女孫 丁吏驛吏之女 嫁良夫 卽爲
   良人 嫁同類 乃立其役 鹽干津尺之女 亦同 水軍女孫 宜與干尺之女同 因切
   惟念 各司奴隷 父母俱賤者 尙蒙限品之職 幸以勳舊之臣婢妾所出 隷於尙衣
   院上林園 擇其識字開通者 俾充限品之職何如 命曰 二品以上自己婢妾之子
   永許爲良 限五品 今後公私賤妾 許令以自己婢子贖身 其所生之子 依上項例
   丁丑年已後 於良於賤 文契不明 充水軍 女孫外 自己婢妾所生 屬司宰監者
   女孫 永玄水軍".

司宰監 水軍에 충당할 것을 결정하였다.

이 시기에 大小人員의 妻婢 소생도 사재감의 수군에 소속토록 결정되었지만13) 한편으로 신양역천인 驛子의 自己婢妾 소생 역시 사재감의 수군에 소속되었던 사실을 감안할 때14) 대소인원의 婢妾 소생에 대한 특권적 요인이 두드러지지는 않았던 것으로 이해된다. 다만 이 시기에 2품 이상의 賤妾 소생은 임금의 은혜를 받아 한품 수직할 수 있다고 하였으나15) 이는 관료들의 특권을 배려한 것일 뿐 양반신분의 특권이라고 할 수는 없겠다. 당시 양반은 양인신분 상층의 한 계급에 불과할 뿐 신분으로서의 양반은 존재하지 않았기 때문이다.

한편 고려 말에 확대된 토지겸병과 인구집중 현상을 제거하기 위해 설치된 奴婢辨定都監은 태종 15년에 폐지되고 補充軍이 처음 설치되었다. 다음은 보충군이 창설된 당시의 사료인데 여기서 보충군의 설치 목적과 입속 대상자의 신분 범위를 살필 수가 있다.

⑴ 처음으로 보충군을 두었다. 의정부와 육조에서 수교한 내용을 아뢰기를, "각 領의 隊副를 雜役에서 면제시켜 전적으로 무술만을 익히게 하고, 番을 나누어 호위하게 할 것입니다. 중앙과 지방에 거주하는 稱干稱尺者를 가지고 전 왕조의 전례대로 보충군 3천 명을 편성해서 6천 명을 봉족으로 줄 것이며, 그 중 鹽干들만 그대로 본래의 일을 시키는 것이 어떻겠습니까"라고 하였다. 의논하여 아뢴 대로 시행하라고 하였다.

⑵ 병조에서 아뢰기를, "大小人員의 限品子孫으로서 일찍이 司宰監의 水軍에 소속된 자와 身役에서 누락되어 閑役에 있는 자를

---

13) 『太宗實錄』 卷28, 14年 7月 10日 辛巳.
14) 『太宗實錄』 卷28, 14年 8月 21日 辛酉.
15) 『太宗實錄』 卷27, 14年 6月 16日 己未.

추쇄하여 모두 보충군에 소속시킬 것입니다. 그리고 이제부터는 각 품계 관리들의 婢妾 소생은 그 아버지가 죽은 뒤에 司宰監에 소속시키던 것을 면제하여 아울러 전부 보충군에 소속시킬 것입니다. 또 각 품계의 賤妾 소생으로 贖身한 자는 自己婢妾 소생의 예에 의하여 보충군에 소속시킬 것입니다"라고 하였다. 임금이 그대로 따랐다.16)

 (3) 병조에서 제의하기를, "본조에 소속된 身良水軍者, 稱干稱尺者, 勿問是非者, 婢妾出生者, 婢妾贖身者 등의 보충군은 모두 마찬가지로 正軍 한 명마다 봉족 두 명을 주고, 네 달마다 교대로 번을 세우며 근무일수가 많은 사람을 隊副로 임명하여 관직을 그만두게 한다"라고 하였다.17)

사료 (1)은 태종 15년(1415)에 설치된 補充軍의 정원과 奉足數에 관한 내용이다. 특히 설치 당시의 보충군은 고려 보충군을 모방하였다는 것과 최초의 입속대상자가 신양역천인 稱干稱尺者들이 주류였다는 사실은 보충군의 설치 목적이 양반의 婢妾 소생의 종량에 있었다고 주장한 양반제론과 정면으로 배치된다. 따라서 조선 초기 양반제론은 그 이론적 기반이 취약하다는 사실을 알 수 있겠다. (2)는 大小人員의 自己婢妾 소생과 他人婢妾 소생으로 속신한 자는 모두 보충군에 소속시킨다는 내용이며, (3)은 보충군 설치 이후부터

---

16)『太宗實錄』卷29, 15年 3月 8日 丙午, "始置補充軍 議政府六曹受敎擬議啓 各令隊副許免雜役 全爲講習武藝 分番侍衛 以中外稱干稱尺者 依前朝例 定立補充軍三千 以六千爲奉足 其鹽干依舊本役何如 命依擬議 所啓施行 兵曹 啓 大小人員限品子孫 曾屬司宰監水軍者 及遺漏閑役者推刷 皆屬補充軍 且 自今各品婢妾所生 其父歿後 除屬司宰監 幷屬補充軍 又各品賤妾所生贖身 者 依自己婢妾所生例 屬補充軍 從之".

17)『世宗實錄』卷4, 元年 7月 18日 辛酉, "兵曹啓 本曹所屬 新良水軍稱干稱尺 勿問是非及婢妾産贖身等 各邑補充軍 每正軍一名 給奉足二名 四朔相遞立 番 仕多者 隊副授職去官".

세종 원년(1419)까지의 변화과정을 거친 다음의 규정이다. 여러 계층의 보충군은 正軍이기 때문에 두 명의 봉족을 지급받을 수 있고, 四朔相遞이며 근무일수가 찬 자는 去官하되 隊副의 관직에 진출한다는 것이다.

여기서 태종 15년에 설치된 보충군은 고려의 군사제도 중 각 領에 소속된 병졸이었음이 주목된다.[18] 즉, 조선왕조 개국 이후 군제개편으로 폐지되었다가 태종이 집권하면서 私兵이 혁파되고 이어 甲士·別侍衛·內禁衛 등 禁軍이 잇따라 신설되었는데[19] 이 때 보충군도 侍衛軍 확충의 일환으로 설치되었다고 생각된다.

한편 앞에서 살펴본 바와 같이 보충군의 설치가 군사적 기능보다는 당시 兩班婢妾 소생의 종량을 위해서 설치되었다는 견해도 있다.[20] 그러나 보충군이 甲士와 함께 세조대 오위 중의 義興衛에 소속되었던 사실만 보아도 왕실을 시위하는 군사적 기능이 더 지배적이지 않았나 한다. 다만 보충군이 양반신분의 특권을 보장하기 위해서 설치되었다는 견해가 보편적으로 적용되는 시기는 成宗代 이후에 한해서 그렇게 볼 수 있겠다.

보충군 설치 당시 주요 입속 대상자였던 양천불명자는 태종 말에 이르러 거의 소멸된 결과 세종대에 ① 稱干稱尺者 ② 身良水軍者 ③ 大小人員의 婢妾 出生者 ④ 大小人員의 婢妾 贖身者 등 네 집단만 남게 되었다. 이 가운데 조선 초기의 양인확대정책과 관련해서 관심을 끄는 것은 稱干稱尺者의 보충군 입속이다. 이들은 당시 양인과 천인의 중간계층인 身良役賤層으로서 보충군에 편제되어 3,650일만 근무하면 補充軍을 去官함과 동시에 양인이 될 수 있었

---

18) 『太宗實錄』 卷13, 7年 1月 19日 甲戌.

19) 閔賢九, 1983, 『朝鮮初期의 軍事制度와 政治』, 韓國研究院, 64~65쪽

20) 宋俊浩, 1987, 「朝鮮兩班考」, 『朝鮮社會史研究』, 一潮閣.

다.[21] 특히 그들은 奉足 두 명을 둔 正軍으로서 양인신분이었기 때문에 입사는 물론 과거응시도 자유로웠을 것이다.

그런데 당시 보충군에 편제된 대부분의 稱干稱尺者가 양인이 되는 것을 원치 않았던 사실[22]과 태종이 실시한 양인확대정책의 목적이 당시의 중앙관료, 官人地主, 토호 등 지배신분에 의해 자행된 良人의 私民化를 억제하는 데 있었다고 볼 때, 조선 초기의 양인확대정책은 태종의 전제적 왕권이 크게 반영되어 나타난 현상이라고 하겠다.[23]

다음은 司宰監의 水軍 소속이었던 身良役賤이 동왕 15년 12월 병조로 이관된 것[24]은 실제로 양인확대정책에 어떻게 작용했는지 살펴보도록 하겠다. 먼저 보충군의 설치목적은 다음 두 가지로 파악된다. 하나는 앞에서 설명한 侍衛軍의 역할이고, 다른 하나는 奴婢辨定都監을 혁파할 때 文籍이 不明한 관계로 처리하지 못하고 적체된 1만여 명의 訴良者[25]를 보충군에 편제하는 것이었다. 그러나 訴良者를 보충군에 편입할 목적으로 보충군을 司宰監에서 兵曹로 이관하는 조처를 취하였음에도 불구하고 賤人의 從良은 쉽게 실현되지 않았다. 당시 兩司를 비롯한 중앙관료들이 강하게 반발하였기 때문이다. 즉, 奴婢와 賤人의 종량으로 인하여 그들의 사유재산

---

21) 補充隊 去官에 필요한 근무 일수는 각 왕조별로 차이가 있다. 文宗代 이전에는 3,650일이 소요되었지만, 文宗 즉위년부터는 1,000일로 단축되었다. 『經國大典』에서도 이 기간은 변동이 없었다. 그러나 2품 이상의 자손은 360일이 소요되었고, 原從功臣과 賤妻妾子 중 承重者는 180일 만에 去官할 수 있도록 규정이 완화되었다.

22) 『世宗實錄』卷9, 2年 9月 1日 丙寅.

23) 金泰永은 「朝鮮初期 世祖王權의 專制性에 대한 一考察」(1994, 『韓國史硏究』87)에서 전제정치는 국가권력이 군주 한 사람에게 집중되기 때문에 역사발전을 저해한다고 평가하였다.

24) 『太宗實錄』卷30, 15年 12月 3日 丙寅.

25) 『太宗實錄』卷28, 14年 10月 1日 辛未.

의 손실은 물론 생산수단의 감축을 초래한다고 생각하였다.

그러나 1417년(태종 17년) 9월 이들은 마침내 보충군에 편제되었고, 그 같은 사실은 위 사료 ⑶의 勿問是非者 조항의 삽입 형태로 나타났다. 그렇다면 위의 경우를 포함해서 보충군이 설치된 이후 증가된 新良人의 숫자는 얼마나 되며, 보충군을 그 전 시기인 司宰監 水軍의 단계와 비교할 때 신분변동의 폭과 범위는 어떠하였을까.

먼저 증가된 新良人의 숫자는 보충군 정원 3천 명[26]과 勿問是非者 1만 명을 합한 1만 3천 명이 되겠고, 이를 통한 신분변동의 범위는 司宰監 水軍의 실제 인원이 911명[27]이었으므로 증가 비율은 14배 이상이었다.

그러면 앞에서 살펴본 태종의 보충군 설치는 조선 초기 신분사의 인식체계에서 볼 때 그 본질을 어떻게 평가할 수 있을까. 다음 두 가지 측면에서 파악할 수 있겠다. 하나는 고려 말에 확대된 奴婢爭訟 문제를 해결하는 실제적 수단이었다. 즉, 당시의 사회적 격변기에 지배계급의 私民으로 전락한 농민들을 보충군에 편제함으로써 軍役과 賦稅 의무를 담당하는 公民의 숫자를 증가시켰다. 다른 하나는 조선 초기의 신분질서를 양천제로 체계화하는 데 있어서 그 토대로 작용하였다. 보충군을 통한 광범한 양인확대정책은 천인이나, 또는 干・尺과 農莊奴婢 등 賤人化한 身良役賤 계층을 양인으로 편제하는 과정이었다. 이에 따라 양인과 천인 간의 사회・경제적 폭이 축소됨으로써 신분의 동질성이 형성되었다.

다음은 양인확대정책이 축소되었던 시기로 평가되는 세종대의 보충군에 관해서 살펴보겠다. 세종 원년(1419)의 보충군 입속 대상

---

26) 『太宗實錄』 卷29, 15年 3月 8日 丙午.
27) 『太宗實錄』 卷26, 13年 11月 11日 丁亥.

자는 ① 身良水軍者 ② 稱干稱尺者 ③ 勿問是非者 ④ 婢妾出生者 ⑤ 婢妾贖身者의 다섯 가지 유형으로 분류할 수 있다. 태종 15년 (1415) 보충군이 설치된 당시와 비교하면 ③항의 勿問是非者가 포함된 것이 다르다.28) 당시 보충군의 처우는 正軍이기 때문에 奉足 두 명이 주어졌으며, 네 달마다 교대로 근무한 다음에 근무일수가 찬 자는 종9품 隊副의 관직에 제수됨과 동시에 去官하였다. 그러나 군역이 과중하여 도망자가 속출하였다.

이러한 폐단을 근절할 목적으로 당시 병조에서는 身良水軍者, 婢妾出生者, 婢妾贖身者, 勿問是非者가 도망할 경우 주인이 신고하면 돌려주도록 하고, 稱干稱尺者가 도망하면 관노비로 영속시키자고 건의하였다.29) 따라서 세종 2년(1420) 9월 보충군에 대한 還賤法이 법제화됨으로써 양인확대정책은 축소될 수밖에 없었다.

그러나 보충군의 還賤法에 대해 당시 좌의정 朴블은 대단히 비판적이었다. 즉, 보충군의 대부분이 비록 身良役賤이지만 크게 볼 때는 그들도 양인신분인데, 먼 변방에서 과중한 軍役을 감당하지 못해 도망하였다고 하여 곧 노비로 정해진다면 옳지 않다는 것이다.30) 실제로 당시 양인이 從賤되는 경우는 대역죄인에 국한되었던 사실을 감안할 때 박은의 비판은 타당한 것이었다.

그러면 태종대까지 국가권력에 의해 적극 추진되던 양인확대정책이 세종대에 이르러 축소된 이유는 어디에 있을까. 그것은 당시 軍役 대상자의 流離 현상이 사회문제로 등장한 부분적인 이유도 있었지만31) 보다 본질적인 이유는 세종대에 새로운 유교정치체제가

---

28) 勿問是非者는 奴婢辨定都監을 혁파할 때 그 동안 문적이 분명치 않아서 그 판결이 적체된 訴良者들로서 보충군의 설치와 동시에 모두 보충군에 편제되었다.

29) 『世宗實錄』 卷4, 元年 7月 18日 辛酉.

30) 『世宗實錄』 卷9, 2年 9月 1日 丙寅.

확립된[32] 결과 중앙관료 등 신권이 확대되었기 때문이 아닌가 한다. 다시 말해서 당시 상급 지배신분층을 형성한 중앙관료·관인지주·토호 등이 대토지 농장을 소유한 결과 토지생산에 필요한 노동력으로서 私民化한 다수의 농장노비를 필요로 하였다. 특히 양인확대정책의 축소 현상은 이 시기에 科田의 상속은 물론 매매가 공인되었던 사실[33]과도 밀접하게 관계되어 있다.

그렇다면 계유정난으로 왕위에 등극한 세조대의 보충군을 통한 양인확대정책은 어떠하였을까. 결론부터 말한다면 세조대에도 양인확대정책은 변함없이 지속되었다. 즉, 세조는 재위기간 중 집현전을 혁파하고 경연을 폐지함으로써 儒臣들과 갈등관계를 형성하였기 때문에 정치권력구조에서는 六曹直啓制를 채택할 수밖에 없었다. 그리고 평민계층을 왕권의 토대로 삼는 한 방편으로 양인확대정책을 실시하였다. 한산한 士族子弟들에게 군역을 담당시키는 한편, 壯勇隊와 軍功을 통한 천인의 군역 진출에 적극적이었던 사실이 이를 반영한다.

다음은 세조가 태종의 양인확대정책을 구체적으로 어떻게 계승 발전시켰는가를 살펴보겠다.

⑴ 형조에 전지하기를, "公處奴婢는 여러 번 기한을 정하였으나 私處奴婢는 정유년(1417, 태종 17)에 기한을 정한 지가 이미 오래 되었으므로 간사한 무리들이 이로 인해서 여러 해 동안 쟁송하니, 양민과 천민이 서로 혼효되고 골육상잔하는 지경까지 이르게 되어 풍속이 야박하고 나빠져서 폐해를 장차 금하기 어려울 것이다. 정유년의 예에 의거하여 기한을 정하여 決折하고 시행하기에 합당한

---

31) 『世宗實錄』 卷20, 5年 5月 22日 辛丑.
32) 崔承熙, 1976, 『朝鮮初期 言官·言論硏究』, 韓國文化硏究所.
33) 千寬宇, 1979, 「科田法과 그 崩壞」, 『近世朝鮮史硏究』, 一潮閣, 177~179쪽.

조건을 의논하여 아뢰도록 하라”고 하였다.[34]

　⑵ 예조에 전지하기를, “…… 영락 정유년 9월 초1일 이전에 고장으로 公私에 양인을 호소하여 마치지 못한 자는 모두 보충군에 소속시키고, 이 날 이전에 이미 從賤되었는데도 誤決을 묻訴하지 아니한 자는 聽理를 허락하지 아니한다”라고 하였다.[35]

⑴은 세조가 당시 사회문제로 등장한 노비쟁송의 해결방법을 지난날 태종의 양인확대정책에서 찾고 있는 내용이고, ⑵는 訴良하였으나 판결이 보류된 자들은 일괄적으로 보충군에 편제하며, 從賤되었으나 訴良하지 않는 자는 청리를 불허한다는 내용이다. 어느 경우든 기본적으로 태종의 양인확대정책을 충실히 계승하고 있음을 볼 수 있다. 한편 이와 같은 良賤不明者의 訴良을 통한 보충군 입속은 이 시기 천인들에게 신분상승의 한 방편으로 이용되고 있었다. 다음 사료는 그러한 사실을 설명하고 있다.

　형조에서 함길도 관찰사가 임금에게 올린 글에 의거하여 아뢰기를, “도 내에 떠들어온 사람들 가운데 양인을 冒稱한 자들이 상당히 많습니다. 간혹 누구의 奴婢라고 하는 사람이 있으면 本主에게 공문을 띄워 잡아가라고 해도 대부분 오지 않거나 온다고 하더라도 문서가 똑똑하지 않습니다. 본 도는 깊숙하고 치우쳐 있을 뿐만 아니라 먹고 살기가 편리하기 때문에 주인을 배반하고 身役을 도피한 賤隷들이 거의 다 도망쳐 옵니다. 그런데 양인이니 천인이니 서로 다투면서 오로지 놀기만 일삼고 있으니 간사하기 짝이 없습니다. 만약 『經國大典』에 실려 있는 良人으로 해달라고 송사를 제

---

34) 『世祖實錄』 卷18, 5年 11月 11日 己丑.
35) 『世祖實錄』 卷25, 7年 7月 9日 丁未, “永樂丁酉九月初一日 以前告狀公私訴
　　良未畢者 皆屬補充軍 是日以前已曾從賤 而未呈誤決者勿許聽理”.

기하였으나 문서가 똑똑하지 못할 경우 항목대로 보충군에 소속시
킨다면 본 도의 보충군은 모두 여러 驛站에 소속됩니다. 기한이 차
면 去官시키는 상태에서 이것은 간사한 꾀를 실현할 수 있게 되는
구실이 될 것이며, 따라서 앞을 다투어 양인이 되려고 할 것이니
그 폐단을 막아내기 어려울 것입니다."[36]

여기서 세조대 천인들이 『경국대전』의 訴良者 중 文籍不明者 조
항을 이용해서 良人으로 신분상승한 사실이 판명된다. 즉, 도망노비
에 대해서 주인이 문서로써 자기 소유임을 입증하지 못하면 그들은
양천불명자에 해당되어 보충군에 편제되었는데, 일단 보충군이 되
면 驛站 등에 소속되어 일정 기간을 근무한 다음 去官할 수 있었다.
따라서 보충군을 통한 일련의 양인화는 이 시기에 보편적 사회현상
이 되었으며, 이것은 당시 良賤間의 신분이동을 더욱 촉진하는 계
기가 되었다.

한편 奴主들은 이와 같은 종량의 증대는 보충군 때문이라고 인식
하였기 때문에 보충군의 폐지를 강력히 주장하였고, 이에 따라 보충
군은 세조 10년(1464) 11월 폐지되었다. 그러나 보충군을 폐지한 대
신에 從父法을 실시하였으므로 당시 지배계급이 생각한 것처럼 노
비의 급속한 증가는 실현되지 않았다. 동왕 14년(1468) 6월 成均進
士 宋希獻의 상소[37]로 從父法이 폐지된 사실을 통해서 이 같은 사
실을 알 수 있겠다.

---

36) 『世祖實錄』 卷34, 10年 11月 20日 己巳, "刑曹據咸吉道觀察使啓本啓 道內
   流移人 冒稱爲良者頗多 或有稱某人奴婢者 卽文移本主 令拏去 多不來 或
   來而文案不明 本道深遠幽僻 且便口腹之養 故背主避役之隷率皆逃來 良賤
   相推 專事閑遊 其爲姦詐莫甚 若依大典訴良者文籍不明之例 屬補充軍 則本
   道補充軍 皆隷諸站 限滿去官 是姦計得行 爭慕爲良 弊將難禁".
37) 『世祖實錄』 卷46, 14年 6月 14日 壬寅.

그렇다면 從父法의 치·폐는 양인확대정책 내지 군액의 확충과
어떤 관계에 있을까. 다음 사료에서 그 해답의 실마리를 찾을 수 있
다.

  (1) …… 신숙주가 말하기를, "지금 從父法을 행한다면 자기 아들
을 양인으로 만들고자 하는 公賤들이 반드시 어느 향리, 어느 서리
의 아들이라고 거짓말을 하게 될 것이며, 이렇게 되는 날에는 몇
해 안 가서 공천이 날로 줄어들 것입니다. 지금도 양인들을 부릴
수 없는데, 노비마저 점차 줄어든다면 그 폐단은 적지 않을 것입니
다. 뿐만 아니라 從母法을 따르는 것도 그 어머니의 姓만을 따르는
것이 아니라 어머니의 身役까지 지게 하자는 것입니다" 하니 임금
이 말하기를, "처음에 이 법을 세운 목적은 양인을 많이 만들어 군
액을 늘리기 위한 것이었는데 만일 從母法을 따른다면 끝내 양인
이 되는 길이 없을 것이니 어떻게 하겠는가"라고 하니 宰相들이
말하기를 "예전부터 贖身하는 법이 있으니 이것이 양인으로 되는
길입니다"라고 하였다.38)
  (2) 韓明澮가 아뢰기를, "그 전에 세조가 賤人從父法을 세우고 補
充軍을 혁파하였는데 신이 그 때 폐단을 진술하였으나 승인을 받
지 못하였습니다. 그 뒤에 戶曹佐郞 宋希獻이 陳弊를 상서하여 마
침내 종부법을 혁파하였는데 이제 보충군을 다시 두게 되면 이처
럼 천한 身役을 모면하려는 자들이 저절로 없어질 것입니다"라고
하니 임금이 여러 재상들로 하여금 의논하게 하였다.39)
  (3) 具致寬, 曹錫文, 寧城君 崔恒, 上洛君 金礩, 左贊成 金國光
등이 의논하기를, "종부법을 세우면서 보충군도 혁파하였는데 이제

---

38) 『世祖實錄』 卷46, 14年 6月 14日 壬寅.
39) 『睿宗實錄』 卷5, 元年 4月 12日 乙丑, "韓明澮啓曰 曩者 世祖立賤人從父之
    法 革補充軍 臣於其時陳弊 未得蒙允 後戶曹佐郞宋希獻 上書陳弊 乃罷從
    父之法 今復立補充軍 則自無如此窺免賤役者矣 上令諸宰議之".

從母法을 따르게 된 이상 다시 보충군을 두되, 보충대라고 고칠 것입니다” 하니 그대로 따랐다.[40]

⑴은 從父法을 실시하면 公賤은 줄어들고 양인은 증가하게 된다는 사실을 설명한 내용이고, ⑵는 보충군을 설치할 경우 합법적인 從良이 줄어들기 때문에 公私賤의 숫자는 오히려 증가한다는 사실을 말한 것이며, ⑶은 종부법 대신 종모법을 실시하게 된 내력과 보충군을 복설할 때 보충대로 개칭한 사실을 말하고 있다. ⑴·⑵·⑶을 종합해 볼 때 세조가 보충군을 폐지하고 종부법을 실시한 목적은 더 많은 양인을 확보하는 데에 있었다. 실제로 세조는 종부법 실시 이후 증대된 양인을 토대로 號牌法과 保法을 통해 군액을 확충하여 북방의 여진족을 제압하였다. 그러나 종부법은 지배계급의 노비 증식수단으로 적합하지 않다고 인식되었으므로 세조의 의도와는 달리 동왕 14년에 폐지되었고, 보충군은 從母法의 실시와 동시에 復設되었지만 예종 원년(1469) 4월 補充隊로 개칭되었다.

제2절 補充隊와 賤人의 신분변동

성종대에 이르러 良人婢妾 소생의 補充隊 입속이 대폭 축소되거나 금지되었다. 이러한 현상은 조선 초기 천인의 신분상승과 관련한 보충군의 설치와 從父法의 폐지 등이 왕권과 신권의 대립관계를 반영한 결과로 해석할 수 있겠다. 특히 성종의 즉위와 때를 같이해

---

40) 『睿宗實錄』 卷5, 元年 4月 16日 己巳, “具致寬曹錫文及寧城君崔恒 上絡君 金礩 左贊成金國光等 議自立從父之法 革補充軍 今旣從母 復立補充軍 改軍爲隊 從之”.

서 수렴청정과 院相制가 실시되었는데, 이는 국가권력 차원에서 볼 때 신권이 왕권보다 우위에 서는 계기가 되었다. 이와 같은 정치변동에 따라 양반지배층의 사적 토지소유에 기초한 농장이 확대되고 토지를 상실한 자영농민층의 급격한 계층분화가 진행되었다. 한편 토지에서 이탈한 농민들은 農莊奴婢가 되거나 신분적으로 노비화한 佃戶·婢夫·雇工 등 협호계층으로 존속하였다.[41]

성종대에 이르러 왕권 약화 현상과 관련하여 보충대를 통한 천인의 신분상승이 억제된 경우를 살펴보면 다음과 같다.

첫째, 『경국대전』의 "公私賤과 良夫 간에 출생한 자는 本主의 뜻에 따라 贖身하고 양인이 된다"는 규정이다. 여기의 규정은 세조대에 실시된 從父法과 같은 성격으로서,[42] 세조대에 이르러 일반 양인과 公私賤 간의 혼인은 명목상으로만 금지되었을 뿐[43] 실제는 보편적으로 실시된 종량정책이었다. 그런데 성종 초에 이르러 본주의 뜻에 따라 속신하게 된 것[44]은 당시 확대된 신권이 반영된 결과라고 하겠다.

둘째 補充隊 陳告法을 실시하여 從賤의 범위를 확대한 경우이다. 大小人員의 婢妾 소생은 보충대에 입속할 대상자인데, 만약 나이가 16세가 되어도 진고하지 않거나 補充隊案에 붙인 뒤 입역하지 않는 자는 타인이 진고하면 즉시 還賤시킬 수가 있었다. 뿐만 아니라 누락된 보충대를 嫡母나 嫡同生이 직접 진고할 경우 期功親이 노비로 전락하는 사례가 발생하였다. 이러한 사실은 당시 鄕吏·驛吏·鹽干·牧子[45] 등의 自己婢妾 소생이 아비의 身役을 이으면

---

41) 이영훈, 1988, 「조선 후기 농민경영에서 주호·협호관계」, 『조선 후기사회경제사』, 한길사.

42) 『世祖實錄』 卷18, 5年 10月 5日 癸丑.

43) 『成宗實錄』 卷168, 15年 7月 4日 戊子.

44) 『成宗實錄』 卷169, 15年 8月 4日 戊午.

양인신분을 획득하였던 것과 비교할 때, 대소인원의 婢妾 소생이 역리의 婢妾 소생보다 신분적 지위가 오히려 낮아지는 결과가 초래되었다. 따라서 가장인 보충대 한 사람이 천인이 되면 나머지 동생들과 자손들도 모두 연좌되어 從賤되는 폐단이 있었다.46) 이 또한 우세해진 신권이 양반관료체제에 반영되어 나타난 결과가 아닌가 한다.

그러나 성종의 친정체제가 실현되는 동왕 15년(1484)을 전후하여 왕권이 강화되기 시작하면서 보충대를 통한 양인확대정책도 그 범위가 더욱 확대되었다. 이와 같은 사실은 『경국대전』의 "大小人員이 공천을 취해서 얻은 소생은 보충대에 소속시킨다(大小人員娶公賤所生 屬補充隊)"는 조항에 '及良人' 三字를 더 보태어 넣도록 지시한 데서도 확인된다. 종량의 폭을 넓히려는 성종의 이러한 의지는 을사년(성종 16년, 1485)의 『대전』에 '及良人'의 三字가 있었던 데서 더욱 명백히 드러난다. 성종은 세조 신사년(1461)『대전』의 民本思想에 그 바탕을 두고 이를 입법화시켰고, 여기서 성종이 조선초기의 양인확대정책을 계승 발전시켜 양인계층의 폭과 범위를 확대하였음을 알 수 있다.

따라서 성종의 양인확대정책은 당시 관료지주 집단과 첨예하게 대립할 수밖에 없었다. 성종의 의도대로 '及良人' 三字가 『경국대전』에 삽입될 경우 국가는 軍額과 賦稅를 확보할 수 있는 반면 농장을 소유한 양반지주 계급으로서는 생산수단인 노동력의 감축이 예상되었기 때문에 이를 적극 저지하려 하였다. 이로 인해 '及良人' 三字를 『경국대전』에서 삭제하기 위한 논의가 조정관료 사이에서 확산되었다. 여기에서 그 전개과정을 검토함으로써 양반의 개념과

---

45) 南都泳, 1965, 「朝鮮牧子考」, 『東國史學』 8.
46) 『成宗實錄』 卷129, 12年 5月 20日 甲午.

범주는 물론 천인의 良人化 현상의 범위도 어느 정도 파악할 수 있
을 것이다.

먼저 ‘及良人’ 三字와 관련하여 당시 지배계급이 『경국대전』에서
삭제코자 한 내용은 다음 두 가지이다. 하나는 良人이 公私婢를 妻
妾으로 삼아 낳은 자식은 보충대에 소속시킨다는 것이고, 다른 하
나는 補充隊가 천인이었을 때 낳은 자식도 보충대에 입속시킨다는
것이다. 다음 사료는 이에 관한 조정대신들의 토론 내용이다.

(1) 金訢, 鄭誠謹, 李昌臣, 申從濩, 閔師騫, 李承建, 閔祥安, 閔輔
翼, 朴增榮, 許輯, 成希顔이 아뢰기를, “舊典에 의하면 大小人員이
公私婢를 妾으로 삼아 낳은 자식들은 보충대에 소속시키기로 되어
있으나, 양인인 경우에는 포함시키지 않은 것은 尊卑의 등급을 밝
히고 양인과 천인의 구별을 엄격히 하려는 것이었습니다. 그런데
新典에는 양인이 公私婢를 妻妾으로 삼아 낳은 소생도 보충대에
소속시키며 보충대가 천인 신분으로 있었을 때의 소생도 소속시키
도록 하였습니다. 이와 같이 하면 존비의 구별이 없을 뿐만 아니라
免賤의 길이 너무 넓어져서 귀한 신분을 해치는 풍조가 점점 자라
게 될 것입니다. 신 등은 舊典대로 하는 것이 좋겠습니다”라고 하
였다.47)

(2) 許菖・黃璘이 아뢰기를, “舊典에는 大小人員이라고만 지적하
고 양인은 언급하지 않았기 때문에 사족으로서 無蔭・無職者의 賤
妾 소생은 보충대에 소속될 수 없었던 것입니다. 新典에는 양인이
공사비에게 장가들어 낳은 소생도 보충대에 소속시키도록 허락하

---

47) 『成宗實錄』卷191, 17年 5月 28日 壬申, “金訢鄭誠謹李昌臣申從濩閔師騫李
承建閔祥安閔輔翼朴增榮許輯成希顔議 舊典云 大小人員 娶公私婢 爲妾者
之子女 屬補充隊 而良人不與焉 所以明尊卑之等 嚴良賤之分也 新典良人娶
公私婢爲妻妾者之子女 幷屬補充隊 而補充隊爲賤時所生 亦許屬焉 如此則
作惟尊卑無別 而免賤之路太廣 妨貴之風漸長矣 臣等以爲 仍舊典爲便”.

였으니, 이 법은 국가에 유익한 것입니다. 더구나 그 법을 만들어 놓고 뒤따라 고치는 것은 좋지 못합니다. 그리고 大小人員 및 양인의 賤妻妾이 낳은 자녀를 보충대에 소속시키기로 규정되어 있는 이상 보충대가 천인신분으로 있을 때에 낳은 자식들도 보충대에 소속시켜 從良케 하는 것도 무방할 것입니다"라고 하였다.[48]

⑴은 양인의 婢妾 소생과 보충대가 천인이었을 때의 소생을 보충대에 입속시키면 상하존비적 신분질서가 붕괴되기 때문에 그것을 허용해서는 안 된다는 것을 설명한 것이고, ⑵는 舊典의 경우 大小人員인 관직자의 婢妾 소생만 보충대 입속을 허용하고 無蔭·無職인 士族婢妾 소생은 從良을 배제하였기 때문에, 新典에서는 良人婢妾 소생도 보충대 입속을 허용한 결과 士族婢妾 소생도 마침내 모두가 종량될 수 있었음을 설명한 내용이다.

그런데 사료 ⑴의 "舊典에서는 良人婢妾 소생을 보충대에 참여시키지 않았다"고 한 내용은 문맥상으로만 본다면 大小人員의 관직자와 일반 양인의 신분이 구분되어 있었던 것으로 이해할 소지가 많다고 하겠다. 따라서 양반론자들은 大小人員을 양반신분으로 규정한 다음 그 같은 사실을 근거로 조선 초기를 양반제 사회로 해석하였던 것이다.[49] 그러나 이와 같은 해석은 조선 초기의 모든 시기에 적용할 수 없고 성종대부터 그러한 적용이 가능할 뿐이다. 왜냐하면 세조대에 실시된 종부법[50]에서는 良夫婢妾 소생을 모두 從良

---

48) 『成宗實錄』 卷191, 17年 5月 28日 壬申, "許薑黃璘議 舊大典只稱大小人員 而不及良人 故士族無蔭無職者之賤妾子女 不得屬補充隊 新典則幷良人娶 公私婢所生 許屬補充隊 此法有益於國家 況旣立其法 又從而紛更之未可也 且大小人員及良人賤妻妾子女 法當屬于補充隊 則其補充隊之爲賤時所生 亦許屬補充隊從良 無妨".

49) 宋俊浩, 1987, 「朝鮮兩班考」, 『朝鮮社會史硏究』, 一潮閣.

50) 從父法은 세조 11년(1465)에서 동왕 14년 5월 사이에 실시되었다가 동왕 14

의 대상으로 하였기 때문이다. 더구나 사료 ⑵에서 士族으로서 無蔭·無職인 자의 천첩 소생은 보충대에 소속될 수 없었다고 한 것으로 보건대, 그들이 일반 양인과 신분이 동등하였음을 알 수 있다. 따라서 이 시기의 大小人員은 양반신분이 아닌 양인계층으로만 존재하였다고 생각된다.

한편 蔭職 벼슬이 없는 士族婢妾 소생을 본집 자손의 노비로 삼았던 경우와 『대전속록』의 "鄕吏·驛吏·鹽干·牧子 등의 自己婢妾 소생은 아비의 身役에 정한다"[51]고 한 사실을 비교할 때 士族婢妾 소생의 신분이 오히려 身良役賤보다 더 낮게 평가되었음을 알 수 있겠다. 이와 같은 사실 때문에 조선 초기의 사족을 특권적인 양반신분으로 규정할 수가 없는 것이다. 한영우는 사족이 보편적인 양반 관료집단으로 인식된 것은 인조반정 이후부터라고 해석하였다.[52]

'及良人' 三字를 『경국대전』에서 삭제할 것에 대한 논의는 성종이 동왕 17년(1486) 5월 28일 "이 법은 내가 처음 세운 것이니 그것을 고치도록 하라"고 전교함으로써 일단락되었다.

그렇다면 '及良人' 三字가 『경국대전』에서 삭제된 사실은 당시 신분제에 어떤 영향을 미쳤을까. 먼저 '及良人' 三字를 논의하는 과

년 6월에 폐지되었다. 良夫와 婢妾 사이에서 출생한 자녀는 그 父의 신분을 좇아 양인신분이 된다는 것을 주내용으로 한다. 그런데 良夫에 대해 국사학계에서는 두 가지 상이한 해석을 하고 있다. 하나는 有井智德(1961, 「李朝補充軍考」, 『朝鮮學報』 21·22합, 300쪽)의 "良夫는 양반과 평민이 포함된다"는 것이고, 다른 하나는 宋俊浩(1987, 「朝鮮兩班考」, 『朝鮮社會史研究』, 188쪽)의 "良夫란 양반이 아닌 평민(즉, 良人) 남자를 가리키는 용어다"라고 한 것이 그것이다.

51) 『成宗實錄』 卷95, 9年 8月 6日 丙申.

52) 韓永愚, 1977, 「朝鮮初期의 社會階層과 社會移動에 관한 試論」, 『東洋學學術會議講演抄』 7, 단국대 동양학연구소.

정에서 신분의 양극화 현상이 더욱 심화되었는데, 다음 사료는 이 사실을 잘 설명해 주고 있다.

⑴ 韓明澮, 沈澮, 尹弼商, 克培, 尹壕, 李鐵堅, 鄭佸, 金謙光, 李崇元이 의논하기를, "만약 良人이 公私婢를 취하여 낳은 사람을 보충대에 소속시킨다면 雇工·皂隷·賤口·新良人의 자손도 모두 양인이 되어야 하니, 다만 尊卑가 분별이 없을 뿐만 아니라 風敎에도 관련이 있습니다"라고 하였다.53)

⑵ 盧思愼이 의논하기를, "보충대에 永屬한 사람은 모두 良賤이 불명하여 한때 임시조치로 법을 세워 去官시키지 않는 것은 오래 시행할 제도가 아닙니다. 우리 나라 사람은 양인이 아니면 천인, 이 두 길밖에 없는데 지금 양인과 천인의 중간에 따로 한 부류의 사람을 만들어 놓고서 자손에 이르러서도 영구히 去官할 길을 없앤다면, 정으로 보나 법으로 보나 온당치 못할 듯합니다. 『舊大典』에 의하면 朝官과 有蔭子孫의 첩이 낳은 아들 외에는 보충대에 소속시켜 거관하는 것을 허락하지 않았습니다. 그러므로 영속한 자는 거관되지 않더라도 괜찮습니다. 그런데 지금 『大典』에 의하면 벼슬의 높낮이와 門蔭의 有無를 논하지 않고, 공사천이 아니면 그 賤妾의 자식을 모두 보충대에 소속시키고 거관하니, 이것으로 보면 영속한 자를 마땅히 거관하여야 할 텐데, 더구나 『大典』에는 영구히 소속시킨다는 규정이 없지 않습니까" 하였다.54)

---

53) 『成宗實錄』卷191, 17年 5月 28日 壬申, "韓明澮沈澮尹弼商李克培尹壕李鐵堅鄭佸金謙光李崇元議 若許良人娶公私婢所生 屬補充隊則雇工皂隷 及賤口新良者之子孫 例皆爲良 非徒尊卑無別 有關風敎".

54) 『成宗實錄』卷189, 17年 3月 23日 戊辰, "盧思愼議 永屬補充隊之人 皆良賤不明 故立一時權宜之制 勿今去官 非常行可久之法也 我國人物 非良則賤 只有二途耳 今於良賤之中 別作一種人物 雖至子孫 永無去官之理 其於情法 恐未穩當 舊大典內 朝官及有蔭子孫 妾子外 不許屬補充隊去官 故此永屬者 雖不去官 可也 今大典內 勿論職之高下 蔭之有無 若非公私之賤 則其賤妾

⑴은 良人婢妾 소생을 보충대에 입속시킬 경우 양인의 범주가 크게 확대될 수 있음을 설명한 것이고 ⑵는 조선왕조의 신분제는 良賤制가 기본이기 때문에 身良役賤인 永屬 보충대를 혁파하여 양인으로 편제할 것을 말한 내용이다. 여기의 『大典』은 을사년(성종 16)『大典』을 지칭한 것이다. 성종은 이 때 친정을 계기로 ‘及良人’ 三字를 『대전』에 삽입하여 양인확대정책을 실시하였다. 만약 이 법전이 개정되지 않았다면 많은 천인이 從良됨으로써 상하의 신분의식이 크게 약화되었을 것이다. 그러나 앞에서 설명한 것과 같이 성종 17년(1486) 5월 ‘及良人’ 三字를 『경국대전』에서 삭제함으로써, 大小人員의 婢妾 소생을 제외한 無蔭·無職의 士族과 일반 良人 婢妾 소생은 모두 종량될 수가 없었다. 이는 당시 토지를 상실하고 계층분화된 佃戶·雇工·婢夫·農莊奴婢 등이 관료지주의 私民으로 전락하는 신분하강 현상과 함께 軍役人口를 감소시키는 요인이 되었다.

그런데 이 때 대륙에서는 여진족의 군사력이 신장되고 있었기 때문에 조선에서도 軍額을 확충할 수밖에 없었다. 이에 따라 성종은 군액확충의 일환으로 동왕 17년 『大典』에서 삭제한 ‘及良人’ 三字를 또다시 첨입토록 지시함으로써 ‘及良人’ 三字를 둘러싼 조정관료들의 찬반논의가 재현되었다.

⑴ 李琚, 申用漑, 南世周 등은 의논하기를, “신 등은 일찍이 우리나라에는 양인 되는 길이 매우 적고 군액이 넉넉하지 못한 것을 항상 유감으로 여겼는데, 이번에 表沿沫이 아뢴 것을 보니 과연 신의 마음과 부합됩니다. 아뢴 바에 의하여 시행하는 것이 진실로 마땅하겠습니다. ‘及良人’ 三字를 삭제하는 것이 부당하다는 뜻은 전에

子 皆屬補充隊去官 以此觀之 則永屬者 例當去官 況大典無永屬之法乎”.

이미 의논하였으므로 다시 덧붙이지 않겠습니다” 하였다.55)

⑵ 李克墩, 成健, 權健은 의논하기를, “조종조부터 보충대는 군액을 증가시키기 위한 것이 아니고, 대체로 士族의 子孫이 어미를 따라 賤役을 하게 됨을 민망히 여겨 從良하였던 것입니다. 이는 국가에서 그 아비를 우대해 준 것뿐인데, 양민의 아들이 어찌 사족과 동반이 될 수 있겠으며, 또한 그 자손을 從良할 수 있겠습니까.『大典』가운데서 ‘及良人’ 三字를 삭제시킨 것은 그 때문입니다” 하였다.56)

⑴은 군액이 넉넉지 못하므로, ‘及良人’ 三字를 삽입해야 된다는 당위성을 설명한 것이고, ⑵는 보충대의 설치 목적은 군액을 확보하는 데 있지 않고 士族婢妾 소생을 종량하기 위한 것이므로 ‘及良人’ 三字를 삽입해서는 안 된다는 내용이다. 즉,『경국대전』형전 賤妾子女條의 “大小人員 (註略) 娶公私婢爲妻妾者之子女 …… 屬補充隊”를 “大小人員 及良人 娶公私婢爲妻妾者之子女 …… 屬補充隊”로 고쳐서는 안 된다는 것이다.

여기에서 良人婢妾 소생의 보충대 입속에 대한 조정관료들의 견해는 크게 두 가지로 갈려 대립하고 있음을 알 수 있다. 하나는 양인들도 보충대에 入屬케 해서 종량의 혜택을 주어야 한다는 것이고, 다른 하나는 그것을 허용해서는 안 된다는 입장이다.

그런데 보충대 설치 목적이 다만 士族을 우대하기 위한 국가적 조처였다는 사료 ⑵의 인식은 지배자 중심의 역사인식이라는 점에서 주목된다. 특히 양반론자들은 이 사료를 근거로 조선 초기를 양반제사회로 규정하지만,57) 앞서 설명한 것과 같이 ‘及良人’ 三字가

---

55)『成宗實錄』卷258, 22年 10月 29日 壬申.
56)『成宗實錄』卷258, 22年 10月 29日 壬申.
57) 宋俊浩, 1987,「朝鮮兩班考」,『朝鮮社會史硏究』, 213~215쪽.

삭제될 경우 無蔭·無職者의 士族婢妾 소생은 良人婢妾 소생과 다름없이 천인이 될 수밖에 없었다.

결국 성종 22년(1491) 10월 군액확충의 일환으로 재론된 '及良人' 三字의 『경국대전』 첨입 문제는 동왕 23년(1492) 11월 마침내 성종이 "이제 말하는 바를 들으니 과연 폐단이 있다. '及良人' 三字를 첨록하지 않는 것이 좋겠다"라고 함으로써 일단락되었다. 이는 당시 이미 훈구·사림세력 중심의 양반관료 지배체제가 확립되었음을 반영한 것이다. 그러나 연산군의 왕위등극과 함께 진보적 개혁론자들은 良女에게서 출생한 자라고 하더라도 모두 노비가 되는 奴婢從母法을 폐지하고, 良夫의 신분에 따른 종부법을 실시하자고 주장하였다. 종부법의 실시 명분은 양인이 줄어들고 軍額이 부족하다는 것이었지만,[58] 실제 이유는 관료지주의 대토지소유와 양인의 私民化를 토대로 형성된 광범한 훈구세력의 경제적 기반을 붕괴시키는 것과도 관련이 있었다.

그렇다면 반정으로 왕위에 등극한 중종대에 있어서 보충대와 종부법을 통한 양인확대정책은 어떠하였을까. 반정의 주체세력인 훈구파가 政局의 전면에 등장하는 중종 10년(1515)까지는 성종대의 그것과 큰 차이가 없다. 즉, 당시 보충대 입속대상자가 大小人員의 婢妾 소생에 한정되었으므로 蔭職이 없는 士族婢妾 소생은 여전히 천인신분을 갖게 됨으로써 鄕吏·驛吏·鹽干·牧子의 신분보다 더 낮게 인식되었다.[59]

---

58) 『燕山君日記』卷7, 元年 5月 28日 庚戌.

59) 『中宗實錄』卷9, 4年 閏9月 1日 庚申, "聽輪對 工曹佐郎崔瀞啓曰 …… 大典 鄕吏驛吏鹽干牧子干等嫁自己婢所生 各其父役處定役本意 專爲期功親 得爲奴婢 傷敗彝倫而設也 實是良法美意 今士族之人 娶自己婢所生 父非有職人員 則勿令屬良 期功切親 爲奴服役 敗常亂俗 士族衣冠子孫 反不如鄕吏驛吏等子孫 實乖事體臣意以謂若自己婢所生 雖無蔭 依鄕吏等例 並屬補充

그러나 신진사림세력이 중앙정계에 등장하는 중종 10년 이후의
보충대와 관련된 양인확대정책은 士林派의 견해를 대폭 수용하는
쪽으로 전개된다.[60] 다음 사료가 이와 같은 사실을 설명하고 있다.

  金安國이 의논드리기를, "自己婢妾 소생의 자녀는 官府에 呈狀
하여 贖身함이 없이 종량할 뿐이요, 보충대에 立役시키는 일도 없
으므로 간사한 무리가 종량의 문안을 갖고 있지 않음을 알고 또 먼
데 사람이 該司와 掌隷院의 文案을 상고하기 어려움을 헤아리고
서, 문득 보충대에 누락되었다고 진고하여 시끄럽게 소송을 제출하
여 간사한 술책을 부리므로 良民이 날로 위축되니, 폐단을 막지 않
을 수 없습니다. 신의 의견으로는 금후 自己婢妾 소생으로 이미 종
량하여 良役에 들어간 자는 비록 종량한 문안을 갖고 있지 않더라
도 서울이나 외방 중에 약간이라도 종량한 것을 빙거할 만한 官文
書가 있는 경우에는 진고하는 것을 허락하지 않는 것이 마땅할 듯
합니다."[61]

  이 사료는 중종 13년(1518)에 自己婢妾 소생은 官府에 呈狀하여
贖身하지 않고 종량하였을 뿐 아니라 보충대 입역이 면제되었다는
사실을 설명하고 있다. 새로 종량된 사람의 소생에 대한 정부의 이
같은 입법적 조처는 동왕 11년(1516) 사림파에 의해서 이루어졌는
데,[62] 당시 향약의 실시를 통해 壓良爲賤을 방지하고자 한 것[63]도

____

  隊 以闢從良之路 則軍額精 而保數不患其不敷 命兵曹議啓".
 60) 士林派의 정계진출에 관해서는 다음 논고를 참조할 것. 李弘斗, 1985, 「中宗
    初 士林派의 政治的 性格에 관한 研究」, 『弘益史學』 2.
 61) 『中宗實錄』 卷34, 13年 11月 8日 甲辰, "安國議 自己婢妾所生女子則呈官
    而無贖身從良而已 無補充隊立役 故奸詐之徒 揣知無所持 從良立案 又度遠
    方之人 難於相考 該司及掌隷院文案 輒以補充隊漏落陳告 紛紜立訟 以售奸
    術 良民日縮 弊不可不防 臣意今後 自己婢妾子女之所生 已從良立良役者
    雖不持 從良立案 京外中 稍有從良可憑官文書者 勿許陳告似當".

크게 보아 사림파의 진보적인 종량정책과 그 맥을 같이한다.

중종 10년부터 신진사류의 주장에 따라 실시해온 '及良人' 三字의 실시는 己卯士禍를 통해 훈구세력이 정국을 주도함으로써 중종 20년(1525) 폐지되고 말았다. 그러나 賤多良小의 폐단을 인식한 중종이 "양인을 많게 하려면 어쩔 수 없이 '及良人' 三字를 시행해야 된다"고 하면서 이 법의 실시를 논의토록 정부에 지시하였다.64) 그리고 마침내 중종 38년(1543) 7월 14일 '及良民' 三字를 바로잡은 법조에 덧붙여 넣으라고 정부에 전교하였고,65) 이로써 『대전후속록』에 '及良民' 三字가 첨입되었다.66) 이에 따라 명종대에는 良人 婢妾 자손도 生員·進士試와 문무과에 응시할 수 있도록 허통되어67) 그들의 신분적 지위가 상승되었던 것이다.

제3절 朝鮮後期의 補充隊

앞 절에서 살펴본 것과 같이 성종대에 이르러 신권이 확대됨으로써 양인의 私民化 현상이 더욱 심화되었다. 신권의 확대는 한편으로 軍額을 감소시키는 요인으로 작용하여 국가와 지배계급은 상호 대립관계에 놓이게 되었다. '及良人' 三字를 『경국대전』에 첨입할

---

62) 『中宗實錄』 卷38, 15年 2月 28日 丁巳.
63) 『中宗實錄』 卷34, 13年 9月 5日 壬寅, "光祖曰 行鄕約之邑 如壓良爲賤 拒扞
　　官債之納 如此等事 皆已未見 前者金安國 爲慶尙道監司時 乃始今行之 其
　　時仍興鬪狠 蓋始初故然也".
64) 『中宗實錄』 卷101, 38年 7月 8日 辛亥.
65) 『中宗實錄』 卷101, 38年 7月 14日 丁巳.
66) 『明宗實錄』 卷8, 3年 12月 30日 辛未.
67) 『明宗實錄』 卷17, 9年 8月 25日 癸巳.

것인가를 둘러싸고 벌어진 조정의 논의과정이 이를 잘 반영하고 있다. 마침내 중종 38년(1543) '及良民' 三字가 『大典』에 첨입되었지만, 실제로 선조대 초까지는 奴婢從母法 위주로 奴婢法이 운영되었기 때문에 군액 부족의 폐단은 여전히 개선할 수가 없었다.

주지하듯이 선조 16년(1583) 尼湯介亂 때 율곡 이이는 군액을 증가시키기 위해서 奴婢從母法을 폐지하려고 하였으나 실현하지 못하였다. 당시 군역 인구가 감소하였음은 진관제의 붕괴와 제승방략제의 실시라는 군제변동에서도 찾을 수가 있다. 한편 사대교린정책에 바탕을 둔 조선의 폐쇄적인 대외관계는 北虜南倭의 침략을 자초하였는데, 그 중 임진왜란은 동북아시아의 국제질서를 변화시켰을 뿐 아니라 조선의 대내정치에도 큰 변동을 불러왔다. 특히 임진왜란 초기 官軍이 붕괴된 상황에서 국가가 군액의 확보방안으로 실시한 천인의 군역담당을 통한 良人化는 중세 신분질서를 해체시키는 계기가 되었다. 본 절에서는 임진왜란 이후 良人婢妾 소생이 보충대에 입속함으로써 신분상승하는 관계를 당시 신분질서의 동요와 관련시켜 북벌론 시기인 肅宗代까지를 중심으로 살펴보려고 한다.

중종 38년 '及良民' 三字가 『대전후속록』에 첨입됨으로로써 良人婢妾 소생이 합법적으로 양인이 되었음은 앞에서 설명한 바와 같다. 이 같은 사실을 바탕으로 명종대에는 庶孼許通이 실현될 수 있었다.[68] 선조 초기에는 군액의 부족으로 從母法과 從父法이 동시에 적용되었으나 양민의 숫자는 점차 감소하는 추세에 있었다.[69]

그렇다면 지배계급 중심의 이 같은 奴婢世傳法이 임진왜란 이후에도 변동없이 실시된 이유를 이해하기 위해서는 임진왜란 이후의 사회변화를 살펴보아야 할 것이다. 현재 국사학계에서는 임진왜란

---

68) 『明宗實錄』 卷15, 8年 10月 9日 壬午.
69) 『宣祖實錄』 卷7, 6年 11月 25日 辛丑.

이후의 사회변동 내지 신분변동을 인정하는 시각70)과 부정하는 시각71)이 공존하고 있으며, 최근에는 후자의 주장이 강하게 대두되고 있는 실정이다. 조선 후기 천인의 신분변동에 관한 필자의 결론부터 말한다면, 임진왜란을 기점으로 천인의 신분상승이 광범하게 실현되어 중세 신분질서가 동요되었다고 이해된다. 다음 사료에서 이와 같은 사실을 확인할 수 있다.

(1) 軍功廳이 아뢰기를, "공사천의 경우 斬首가 1級이면 免賤하고, 2級이면 羽林衛에 제수하고, 3級이면 許通하고, 4級이면 수문장에 제수하는 것이 규례입니다. 그리고 이미 허통되어 관직에 제수되었으면 士族과 다름이 없어야 마땅합니다" 하였다.72)

(2) 훈련도감에서 아뢰기를, "처음 도감에서 軍兵을 모집할 때에 …… 役의 유무와 公私賤을 막론하고 모두 취합하였는데, 지금은 사세가 그 때와 달라져 인민들이 자활의 길을 찾게 되었고, 노비를 잃은 양반들은 혹 추심하려고 하나 못하고 있습니다. 국가가 비록 장정을 뽑는 데 급급하여 이와 같은 일을 거행하였으나 국고가 탕갈되었으므로 官家에서 보상해 줄 길이 없습니다. 다만 그 노비가 입속하여 材器를 이루어 면천된 자의 경우는 주인의 성명을 簿記하되, 면천된 숫자가 많은 주인에게는 파격적인 관직을 제수하거나 혹은 田結과 雜役을 견감하고 戶役을 면제해 주면 주인의 마음이 위로될 수 있을 것입니다."73)

---

70) 임진왜란을 계기로 한 신분제의 동요에 대해서는 다음의 논고를 참조할 것.
崔永禧, 1963, 「朝鮮後期에 있어서의 社會的變動 - 宮寺奴婢革罷를 중심으로 -」,『史學研究』16 ; 文守弘, 1982, 「朝鮮後期 身分制動搖의 一考察 - 納粟策·空名帖 發給을 중심으로 -」,『東國大 경주캠퍼스 論文集』1.

71) 宋俊浩, 1987,『朝鮮社會史研究』, 一潮閣.

72)『宣祖實錄』卷51, 27年 5月 8日 乙酉, "軍功廳啓曰 公私賤 一級則免賤 二級則羽林衛 三級則許通 四級則除守門將 已成規例矣 旣已許通而除職 則當與士族無異".

⑶ 지평 金鼎一이 아뢰기를, "난리를 겪은 뒤로 爵賞을 남발하여 軍功이나 納粟에 대한 것 외에도 조그만 공로가 있으면 미천한 사람까지 작상으로 보답하였으므로 심지어는 여염집의 下賤들도 參奉이나 別坐의 칭호를 받게 되었습니다."74)

⑷ 司憲府가 아뢰기를, "名器의 외람됨이 지금처럼 심한 적이 없습니다. 여러 공신 중에서도 原從功臣의 追贈이 더욱 참람의 극도에 이르렀습니다. 풀이나 베고 수레나 끄는 천한 자의 아비에게 東西班 正職의 영화로운 직함을 추증하였습니다. 따라서 뒷날 士族들과 뒤섞여 귀천의 분별이 없어지고, 관작의 章表가 사라지게 되는 폐단이 반드시 여기에서 비롯될 것이므로 識者들이 한심하게 여기지 않는 이가 없습니다. 천인으로서 곡식을 바친 사람이나, 老職人에게는 단지 加資만 하고 직함을 제수하지 않는 것인데, 추증에 있어서도 어찌 다를 수 있겠습니까"75)

⑴은 임진왜란 중 공사천이 왜군을 斬首하면 그 首級의 숫자에 따라서 면천과 관직제수는 물론 文・武科에 급제하여 士族으로 신분상승할 수 있음을 설명한 것이고, ⑵는 임진왜란 초에 면천을 조건으로 공사천이 훈련도감에 입속하면 그 본주에게는 公賤으로 代口하는 대신 관직제수나 賦稅견감 등으로 보상해야 된다는 것을 말한 것이며, ⑶은 임진왜란 중 천인들이 軍功論賞76)이나 納粟補官

---

73) 『宣祖實錄』 卷72, 29年 2月 23日 庚申, "訓鍊都監 啓曰 當初都監收募軍兵也 …… 勿論有無役公私賤 並爲收聚 今者事勢 漸與其時有異 人民皆得自活之路 而兩班之失其奴僕者 或有欲推而不能得焉 國家雖急於簽丁 而創爲此擧 其隨便區處 曲循人情之擧 亦不可不料理也 國儲蕩竭 自官家無償給之路 但其奴僕入屬 而成材免賤者 輒錄其主姓名 以爲簿記 觀其入屬免賤數多者 其主或破格別爲除職 或以田結雜役蠲免復戶 則其主之心 庶可小慰".
74) 『宣祖實錄』 卷14, 34年 9月 11日 乙巳.
75) 『宣祖實錄』 卷187, 38年 5月 16日 己丑.
76) 군공논상에 대해서는 다음 논고를 참조할 것. 李弘斗, 1995, 「軍功論賞을 통

制 실시로 면천된 자가 많았음을 설명한 내용이다. (4)의 경우도 納粟補官이나 老職 제수는 散階만 제수하는 것이 원칙이었지만 임진왜란 중에는 이들을 東·西班의 正職에 제수함으로써 士族과 구별할 수 없게 되었다는 내용이다.

이 가운데 특히 軍功이나 납속책으로 면천한 경우는 종군 경험을 토대로 군관 등 군직에 진출하거나, 忠順衛·忠贊衛 등에 모속하여 신분상승한 다음, 이를 발판으로 무과급제하여 고관으로 승진된 경우도 있었으며, 納粟補官한 후손들이 東西班의 淸要職에까지 제수되었던 사실은 관직 제수에서 신분적 제한이 임진왜란 이전보다 크게 완화되었음을 말해 준다. 이 같은 현상은 조선 전기의 엄격한 신분질서가 임진왜란으로 인해서 크게 동요된 결과라고 해석할 수 있다. 이와 함께 천인으로서 壯勇隊를 去官하면 양인이 되는 경우도 있었으며,77) 또한 賤身分으로 무과에 응시하여 급제한 경우도 있었다.78)

그렇다면 임진왜란이 끝난 광해군대에 보충대를 통한 종량은 어떠하였을까. 이 문제는 다음의 사료에서 그 실마리를 찾을 수 있다.

> 병조가 아뢰기를, "조종조에서는 군의 闕額이 없고 곳곳마다 충분하였기 때문에 보충대를 설치하여 군액이 비기를 기다렸습니다. 보충대의 용도는 그 이름을 따라 구해 본다면 그 실지를 알 수 있을 것입니다. 현재는 본군 자체가 궐액이 오히려 많으니, 어느 겨를에 보충대를 논의하겠습니까. 公私賤으로서 새로 양인이 된 사람은 보충대라 칭하여 본조 및 훈련원에 내려 근무시키다가, 근무 일

한 朝鮮朝 賤人의 身分變動」, 『東國史學』 29.
77) 李弘斗, 1996, 「壯勇隊를 통한 朝鮮時代 賤人의 身分變動」, 『實學思想硏究』 8.
78) 李弘斗, 1996, 「武科를 통해 본 朝鮮後期 賤人의 身分變動」, 『民族文化』 19.

수가 30개월이 되면 都目政事에서 去官하기를 기다려, 즉시 군역
에 충정하는 것이 바로 바뀔 수 없는 법입니다. 지금은 양인이 되
는 길이 평시보다 배나 넓은데, 보충대에 입속한 자들이 개월 수를
상관하지 않은 채 都目政事를 기다리지도 않고 오늘 입속했다가
내일 去官합니다. 거관한 뒤에는 회피할 온갖 꾀를 내서 혹 生徒라
거짓으로 이름하기도 하고, 혹 差備에 투속하기도 하므로, 군에 충
정되는 자가 10분의 1~2도 되지 않습니다."79)

위 사료는 광해군대에 천인들의 종량이 조선 전기의 그것과 크게
달라진 모습을 설명한 것이다. 다시 말해서 조선 전기의 경우 보충
대 신분으로 병조와 훈련원에서 30개월을 근무하면 都目政事에서
去官하기를 기다려 軍役에 충정되었으나 광해군 당시에는 보충대
를 통한 從良의 폭이 확대됨으로써 보충대에 입속한 자들이 도목정
사를 기다리지도 않고 하루 만에 去官하였다. 이처럼 "면천하고 종
량한 자가 보충대 도목정사를 거치지 않고 곧바로 良役에 편제되
는"80) 현상은 仁祖代에도 계속되었다.

그렇다면 보충대의 성격이 조선시대 전기와 후기를 통해서 서로
다르게 나타난 이유는 무엇일까. 그것은 광해군대에 이르러 贖身을
통한 從良이 이미 보편화됨으로써 보충대 입속자들도 개월 수에 상
관없이 불법으로 거관할 수 있었기 때문이다.

---

79)『光海君日記』卷69, 5年 8月 26日 辛亥, "兵曹啓曰 祖宗朝軍無闕額 所在充
　　足故 設爲補充隊 以待軍額顧缺 補充之用 循名而求 其實可知 目今元軍尙
　　多缺額 奚暇論補充隊爲哉 公私賤新良之人 稱以補充隊 下衛於本曹及訓鍊
　　院 積仕三十朔 待都目去官 卽定軍役 乃是不易之法也 今則徒良之路 倍廣
　　於平時 而補充隊入屬者 不問朔數 不待都目 今日入屬 明日去官 去官之後
　　則百計謀避 或假名生徒 或投屬差備 定軍者十無一二".
80)『仁祖實錄』卷46, 23年 9月 25日 癸酉, "且免賤從良者 必補充隊去官以後
　　方許良役 而近來直屬良役 殊無法典本意 亦令該曹 一遵舊法 上命行之".

그러나 보충대에 입속할 대상자가 去官하지 않고 곧 良役에 소속되는 것은 『경국대전』을 기준으로 한다면 불법이었다. 따라서 嫡子孫이 婢妾子孫을 陳告함으로써 서로 소송하는 문제가 빈번하였다. 그렇다면 당시 어떤 자가 보충대에 소속되었을까.

우의정 閔鼎重이 아뢰기를, "법전의 贖身 조항을 상고해 보았더니 大小人員이 公私賤을 처나 첩으로 하여 출생한 자녀는 그들의 아버지가 掌隷院에 고하여 사실을 밝힌 다음 대장에 등록하고 병조에 공문을 보내어 보충대에 소속시킵니다. 나이가 만 16세가 되어도 신고하지 않는 사람, 신고한 지 3년이 지나도 확인증명을 받아가지 않는 사람, 대장에 등록한 후 身役을 지지 않는 사람에 대하여는 누구나 다 진고하게 하고 還賤하게 할 것이라고 하였습니다. 그리고 그 註에 이르기를, '자기의 여종이나 아내의 여종이 난 자녀들 이외에는 다 贖身해야 한다'라고 하였으며 또 이르기를, '妾의 여종을 데리고 살다가 난 자녀들은 아내의 여종에게서 난 자녀와 마찬가지로 보충대에 소속시킨다'라고 하였습니다. 이로써 보면 자기의 여종이나 아내의 여종이나 첩의 여종이나 관계없이 그들의 소생은 모두 속신하지 않고 종량한 것은 대체로 부자지간의 정리로서는 응당 이렇게 하여야 하지만 반드시 관청에 보고하여 보충대에 소속시킨 후에라야 양인으로서의 신분을 얻게 되어 있으므로 간혹 보충대에 소속되지 않고 있는 자들에 대하여는 누구나 진고하게 하고 還賤하게 한 것입니다. 法이 의도하는 것은 엄격하고 주밀하다고 말할 수 있습니다."81)

---

81) 『肅宗實錄』卷9, 6年 7月 3日 庚寅, "右議政閔鼎重以爲 取考法典贖身案 則 大小人員娶公私婢 爲妻妾者之子女 其父告掌隷院 覈實錄案 移文兵曹 屬補 充隊 年滿十六不告者 告狀後過三年不受立案者 付案後不立役者 並許人陳 告還賤 其註又曰 自己婢妻婢所生外 皆贖身 又曰 娶妾婢所生 依妻婢所生 例 屬補充隊 以此觀之 則自己婢妻婢妾婢所生 皆得無贖身從良者 蓋以父子

위 사료를 통해 숙종대의 보충대 입속자는 大小人員의 ① 自己
婢 소생 ② 妻婢 소생 ③ 妾婢 소생이었음을 알 수 있다. 이들은 속
신하지 않고 종량될 수 있는 자들이었다. 다만 관청에 보고하여 보
충대를 거관한 이후에야 종량이 가능하였다. 따라서 이들에게 있어
보충대 입속이란 신분상승을 위한 형식적인 조건이었을 뿐이고 처
음부터 『경국대전』의 賤妾子女條에 의해 양인신분이 보장된 상태
에 있었다. 한편으로 이들은 補充隊 帖文을 받지 못할 경우 타인에
게 진고되어 還賤되었다. 이들이 다시 양인이 되고자 할 경우 妾婢
소생은 本主의 私賤이 됨으로써 贖身할 여지가 있었으나 自己婢
소생은 公賤에 소속되어 영원히 속신할 수가 없었다. 따라서 보충
대 첩문을 얻지 못한 자들은 대부분 良役에 투속할 수밖에 없었다.

그렇다면 당시 良人婢妾 소생이 속신의 대가를 지불하고 자유롭
게 종량할 수 있었던 반면, 大小人員의 婢妾 소생은 오직 보충대
입역을 통해서만 종량된 이유는 무엇일까. 그것은 당시 상품경제의
발달에 따라 대가를 지불한 속신은 쉽게 실현될 수 있었으나 대소
인원의 신분적 지위는 상대적으로 약화되면서 나타난 현상이 아닌
가 한다.

之間 情理當如是 而必待告官補充隊 然後方可以良人施行 故其或有不屬補
充隊者 則乃許人陳告 還其賤役 法意所在 可謂嚴且密矣".

제3장 壯勇隊를 통한 賤人의 신분변동

　　조선 초기의 중앙군제는 고려 말의 二軍六衛를 계승한 이래 몇 번의 변화가 있었지만 세조 3년(1457) 五衛體制로 정비된 이후 큰 변동없이 임진왜란까지 존속하였다. 이와 같은 군사제도는 당시의 정치·경제·사회와 상호 관련되어 있지만 특히 신분제도와 불가분의 관계에 놓여 있다. 오위의 각 병종은 신분에 따라 구분되었으며, 戶首와 奉足 내지는 正兵과 保人 등도 신분제를 바탕으로 편제되었다. 오위 중의 충무위(후위) 소속인 천인병종의 壯勇隊가 왕권강화의 일환으로 세조 5년(1459)에 처음 설치되었으며, 예종 원년(1469)에는 명칭을 壯勇衛로 변경하였다. 그런데 성종 6년(1475)부터는 양인병종으로 전환되어 양인들만 入屬하게 되었다.

　　『경국대전』에 나타난 장용위는 정원이 600員, 5교대 6개월 근무로 실복무는 120員이다. 그 중 遞兒는 종6품 이하로 15員이며, 去官은 종6품 實職이다. 그런데 임진왜란 이후 군제변동으로 양계지방을 중심으로 內奴·公私賤이 입속하는 천인병종의 장용대가 복설되었다. 한편 정조는 동왕 11년(1787) 營門將校를 지낸 자와 무과출신자 2,000여 명을 吸收하여 친위부대인 壯勇衛를 설치하였는데 이것은 성종대 양인병종의 장용위와 그 성격이 유사한 것으로 후일 壯勇營으로 발전하게 되었다.

　　한편 장용대는 公私奴婢가 去官과 동시에 종량되었다는 점에서 조선시대 천인의 신분상승 관계를 살피는 연구주제로서 큰 의미를 갖고 있다. 그런데도 지금까지 장용대에 관한 연구는 부분적으로만 언급되었을 뿐[1] 제도사나 신분사와 관련된 단일 주제의 논고는 한 편도 없는 실정이다. 이는 오위 소속의 각 병종에 대한 연구가 미흡한 탓도 있겠지만, 그 동안의 연구가 兩班制說을 입증할 목적으로 양반특수군의 연구에만 치중하였기 때문이다.[2] 그러나 조선 초기의 신분구조 논쟁에서 알 수 있듯이 양반을 신분으로 볼 수 없다는 異論이 제기됨으로써[3] 양반제설을 토대로 한 기존의 신분사 연구도 새로운 이해체계가 요망되고 있는 실정이다.

이와 같은 사실을 전제로 필자는 먼저 조선 초기가 양천제에 입각한 개방적 사회였다면, 성종대부터는 신분변동의 폐쇄적 성격이 지배적인 양반제 사회였으며, 임진왜란 이후부터 광해군대까지는 또다시 신분제의 개방성이 더 지배적인 시기로 파악하였다. 그리고 이 두 가지 경향은 왕권과 신권 등 정치력의 추이에 따른 것이며, 특히 양란 이후 신분제의 개방성은 사회변동에 편승한 결과로서 조선 후기 내재적 발전론의 토대가 되었다고 인식하였다.

이 같은 인식 하에 본 장에서는 왕권과 신권의 대립·갈등, 지배 계급에 의한 良人의 私民化, 군역을 통한 賤人의 從良, 국가의 노

---

1) 千寬宇, 1979, 「朝鮮初期 五衛의 兵種」, 『近世朝鮮史硏究』, 一潮閣 ; 李載龒, 1984, 「朝鮮初期의 遞兒職」, 『朝鮮初期社會構造硏究』, 一潮閣 ; 李載龒, 1971, 「朝鮮初期의 奴婢硏究」, 『崇田大論文集』3에서 각각 壯勇隊에 관해서 언급하고 있다.

2) 車文燮, 1959·1960, 「鮮初의 甲士에 對하여」, 『史叢』4·5 ; 車文燮, 1967, 「鮮初의 忠義·忠贊·忠順衛에 대하여」, 『史學硏究』19 ; 李成茂, 1980, 「兩班과 軍役」, 『朝鮮初期兩班硏究』, 一潮閣 등이 이와 같은 관점에서 기술되었다.

3) 韓永愚, 1983, 「朝鮮初期 上級胥吏와 그 地位」, 『朝鮮前期社會經濟硏究』, 乙酉文化社 참조.

비정책 등을 상호 관련시켜 분석·검토함으로써 조선시대 公私賤
의 신분이동 과정을 고찰하려고 한다. 다만 본 논고의 범위를 17세
기까지로 국한하였기 때문에 정조대의 장용위와 장용영은 연구대상
에서 제외하였음을 밝혀 둔다.

제1절 壯勇隊의 설치

조선시대 정치체제는 중앙집권적 양반관료제라고 규정할 수 있
지만, 조선 초기는 왕권과 신권의 성쇠에 따라서 신권우위의 議政
府署事制와 왕권우위의 六曹直啓制가 번갈아 실시되는 등 군신 간
의 대립관계가 지속되었다. 그러나 계유정난으로 왕위에 등극한 세
조대에 이르러 왕권우위의 정치체제가 확립됨으로써 오위와 진관제
를 중심으로 한 군사제도가 확립되고, 職田法·號牌法·保法 등
일련의 정치개혁이 실현될 수 있었다.

세조 5년에 설치된 오위 소속의 장용대는 중앙집권정책의 한 방
편으로 실시되었지만, 한편으로 그것은 公私奴婢가 장용대를 去官
함으로써 종량하는 양인확대정책의 일환이기도 하였다. 따라서 장
용대의 설치는 일차적으로 수도방위와 관련이 있지만 천인신분에
대한 세조의 신분적 개방의지가 적극적으로 반영된 결과였다. 세조
대 이후 장용대는 두 차례의 변화를 겪게 된다. 첫번째는 예종대에
명칭을 장용위로 변경한 다음 성종대에 이르러 良人兵種으로 개편
된 것이고, 두번째는 임진왜란 이후 군제변동에 따라 賤人兵種의
壯勇隊 기능을 되찾게 된 것이다. 이에 관해서는 다음 절에서 논의
하기로 하고, 여기서는 세조 재위기간을 중심으로 壯勇隊의 설치배

경과 체아직의 배정 및 복무규정 등을 살펴보려고 한다.

장용대의 성격은 크게 선발 인원을 서울과 양계지역에 국한한 설립 당시와 동왕 6년(1460) 8월 下三道까지 그 범위를 확대한 두 시기로 나누어 살펴볼 수 있다. 다음 사료는 설립 당시 장용대의 기본성격을 알 수 있는 실마리를 제공한다.

> 병조에서 아뢰기를, "公私賤 가운데 100근짜리 활을 당기고, 놋쇠그릇의 물이 마르는 사이에 270보를 달릴 수 있거나, 혹은 100근짜리 활을 당기고 200보 밖에서 달리면서 활을 쏘아 세 대 중 한 대를 맞힌 자를 壯勇隊라고 부를 것입니다. 兵曹와 五衛都鎭撫, 訓鍊觀 提調 등이 試取에 자원한 자에게 시험을 보여서 1旅의 인원을 뽑아 忠武衛의 5부에 분속시키고 각 1隊씩 윤번으로 입직케 하소서. …… 遞兒는 上林園職에 임용하여 1년에 四都目을 하되 …… 그 중 출근일수가 많은 자를 순차로 도목에 올려서 임명할 것입니다. 去官 후에 公賤은 본인을 免役시키고, 私賤도 本主의 요구에 따라서 나이 비슷한 公賤으로 바꾼 다음에 면역케 하소서."[4]

즉, 장용대는 試取를 통해서 선발되는데, 정원은 125명이고 오위 중 忠武衛에 소속하며, 番次와 遞兒職, 都目政事, 去官 후의 면천 등을 설명한 내용이다. 장용대는 궁술 이외에 走·力으로 시취하였다는 사실을 통해서 장용대 설치목적이 보병의 전투력 향상에 있었음을 알 수 있다. 실제로 세조 당시는 騎兵이 오위의 주력부대였으나 陣法 등 군사정책에 조예가 깊었던 세조가 조선의 지형에서는

---

4) 『世祖實錄』 卷17, 5年 9月 18日 丁酉, "兵曹啓 公私賤口中彎弓百斤 鍮壺水渴間能走二百七十步 或彎弓百斤 步射二百步 三矢內一矢入格者 稱壯勇隊 本曹及五衛都鎭撫 訓鍊觀提調 同試自願取才者 取一旅 分屬忠武衛五部 各一隊輪次入直 其遞兒 用上林園職一年四都目 …… 其中仕多者 次次呈都目 除授 去官後 公賤則己身免役 私賤則以公處奴子 年歲相准者".

기병보다 보병이 더 적합하다고 생각하여 破敵衛와 壯勇隊를 신설하였다. 그리고 宗親과 諸將·內禁衛·壯勇隊 중에서 용감한 자를 선발하여 직접 개발한 三甲戰法[5]으로 전투력을 향상시켰다.

또한 1개 대씩 윤번으로 입직하였다는 것은 125명이 25명씩 다섯 번 교대로 입직하였음을 말한 것이다. 장용대의 직능을 입직과 시위로 구분할 때 그 장소에 따라서 출근일수를 각각 다르게 평가하였다. 즉, 반날 출근일수를 잡아 주는 규정에 의해서 입직의 경우는 하루 근무에 대해 대궐문 안을 지켰으면 셋으로, 대궐문 밖을 지켰으면 다섯으로 잡아 주었으며, 밤순찰과 陣法 훈련은 각각 둘로 셈하였다.[6] 이와 같이 입직과 시위의 근무성적은 도목정사에 반영되어 遞兒職의 職窠를 제수받았다.

장용대의 체아직은 上林園職의 雜職階를 썼는데, 一年四都目의 규정에 의해서 임명된 정원은 <표 1>에서와 같이 30명이었다.[7] 다시 말해서 시취를 통해 장용대에 입속하면, 그들은 모두 충무위 오부에 분속되었고, 品外로써 입직과 시위의 직능을 수행하였을 뿐

---

5) 세조 9년(1463)에 반포된 三甲戰法의 내용은 다음과 같다. 27명이 3개 隊를 이루어 甲·乙·丙隊를 만들며, 그 각각에 3개 統이 있고, 통에는 각각 1將 2卒이 있다. 3개 대가 각각 한 모퉁이에 주둔하여 사람마다 작은 방패와 작은 창을 갖는데 창 끝은 주홍색으로 칠한다. 싸움은 등만 찌를 수 있고 위에 붉은 점으로 승부를 결정한다(『世祖實錄』 卷33, 10年 7月 21日 壬申).

6) 『世祖實錄』 卷18, 5年 11月 18日 丙申, "兵曹啓 新設破敵衛壯勇隊 請依銃筒衛給到例入直 每一日二侍衛每一日門內三 門外五 巡更二 習陣二 且壯勇隊元額一百二十五人 而今入直 只十三人 其遞兒不可全給 姑令每品仕多者 一人 呈都目 從之".

7) 『世祖實錄』 卷17, 5年 9月 18日 丁酉, "兵曹啓 …… 其遞兒 用上林園職 一年 四都目歲末五品一 六品一 七品一 八品一 正九品二 從九品二 四月 六品一 七品一 八品二 正九品二 從九品二 七月 五品一 七品二 八品一 正九品二 從九品二 十月 六品一 八品一 正九品二 從九品二 其中仕多者 次次 呈都目除授".

아니라, 3개월이 지난 다음부터는 都目政事에 올려져서 <표 1>에
서와 같이 5품에서 종9품까지 각 품계에 배정된 인원만큼 체아직의
실직을 배정받았다. 그러나 입직한 숫자가 많지 않으면 각 품계에
서 출근일수가 가장 많은 한 사람에게 都目政事에 참여할 자격을
부여하였다.8) 따라서 입직과 시위하는 동안은 국가로부터 일체의
供饋를 받았고, 체아직을 수직하면서부터는 4등(봄·여름·가을·
겨울)으로 녹봉을 받았다.9)

<표 1> 遞兒職 一覽表

番次	都目	都目時期	遞兒						
			五品	六品	七品	八品	正九品	從九品	計
5	4	年 末	1	1	1	1	2	2	8
		四 月		1	1	2	2	2	8
		七 月	1		2	1	2	2	8
		十 月		1		1	2	2	6
		合 計							30

이와 같이 체아직을 기준으로 할 때 장용대는 같은 오위 소속이
면서도 체아직을 받지 못했던 忠順衛·正兵·破敵衛·補充隊 등
과 다르며,10) 장용대가 녹봉을 받은 것도 같은 체아직을 수직한 彭
排·隊卒이 월봉을 받았던 것과 구별된다.11)

그런데 처음 장용대를 선발할 당시 선발인원을 서울과 양계지역
에 국한한 것은 무엇 때문일까. 그것은 이 지역의 정치사회 및 군사

---

8)『世祖實錄』卷18, 5年 11月 18日 丙申.
9)『成宗實錄』卷28, 4年 3月 1日 辛卯.
10) 李載龒, 1984,『朝鮮初期社會構造研究』, 一潮閣, 25~36쪽.
11)『成宗實錄』卷278, 24年 閏5月 28日 辛酉. 장용대는 去官 이전에도 遞兒의
   定額이 있어서 체아직에 따라 受祿하였다고 생각된다.

적 특수성과 밀접한 관계가 있다. 먼저 이 지역을 세조의 병제개혁과 관련하여 살펴보면, 두 가지로 해석할 수가 있다.

하나는 세조의 병제개혁과 양계지역 관방체계와의 특수성에 관한 것이다. 즉, 세조는 병제에 대한 전문지식을 바탕으로 동왕 3년(1457)에 五司를 五衛로 개편함으로써 전국의 여러 군사를 오위에 분속시키는 番上軍體制를 확립하였다. 뿐만 아니라 八道의 翼軍體制를 혁파하고 鎭管制를 확립함으로써 병권에 기초한 중앙집권정책을 실현하였다. 그러나 양계 지역은 고려시대 주현군으로부터 조선 초기의 土官制 내지 익군체제까지 내려온 전통적 군사체계에서 볼 때 民戶에 대한 국가적 지배체제보다 지방 토호의 사적 지배체제가 더 우세하였다.

다른 하나는 군역체계와 관련해 볼 때 양계의 지역적·군사적 특수성에 관한 것이다. 즉, 고려 말 군인전에 기반을 둔 私兵制는 태조대에 奉足制에 바탕을 둔 國家兵體制로 전환됨으로써 科田 지급에서 제외된 戶首에게 奉足이 주어졌다. 이 같은 봉족제는 세조대까지 지속되어 오위의 일부 병종과 진관제를 확립하는 바탕이 되었다. 그러나 양계지역에서 진관제를 실시하였지만, 실제로 軍班에 기초한 사병적 요소가 잔존함으로써 戶首와 奉足의 주종관계가 형성되고, 邊將과 正軍도 신분적 종속관계가 강요되었다. 따라서 정군과 봉족이 함께 유리하는 현상이 초래되었다. 이러한 이유 때문에 세조는 이 지역에서 새로운 형태의 중앙집권정책을 강구하게 되었고, 그 실천방안이 곧 奴軍인 장용대 설치로 나타났다고 하겠다.

그렇다면 양계지역과 함께 서울에 거주한 公私賤이 선발되었던 이유는 어디에 있을까. 그것은 당시 武才와 경제력을 갖춘 公私賤의 대부분이 서울에 거주하였는데, 지역적으로 볼 때 이들의 왕실 숙위가 용이하였기 때문이다. 따라서 장용대는 입속과 동시에 上林

園의 체아직에 제수되고 그에 따라 녹봉이 지급되었다. 그러나 녹봉은 부차적인 것이었고 일차적 목적은 去官을 통해서 良人으로 신분상승하는 데에 있었다.

한편 서울과 양계지역에서 시취하던 장용대는 세조 6년(1460) 8월부터 하삼도까지 그 선발 범위를 확대하였다. 그런데 하삼도의 장용대는 처음부터 번상시위가 면제되었기 때문에 그 관직체계도 다르게 편제되었다. 다음 사료가 이와 같은 사실을 설명하고 있다.

> 병조에서 아뢰기를, "장용대는 서울과 양계지역에서 시취할 뿐이므로 하삼도에서는 용감한 사람을 버리고 쓰지 않습니다. 청컨대, 양계지역의 규정대로 관리를 보내 시험으로 선발하여 보고한 뒤에 隊伍를 편성하고 구두로 임명하되, 그들의 本主에 대해서는 貢物과 賦稅 외에 雜役을 면제하소서. 그리고 번상시위하는 것도 그만두게 하고 봄·가을마다 主鎭에서 陣法 훈련을 하게 하소서. 5년이 차는 자에게는 上林園의 散官 9품에 제수하며, 5년마다 품계를 한 등급씩 올려주되, 5품 散官職에서 去官하게 하소서" 하니 그대로 따랐다.12)

즉, 하삼도 장용대의 선발방식과 임명절차 및 私奴의 本主에 대한 국가의 보상체계 등이 양계지역의 그것과 크게 다르지 않았다는 내용이다. 그러나 하삼도 장용위는 설립 초부터 번상시위가 면제되었으므로 上林園 實職이 아닌 散職만을 수직하였다. 다시 말해서 봄·가을 두 차례 主鎭에서 陣法 훈련에 참여하여 5년이 지나면 상

---

12)『世祖實錄』卷21, 6年 8月 27日 庚午, "兵曹啓 壯勇隊 只於京中兩界試取 下三道則驍勇之人 多委棄不用 請依兩界例 遣人試取啓聞後 分部口傳 其本家 蠲貢賦外雜役 且除番上侍衛 春秋習陣於主鎭 滿五年者 授上林苑散官九品 每五年加一資 五品散官職去官 從之".

림원의 산직 종9품에 제수되었으나 다만 실직에서와 같은 都目政
事에 의한 승진 절차가 없었을 뿐이다. 따라서 양계지역의 장용대
역시 번상시위에 참여하지 않으면 평생토록 品外일 뿐 실직을 수직
할 수가 없었다.

이와 같이 장용대의 체아직은 서울과 양계지역의 경우 上林園 實
職을 수직하였으나 하삼도의 장용대는 上林園 散職만을 수직하였
다. 이에 따라 加階도 각각 다르게 나타났다. 즉, 서울과 양계지역에
서는 元仕와 別仕의 仕到에 기초해서 一年四都目으로 加階하였던
반면, 하삼도의 加階는 主鎭에서 봄·가을 두 차례에 걸쳐 陣法 훈
련에 참여하여 5년이 될 때마다 품계가 더해졌다.13) 품계의 상한은
실직과 산직 구별없이 모두 5품이었으며, 원액과 체아직의 비율은
서울과 양계지역의 경우가 4분의 1이고, 하삼도에서는 전원이 수직
되었다. 이 같은 차이는 곧 실직과 산직의 처우에 따른 현상으로 이
해된다. 따라서 서울과 양계지역의 장용대 遞兒祿은 四孟朔 連等
受祿하는 東·西班 正職의 分祿과는 차등이 있지만, 입직과 시위
에 따른 元·別仕合計除授의 형태로 付祿되었다. 같은 보병이지만
양인병종의 破敵衛가 산직에 제수되었을 뿐이고,14) 천인병종의 彭
排·隊卒이 월봉만 受祿하였던15) 사실과 비교할 때, 장용대가 특별
히 우대되었음을 알 수 있다.

장용대는 일정 기간을 근무한 후 仕滿되어 관계가 5품에 이르면

---

13) 이 당시 양계지역 및 하삼도에서 正騎兵과 正步兵이 일정 기간을 赴防하거
나 留防하면 散職이 제수되었는데, 장용대와 비교되는 하삼도의 정보병이
다른 지역에 부방하였을 경우는 7년, 본 지역에서 부방할 경우는 10년이 찬
자에 한해서 散職을 제수하였다. 이 같은 사실에 근거해 볼 때 하삼도에서
장용대에게 산직을 제수한 것은 특별 우대 현상으로 해석할 수 있겠다(『世祖
實錄』卷18, 5年 11月 1日 己卯).
14)『世祖實錄』卷17, 5年 9月 15日 甲午.
15)『睿宗實錄』卷1, 卽位年 9月 22日 戊寅.

去官되었다. 서울과 양계지역의 장용대는 상림원의 5품 실직에서 거관되고, 하삼도의 장용대는 상림원의 5품 산직에서 거관되었던 것이 다른 점이다. 이들은 모두 거관과 동시에 면천되었다. 특히 장용대가 私賤일 경우는 국가가 본주에게 公賤으로 代口할 수 있었다.16) 따라서 장용대의 종량은 천인들의 신분변동을 수반함으로써 중세 신분질서에 상당한 영향을 미친 것으로 짐작된다. 이는 국가에서 장용대를 중용함으로써 나타난 현상인데, 장용대가 특권의식을 갖게 된 몇 가지 요인은 다음과 같다. 먼저 오위 소속의 별시위나 내금위와 함께 체아직에 제수되었고, 다음으로 장용대가 천인병종임에도 불구하고 正職과 동일한 절차에 의해서 受祿되었으며, 끝으로 세조가 교외에 거둥할 때는 내금위·파적위 등과 함께 시위의 중책을 맡았는데17) 종친·제장·내금위 등과 함께 三甲戰法을 써서 陣法 훈련을 할 때18) 그 핵심 구성원이 되었다.

이 같은 시대분위기에 편승하여 당시 양녕대군의 노비였던 장용대 중니가 대군에게 "내가 이미 장용대가 되었는데 나를 부릴 수 있겠습니까?"19)라고 했다던가 "行副護軍 沈瀚의 처 이씨의 노비 맹식과 중석이 장용대에 들어간 후 本主에게 예를 하지 아니하고 그 어미 소근도 그러하였다"20)라는 사례 등이 보이게 된 것이다.

천인들의 이러한 신분의식의 변화는 세조 13년(1467) 李施愛의 亂에 참여한 천인들에게 軍功免賤의 혜택을 줌으로써 더욱 가속화되었다. 당시 조정에서는 장기화된 전란을 진압하기 위한 방편으로

---

16) 『世祖實錄』 卷17, 5年 9月 18日 丁酉.

17) 『世祖實錄』 卷24, 7年 5月 29日 戊辰.

18) 『世祖實錄』 卷33, 10年 7月 21日 壬申.

19) 『世祖實錄』 卷22, 6年 10月 4日 丙午, "傳旨刑曹曰 壯勇隊仲伊 本是讓寧大君家奴 揚言於大君曰 我已爲壯勇隊 復能使我乎 其推鞫以啓".

20) 『睿宗實錄』 卷8, 元年 11月 7日 丁亥, "刑曹啓 行副護軍沈瀚妻李氏奴孟植 仲石 入壯勇隊 不禮本主 其母小斤亦然 當得情科罪".

군역의무가 없는 천인들이 자원 종군하거나 군기·군량을 수송하면 軍功免賤의 혜택을 주었다. 이 때 군공을 통해 면천한 新良人의 숫자는 1,254명에 이르렀다.[21) 이들 중 거의 모두가 서울 출신으로서 경제력을 갖춘 자들이었다고 볼 때, 장용대 입속자가 주로 개인의 武才를 통해서 신분상승한 반면, 軍功을 통해서 면천한 자들은 경제력이 우선적으로 반영되었다.[22)

왕권강화 내지는 양인확대정책의 일환으로 세조가 실시한 이러한 奴婢從良 정책은 壓良爲賤과 奉足에 대한 戶首의 신분적 예속관계 등에서 발생된 양인의 사민화를 억제함으로써 노비인구를 감소시켰고, 그 결과 노비노동에 생산을 의존하던 관료지주의 반발에 직면하였다. 그러나 이시애의 난 때 실시한 군공면천은 구국적 차원에서 실시하였기 때문에 상하적 명분론에 근거한 지배계급의 노비소유 정당성은 그만큼 약화될 수밖에 없었다.

따라서 장용대의 거관을 통한 법제적 從良과 이시애의 난 때 실시한 군공면천은 중세 신분질서를 동요시키는 한 요인으로 작용하였다. 한편 이와 같은 현상은 국가가 주도적으로 실시하였다는 점에서 국가와 지배계급은 상호 갈등관계가 될 수밖에 없었다. 다음 사료에서 賤人에 대한 지배계급의 종속적 신분의식의 일단을 살필 수 있다.

　　사헌부 대사헌 徐居正 등의 상소에 이르기를, "…… 우리 나라는 箕子가 受封된 이래 사족의 집에는 모두 노비가 있는데 대대로 문서를 지켜 노비들은 주인에 대하여 군신 간의 구분이 있고, 상하존

---

21)『成宗實錄』卷88, 9年 1月 19日 壬午, "兵曹啓 去丁亥年 新良人 摠一千二百五十四名 率皆居京壯健富實人 見今逃漏軍籍者多".
22) 李弘斗, 1995,「軍功論賞을 통한 朝鮮朝 賤人의 身分變動」,『東國史學』29 참조.

비의 구별이 있어서 조금도 문란하지 않았습니다. 그런데 장용대를 창설한 이래로 노비가 주인을 배반하기 시작했고, 게다가 정해년 (세조 13년, 1467)의 북방정벌 때 公私賤이 화살과 쌀을 운반하고 종량된 자가 얼마인지 모릅니다. 천민은 양인이 된 것만도 분수가 아닌데 지금은 외람되게 甲士가 되어 높은 官階에 오르고 있습니다. 그리하여 노비와 주인이 같은 隊伍에 드는 일도 있고, 노비의 벼슬이 도리어 높은 자가 있는 등 명분이 크게 무너지고 풍속이 날로 그릇되고 있습니다. 신 등은 甲士가 비록 軍職이지만 역시 武班으로서 벼슬이 대부에 이르면 그치는데, 의관자제로 소속된 자가 많은 조건에서 이제부터는 免賤되어 양인이 된 자는 甲士에 배속되지 못하게 하고, 모두 正兵이나 여러 관청의 匠人에 소속시킴으로써 명분을 바로잡을 것입니다. ……"라고 하였다.[23]

위 사료는 기자조선 이래로 종과 주인 간의 상하존비적 신분질서가 분명하였으나 장용대의 설치로 인해서 천인의 양인화가 법제화되고 이시애의 난 때는 군공면천을 통해서 新良人 계층이 확대된 결과 중세 신분질서가 동요되었다는 내용이다.

여기서 갑사가 되어 주인보다 높은 품계에 올랐다는 것은 종량된 公私賤이 試取를 통해 군직인 甲士에 입속함으로써 무반의 반열에 오름과 동시에 지배계층인 士族으로 신분상승하였음을 말한 것이다. 특히 갑사를 통해 大夫까지 승진하였다는 사실은 천인들에 대

---

23) 『成宗實錄』卷33, 4年 8月 4日 癸亥, "吾東方 自箕子受封以來 士族之家 皆有奴婢 世守契券 奴之於主 有君臣之分 上下尊卑之別 整然不紊 自設壯勇隊以後 奴始背主 重以丁亥北征之役 公私賤口 輸箭運米 免賤從良者 不知其幾 變賤爲良 已非分矣 今則濫得爲甲士 例陞高秩 或有奴主同伍者 或奴反居上者 名分大壞 禮俗日非 臣等以爲甲士雖軍職 亦武班 官至大夫而止 衣冠子弟 入屬者亦多 自今免賤爲良者 勿許爲甲士 皆隷正兵 或諸司匠人 以正名分".

한 신분적 제한이 완화된 것으로서 조선 초기 신분제의 개방성을 입증할 뿐만 아니라 상하적 신분의식이 크게 동요되었음을 반영한 경우라고 하겠다.

앞에서 살펴본 것과 같이 장용대에 입속하였다는 사실만으로 양녕대군의 노비 중니가 대군에게 저항하였던 사실이나[24] 대사헌 양성지가 당시 李施愛亂의 발생동기로 함경도에는 노비를 소유한 大家世族이 없을 뿐만 아니라 평시에도 免賤하여 양인 되기가 쉬워서 분수가 정해지지 않았기 때문이니, 지금부터는 試取를 통해서 장용대에 입격한 자 외에는 從良의 길을 쉽게 허용해서는 안 된다고 주장한 사례[25] 등에서 당시 중세 신분질서의 동요현상을 간취할 수 있겠다.

장용대의 거관에 의한 법제적 종량과 이시애의 난 때 실시한 군공면천 이외에 또 다른 신분변동의 형태로는 어떤 경우가 있을까. 첫째, 천인이 보충대에 입속하여 일정 기간을 입역하고 去官하여 從良한 경우가 있으며,[26] 둘째, 고려 말과 조선 초기의 鄕·所·部曲 등이 郡縣化됨으로써 그 곳에 거주하던 천인들이 모두 良人으로 신분상승한 경우가 있다.[27] 셋째는 양인농민의 계층분화 현상으

---

24) 주) 18 참조.

25) 『世祖實錄』卷43, 13年 8月 6日 己亥, "大司憲梁誠之上書曰 …… 以東方大家世族 布列中外 雖有姦雄 不得睥睨於其間也 夫大家世族之爲大家世族 以其有奴婢也 …… 近日咸吉道列郡 有世臣數十家 如他道 則吉州之賊 安能盡殲境內朝臣 而無一人爲之勤王者乎 此無他 無奴婢 因無世臣故也 …… 乞今後 公私賤口成才入格 屬壯勇隊者外 勿數開從良之路 使奴主之分 百世不易".

26) 林英正, 1977, 「鮮初 補充軍 散稿」, 『南溪曺佐鎬博士華甲紀念論叢 - 現代史學의 諸問題 -』 참조.

27) 고려시대 향·소·부곡의 양인화 과정은 다음 논고를 참조할 것. 朴菖熙, 1989, 「高麗後期의 身分制 動搖」, 『國史館論叢』 4 ; 李弘斗, 1999, 「高麗 部曲의 郡縣昇格과 賤人의 身分上昇」, 『實學思想研究』 10·11합집.

로서 이는 지배계급에 의한 良人의 私民化 현상을 보여줌과 동시에 양천 신분 간의 사회·경제적 차별성을 크게 축소시킨 것으로 평가된다. 넷째는 법제적으로 금지되었던 工商賤隷의 관직 제수가 세종 26년(1444) 西班遞兒雜職으로 일원화됨으로써 천인이 관직을 통해 신분상승하는 바탕이 형성되었다.[28]

지금까지 세조대 천인들의 신분상승을 장용대 거관을 중심으로 고찰하였다. 그렇다면 세조가 실시한 양인확대정책의 문화적 배경은 어디에 있을까. 그것은 다음 두 가지 요인과 특히 관련이 있지 않을까 한다. 하나는 성리학적 민본사상의 실천이고, 다른 하나는 불교문화정책의 실시이다. 전자의 경우, 성리학이 修身이나 敎化論과 같은 내면주의적 경향과 민본사상을 바탕으로 한 制度論이나 利用厚生論 등 객관주의적 요인으로 구성되어 있다고 볼 때, 세조대에 실시된 賤人의 良人化는 민본사상을 실천하는 한 과정으로 평가할 수 있겠다. 후자의 예로는 度牒制 실시, 僧科 설치, 刊經都監 설치 등을 들 수 있다. 특히 세조대의 불교문화 육성은 문정왕후의 숭불정책의 토대가 되었으며, 이 같은 기반 위에서 임진왜란 기간에 僧軍의 활약이 가능하였다고 이해된다.[29]

---

28) 李載龒, 1984,『朝鮮初期社會構造研究』, 一潮閣, 22~24쪽.

29) 조선시대사에서 세조대를 어떻게 평가할 것인가 하는 문제는 연구자의 역사인식과 밀접히 관계된 것으로서, 조선시대 정치제도사와 사회사에서 상반된 연구결과가 나와 있다. 전자의 대표는 鄭杜熙로『朝鮮時代의 臺諫制度』(1994, 一潮閣)에서 세조대를 부정적으로 평가하였다. 후자는 韓永愚로 대표되는데『朝鮮前期社會思想研究』(1983, 지식산업사)에서 세조대의 치적을 긍정적으로 평가하였다. 특히 정두희는 조선시대의 臺諫制度는 유교적 통치이념이 비교적 잘 구현되었다는 사실을 전제로 할 때 세조의 왕위찬탈 행위는 유교적 통치론뿐 아니라 臺諫制와도 본질적으로 배치된다고 평가하였다. 따라서 정두희의 대간 연구는 다음 두 가지로 요약할 수 있다. 하나는 조선 초기 사대부 계층의 지속성이 매우 강하다고 본 것이고, 다른 하나는 16세기 士林의 정치적 역할을 사회변동과 관련하여 매우 긍정적으로 평가한 것이다.

민본사상에 바탕을 둔 세조의 이 같은 천인의 양인화가 선조 16년(1583) 尼湯介亂 때 율곡 이이가 병제개혁의 일환으로 실시한 軍功免賤[30]의 전례가 되었다는 사실을 고려할 때, 세조의 양인확대정책은 조선시대 身分史에서 큰 비중을 차지하고 있다고 해야 할 것이다.

제2절 壯勇衛의 성격

앞 절에서는 세조 때 창설된 장용대의 설치 경위와 체아직의 受職 및 去官으로 종량된 이후의 신분변동을 중심으로 고찰하였다. 여기서는 천인병종의 장용대가 성종 6년(1475) 그 명칭이 壯勇衛로 개칭됨과 동시에 양인병종으로 전환된 이후부터 임진왜란 직전까지의 변동과정을 살펴보려고 한다.

주지하듯이 예종 즉위년(1468) 다수의 장용대가 병조판서 南怡의 역모사건에 관련되었음에도 불구하고 장용대의 사회적 위상에는 본

또한 사대부 계층의 유교정치 이념의 실천과 국가발전에 공헌한 긍정적 측면은 임진왜란 이후에도 지속되었다고 인식함으로써 임진왜란이 시대구분의 기점이 될 수 없다고 파악하였다(1992, 『韓國社會發展史論』, 一潮閣). 이와 같이 조선 건국 이후 사대부 계층의 지속성은 임진왜란 이후에도 불변하였다고 보았기 때문에 조선 초기 사회구조에 관해서도 兩班制說을 지지하는 연구경향을 보이고 있다. 필자는 세조대 壯勇隊 去官을 통한 從良과 李施愛亂 때의 軍功免賤에 의한 천인의 良人化는 성리학의 현실적 객관적 경향인 民本思想을 적극 실현한 결과로 해석하였다. 이 같은 관점에서 볼 때 세조의 왕위찬탈이 비록 修身論的 정치론과 관계된다 하더라도 이 같은 부분적 사실을 전제로 세조대의 민본의식을 기초로 형성된 역사현상을 전면적으로 부정하는 시각은 재론할 여지가 없지 않다고 하겠다.

30) 『增補文獻備考』 卷112, 兵考4 法令.

질적인 변화가 없었다. 陳小斤知가 같은 장용대 수백 인이 역모사건에 관련되었다고 진술하였지만 네 명만 처형한 사실,31) 예종 원년(1469) 5월 五衛를 재편할 때 장용대를 충찬위·정병과 함께 忠武衛에 소속시킨 점,32) 직능이 내금위보다 높았던 鷹揚衛를 시취할 때 甲士·破敵衛·新良正兵 등과 함께 彎强隊·壯勇隊도 그 선발 대상이었던 것 등에서 이러한 사실을 확인할 수 있다.33) 따라서 예종대에는 장용대의 성격 변화가 없었다고 하겠다.

그렇다면 언제부터 장용대의 성격이 변동하였을까. 성종 원년(1470)에서 5년(1474) 사이의 초기 사료를 중심으로 그 내용을 살펴보면 다음과 같다.

⑴ 병조에서 아뢰기를, "彎强隊·壯勇隊는 아울러 600員인데 모두 長番으로 하고 이미 입속한 자 이외에는 천인의 입속을 허락하지 마소서" 하니 ……, 그대로 따랐다.34)

⑵ 侍讀官 成健이 아뢰기를, "…… 신은 녹봉을 받는 군사가 너무 많다고 생각합니다. …… 또한 장용대는 종량하여 散官으로 去官시키면 충분할 텐데 어찌하여 반드시 녹봉을 주어야 합니까. 신이 듣건대 1년에 나누어 주는 녹봉의 수량이 예전의 2만 5천 석보다 많다 하니 이것은 수만의 무리가 반년 먹을 양식입니다."35)

⑶ 사헌부 대사헌 徐居正 등의 상소에 이르기를, "…… 장용대를

---

31)『睿宗實錄』卷1, 卽位年 10月 30日 丙辰.

32)『睿宗實錄』卷5, 元年 5月 7日 庚申.

33)『睿宗實錄』卷6, 元年 6月 12日 甲子.

34)『成宗實錄』卷3, 元年 2月 30日 己卯, "兵曹啓 長番彎强隊壯勇隊 並六百 長番已曾入屬者外 今後勿許賤人入屬 …… 從之".

35)『成宗實錄』卷28, 4年 3月 1日 辛卯, "侍讀官成健啓曰 …… 臣意受祿軍士 亦太多 …… 且壯勇隊 免賤爲良 散官去官 足矣 何必給祿 臣聞一年頒祿之 數 多於舊二萬五千碩 此數萬衆半歲之糧也".

창설한 이래로 종이 주인을 배반하기 시작하였고, 게다가 세조 13
년(1467) 북방정벌 때 公私賤이 군기·군량을 운반하고 종량된 자
가 얼마인지 모릅니다. 천인으로서 양인이 된 것만도 분수가 아닌
데 지금은 외람되게 甲士까지 되어 으레 높은 관계에 오르고 있습
니다. 그리하여 종과 주인이 한 隊伍에 드는 일이 있고, 종이 도리
어 높은 직위를 차지하는 등 명분이 크게 허물어지고, 풍속이 날로
그릇되고 있습니다. ……"36)

⑴은 성종 원년 2월 병조에서 군액과 分番 및 하삼도 군정의 감
액할 숫자를 기록한 것의 일부로서, 만강대·장용대를 長番으로 할
것과 천인병종을 양인병종으로 전환할 것에 대한 내용이고, ⑵는 장
용대 입속자에게 실직체아를 제수함으로써 녹봉이 과다하게 지급되
어 국가재정이 궁핍하게 되었음을 말한 것이다. ⑶에서는 장용대를
통한 종량이 제도적으로 보장되고 이시애의 난 때 軍功免賤한 新
良人의 숫자가 많아짐으로써 중세 신분질서가 동요되기 시작하였
다는 내용이다. ⑴·⑵·⑶을 종합해 볼 때 장용대를 통해서 관직
을 제수받고 군공면천이 확대되어 천인들의 신분적 제약이 완화됨
으로써, 위기의식을 느낀 지배계급이 상하관계의 신분질서를 재확
립하려는 현상이 대두되었다고 이해된다.

그러면 성종대에 들어 지배계급이 신분질서 확립에 적극적이었
던 이유는 어디에 있을까. 그것은 대토지를 소유한 관인지주와 토
호가 양인농민을 신분적 예속성이 강한 挾戶體制37)로 고착화시킴

---

36) 『成宗實錄』卷33, 4年 8月 4日 癸亥, "司憲府大司憲徐居正等上跪 …… 自
　設壯勇隊以後 奴始背主 重以丁亥北征之役 公私賤口 輸箭運米 免賤從良者
　不知其幾 變賤爲良 已非分矣 今則濫得爲甲士 例陞高秩 或有奴主同伍者
　或奴反居上者 名分大壞 禮俗日非".
37) 이영훈, 1988, 「조선 후기 농민경영에서 주호·협호관계」, 『조선후기 사회경
　제사』, 한길사.

으로써 지주전호제를 확립하고자 한 데 그 목적이 있었다.

한편 세조대에는 협호층인 雇工·白丁·率丁 등을 保人의 자격으로 군역체계에 편입시키고 전결과 노비의 숫자에 따라서 군정을 징발하였기 때문에 농민들의 군역부담은 상대적으로 작아졌다. 이처럼 농민들의 신분적 지위가 향상될 수 있었던 것은 평민에게 기반을 둔 세조의 왕권이 대립관계에 있던 신권보다 우위에 있었기 때문에 가능하였다.

이 같은 사실은 조선 초기의 신분질서가 고려시대에 비해서 완화되었음을 반영하는 경우가 되겠다. 따라서 천인들의 신분상승을 위해 세조가 실시한 일련의 신분정책인 장용대의 去官을 통한 官階 진출의 법제화, 천인들의 보충대 입속조건의 완화, 군공을 통한 新良人 숫자의 확대 현상도 같은 선상에서 이해할 수 있겠다.

그러나 성종대에는 즉위년부터 垂簾聽政과 院相制 실시로 왕권이 약화되고 신권이 확대됨으로써 생산수단의 일환으로 실시한 양반계급에 의한 협호계층의 佃戶化 내지 私民化 현상이 더욱 촉진되었다. 위에서 살펴본 천인들의 장용위 입속 금지, 종량한 新良人의 甲士職 진출 금지 등이 성종의 왕권약화 현상과 밀접한 관계에서 진행되었다. 천인의 장용대 입속 금지는 다음 사료에서 확인된다.

⑴ 병조에 전지하기를, "장용대에는 公私賤을 제외하고 양인들만 소속케 하라"고 하였다.[38]

⑵ 병조에서 아뢰기를, "그 전에는 공사천을 모집하여 장용대에 소속시키던 것을 지금은 양인들만 입속하도록 허락하고, 그 정원은

---

38) 『成宗實錄』 卷61, 6年 11月 29日 甲戌, "傳旨兵曹曰 壯勇隊除公私賤 以良人許屬".

600여 명이나 됩니다. 그러나 長番侍衛는 고생이 되기 때문에 양인들이 소속되기를 꺼려합니다. 지금부터는 다섯 개 番으로 나누어 넉 달 만에 교대하게 하고 명칭을 壯勇衛로 고친 다음, 正兵에 대한 규정대로 保人 한 명을 주며, 去官한 뒤에 그대로 눌러 있겠다는 자에 대해서는 破敵衛의 규례대로 출근일수 58일을 채우면 1품계씩 올려 주되, 정3품에서 그치게 할 것입니다"라고 하니 그대로 따랐다.[39]

⑴은 성종 즉위년부터 제기된 문제인데 성종 6년(1475) 마침내 천인들의 장용대 입속이 법제적으로 금지되었음을 말한 내용이다. ⑵는 병조에서 양인병종으로 전환된 이후 장용위의 운영에 관한 문제점과 그 시행방안을 성종에게 구체적으로 보고한 내용이다.

여기에서 장용위의 기본 성격을 세조대 장용대와 비교하면 다음 세 가지로 요약할 수 있다. 첫째, 장용위의 정원은 600명으로서 세조 13년(1467) 4월 장용대 정원 1,350명과 비교하면 크게 감소하였다. 더구나 長番侍衛가 5교대 4개월 복무로 바뀌었기 때문에 실복무 인원은 120명에 불과하다. 둘째, 명칭이 장용위로 개칭됨과 동시에 양인병종의 正兵과 동일하게 2保(2丁)가 지급되었다. 셋째, 거관 후 願仍仕者의 加階는 仕滿 58일이다. 즉, 58일간의 근무를 마치면 한 官階가 승진되어 정3품에서 그만두게 하였다. 다만 遞兒는 사료가 없으므로 그 정확한 숫자를 알 수 없는 실정이다.

위에서 살펴본 바 몇 가지 사실을 근거로 볼 때 성종 6년의 장용위는 양인병종임이 확인되며, 衛의 호칭과 병종 간의 관계를 표로

---

39) 『成宗實錄』 卷62, 6年 12月 16日 辛卯, "兵曹啓 前此 募公私賤 屬壯勇隊 今許良人入屬 其額六百 然長番侍衛 頗爲艱苦 以此良人 不樂爲之 無有入屬者 請今後 分五番 四朔相遞 改稱壯勇衛 依保正兵例 給一保 去官後 願仍仕者 依破敵衛例 仕滿五十八 加階正三品而止 從之".

정리해 보면 다음과 같다.

<표 2> '衛'의 호칭과 兵種間의 관계

身分	兵種	試取與否	창설시기	군사적 기능
良人	內禁衛	試取	태종 7년	親兵
	別侍衛	試取	태조 3년	衛兵
	親軍衛	試取	세조 14년	親兵
	族親衛	-	미상	勳位
	忠義衛	-	세종 즉위년	勳位
	忠贊衛	-	세조 2년	勳位
	忠順衛	-	세종 27년	勳位
	破敵衛	試取	세조 5년	步軍
	壯勇衛	試取	성종 6년	步軍
	奉忠衛	-	세조 8년	宿衛
	平虜衛	-	세조 5년	番上
	拱震衛	-	세조 8년	宿衛
	虎翼衛	-	세조 5년	番上
	定虜衛	試取	성종 11년	衛兵
賤人	壯勇隊	試取	세조 5년	奴軍
	補充隊	-	태종 15년	使令軍
	彭排	試取	태종 15년	役軍
	隊卒	試取	미상	使令軍

* 각 병종과 신분 간의 관계는 千寬宇, 1964, 「朝鮮初期 五衛의 兵種」, 『사학연구』18에 의거하였고, 장용위가 良人兵種이라는 것에 대해서는 『成宗實錄』卷61, 6年 11月 甲戌條를 참조하였음.

<표 2>에서 알 수 있듯이 천인병종에는 '衛'자가 붙지 않으나, 양인병종은 '衛'자로 끝나고 있다. 이 같은 사실을 근거로 할 때 장용대가 천인병종이라면 장용위는 양인병종이었음을 알 수 있겠다. 따라서 지금까지 '장용대'와 '장용위'를 병종이나 신분에 따른 구별 없이 천인병종으로만 이해한 오류는 고쳐져야 할 것이다.[40]

---

40) 軍制史와 社會史에서 각각 개척적인 연구로 평가받고 있는 다음의 두 논고 역시 장용대와 장용위를 천인병종으로 이해하고 있다(千寬宇, 1979, 「朝鮮初

한편 성종의 왕권약화 현상과 그 맥을 같이하는 천인의 장용대 입속 금지는 노비의 생사여탈권에도 영향을 미쳤다. 즉, 세종·세조 兩代에는 謀叛大逆의 경우를 제외하고 노비가 상전을 고발할 수 있었다. 그러나 신권이 강화된 성종대에는 노비는 본주를 고발할 수 없는 반면 상전은 노비를 함부로 죽일 수가 있었다.[41]

성종 6년 이후 양인병종으로 전환된 장용위에 관한 규정 중 『경국대전』에 등재된 試取·定員·番次·都目·遞兒·去官·加階·給保 등의 내용을 장용대와 상호 비교하여 그 차이점을 살펴보면 다음과 같다.

첫째, 試取 규정의 변화이다. 장용대는 武才가 출중한 자만 입속할 수 있었으나 장용위는 良人들이 입속을 꺼려하였으므로 시취자의 武才도 수준이 낮아질 수밖에 없었다. 즉, 步射 一矢 이상, 走와 力이 각각 一走와 一力 이상이면 모두 합격하였다. 이 같은 무재는 장용대에서는 세번째 등급에 해당되는 수준이다.

둘째, 정원의 문제이다. 장용대를 창설할 때의 정원은 125명에 불과하였으나 세조 13년 彎强隊[42]와 장용대를 합하여 1,350명이었다는 사실을 고려할 때, 정원이 대폭 확대되었음을 알 수 있다.

셋째, 遞兒職 문제이다. 장용대 창설 당시의 遞兒는 30명으로서 정원 125명의 24%를 차지하고, 세조 13년 만강대와 장용대를 합한

期 五衛의 兵種」, 『近世朝鮮史硏究』, 一潮閣, 118~119쪽 ; 李載龒, 1984, 「朝鮮初期의 遞兒職」, 『朝鮮初期社會構造硏究』, 一潮閣).

41) 『成宗實錄』 卷88, 9年 1月 24日 丁亥, "上曰 …… 向者 壯勇隊 謀殺本主 擅自告訴 予令殺之 以戒後人".

42) 『世祖實錄』 卷42, 13年 4月 4日 己亥, "兵曹啓 賤人彎强弓一百二十斤者 屬彎强隊 六品去官 如講武打圍巡狩騎從者 日給仕五 步者一 又觀射中百步侯者 給二十 貫者倍 騎射中者 每矢給五仕 滿一百五十者 屬壯勇隊 七品去官 每歲抄中數最多者 去官從良 幷彎强壯勇兩隊 以一千三百五十人爲額 十五分之一 給遞兒職九十 從之".

이후의 체아는 90명으로 당시 정원 1,350명의 6.6%를 차지하였다. 그러나 장용위의 遞兒는 15명으로서 정원 600명의 2.5%에 불과하다. 장용위의 체아가 장용대의 체아보다 상당히 감소되었음을 알 수 있다. 체아가 이렇게 감소된 원인은 어디에 있을까. 그것은 성종 11년 11월 定虜衛를 창설할 때 實職遞兒를 별도로 설치하지 않고 別侍衛・壯勇衛・彭排・隊卒 등의 체아직을 떼어서 定虜衛에 붙였기 때문이다. 이 때 신설된 정로위의 체아는 29명이었다.[43]

넷째, 去官의 문제이다. 『경국대전』 吏典 遞兒條에 "관직을 떠나면 모두 散階를 받는다"라고 한 규정에서 알 수 있듯이 체아직을 거관하면 산계를 받았으나, 장용위는 거관과 동시에 종6품의 실직을 제수받았다.[44] 거관 이후의 加階는 仕滿이 62일이면 1품계를 승진하였으며, 加階는 元仕만을 계산할 뿐 別仕[45]는 없었는데, 願仍仕者는 정3품에서 그쳤다.

다섯째, 給保에 관한 규정이다. 장용위는 체아직을 수직함과 동시에 1保를 지급받았다. 이와 관련하여 조선 전기 군병에 대한 국가의 재정적 보상체계를 살펴보면 두 가지 방법이 있었다. 하나는 遞兒職이나 雜職 등 관직을 受職한 경우고, 다른 하나는 給保 즉, 保人을 지급받는 것이다. 전자가 주로 試取를 통해서 선발된 병종으로서 녹봉이나 월봉이 지급되었다면, 후자는 正兵과 水軍 등 군역자에게 재정적 지원의 형태로 지급되었다. 일반적으로 조선 전기 군

---

43) 『成宗實錄』卷123, 11年 11月 23日 己亥, "兵曹啓 新設定虜衛 分番給遞兒 及侍衛節目商議 具錄于後 …… 一其受祿遞兒 別設爲難 抽出軍職 預備別 侍衛壯勇隊遞兒及彭排隊卒 領職從四品一 從五品二 從六品二 從七品四 從 八品五 從九品十五 移授作科給祿 以入職仕一百八 加階止正三品 又於東西 班 隨才敍用".

44) 去官 때 實職을 제수받는 병종은 壯勇衛 외에 甲士・彭排・隊卒이 있었다 (『經國大典』兵典 番次都目條 去官項目 참조).

45) 別仕를 계산한 병종은 忠順衛・正兵・破敵衛・壯勇衛・彭排・隊卒 등이다.

역담당자는 이 중 한 가지 혜택만을 받았다. 그러나 장용위는 시취를 통해 체아직에 제수되어 녹봉을 받았을 뿐 아니라, 보인도 지급받았다. 甲士와 함께 관직과 보인을 동시에 지급받는 유일한 병종이었던 셈이다.

장용위가 다른 병종에 비해서 이와 같이 우대되었음에도 불구하고 양인들이 입속을 기피하였기 때문에 장용위의 인원은 『경국대전』의 정원 600명보다 항상 적을 수밖에 없었다. 다음 사료에서 이러한 사실을 확인할 수 있다.

(1) 장용위의 정원은 적지만, 체아 벼슬이 많기 때문에 비록 仕滿하여 거관하여야 할 자라도 녹봉을 타먹으려고 推薦狀을 제출하지 않습니다. 병조에서는 그런 폐단을 알고 그 수를 채우기 위하여 각 도의 절도사를 시켜서 뽑아 보내게 하며 서울에서도 선발하고 있습니다. 그러나 이들은 역시 군사들의 保人이거나 有役者로서 빠져서는 안 될 사람들인데 기어코 투속하니 결국 동쪽을 허물어 서쪽을 땜질하는 격이 되어 도리어 소란스럽기만 합니다. 신의 생각으로는 隊卒은 전례에 따라 재주를 시험하여 힘이 약한 자는 참여하지 못하게 하고, 仕滿된 장용위는 억지로라도 거관시켜 役이 없는 사람으로 점차 수를 채우는 것이 좋겠습니다.46)

(2) 『경국대전』의 장용위 정원은 600명이지만 사람들이 소속되기를 좋아하지 않다 보니 점차 수가 적어져 두 번으로 나누어 교대하게 한 것입니다. 조종조부터 侍衛하는 군사를 어떻게 그 수만 과장하고 일부러 채워 넣지 않았겠습니까.47)

---

46) 『成宗實錄』 卷278, 24年 閏5月 28日 辛酉, “壯勇衛額數少而遞兒多 故 雖仕滿當去官者 利其祿不呈薦狀 兵曹知其弊 欲充其數 令各道節度使 揀擇上送 且於京中 亦選擇之 然此亦軍士 保丁及凡有役不可闕者 必多投屬 破東補西 反致紛擾 臣意以爲 隊卒依前規試才 使力弱者不得預焉 壯勇衛仕滿者 勒令去官 以無役人漸次充數爲便”.

⑴은 근무일수가 다한 장용위는 거관하여야 됨에도 불구하고 입속한 실제 인원이 정원보다 적은 점을 이용해서 추천장을 바치지 않고 계속 受祿하고 있는 현상을 설명한 것이다. ⑵는『경국대전』 반포 당시만 하여도 장용대를 五番六朔相遞로 운영할 수 있었지만, 성종 24년경에는 소속하려는 자가 줄어서 두 번으로 줄일 수밖에 없었던 당시의 사정을 말하고 있다. 당시 국가에서는 장용위 입속자를 증액하는 방안으로서 試取 규정의 완화를 한때 검토하였다. 그러나 만약 그렇게 할 경우 保人이나 官屬들이 어려운 身役을 피하여 장용위로 입속할 가능성이 많았기 때문에, 無役者를 입속시켜야 된다는 정부의 취지 하에 시취규정의 완화는 실현되지 못했다.

한편 장용위 입속자의 감소 현상은 조선 전기 중앙의 오위 및 지방의 鎭管制가 변동하는 것과 그 궤를 같이하고 있다. 그 변화 요인을 보면 다음과 같다.

첫째, 正兵과 侍衛軍의 役軍化 현상이다. 즉, 전에는 彭排·隊卒이 월봉을 받고 사역하였기 때문에 정병과 오위의 여러 병종은 시위만 담당하였다. 그런데 성종대부터 營繕은 많아졌으나 彭排·隊卒의 숫자는 오히려 감소하였으므로 정병과 水軍 및 諸衛의 시위군까지 역군이 하던 일을 담당하게 되었다.[48] 둘째, 代立制와 放軍收布制의 시행이다. 營繕이나 防役에 참여한 正兵과 水軍 등이 관인의 노비를 사서 대립시킬 경우 두 달의 代立價가 17~20필에 이르므로 그 값을 감당하지 못하고 도망하였다.[49] 특히 중종대 梁淵

---

47)『成宗實錄』卷278, 24年 閏5月 辛酉, "大典 壯勇隊元額六百 而人不樂屬 漸次數小 故分二番相遞 自祖宗朝侍衛軍士 豈虛張其數 而故爲不充乎".

48)『燕山君日記』卷36, 6年 1月 16日 丙申.

49)『成宗實錄』卷277, 24年 5月 25日 戊子 ;『宣祖實錄』卷44, 26年 閏11月 2日 壬午. 당시 代立節目에 의하면 公私賤의 選上代立價는 두 匹이고, 正兵 代立價는 세 匹이었다.

에 의해서 실시된 放軍收布制는 군사력을 약화시키는 결정적 계기가 되었다.[50] 셋째, 사족의 군역면제 현상이다. 중종대부터 軍籍監考를 留鄕所로 差定하였기 때문에[51] 留鄕品官과 土豪의 자제들이 儒籍을 가탁하여 군적에서 빠져나갔다.[52] 넷째, 定虜衛의 설치 문제이다. 즉, 중종대에 신설된 정로위의 정원은 2,500명인데 병조에서 정원보다 더 많이 시취하여 口傳하였으므로 正兵이나 奉足이 되어야 할 자가 모두 정로위에 소속되었다.[53] 다섯째, 良人의 私民化 현상이다. 다시 말해서 永安道 토호가 양인을 점령하고 世傳管下라고 칭하면서 노비처럼 부리기도 하고, 兩界의 수령이나 僉使·萬戶 등이 壓良爲賤하여 자기 노비로 삼고, 下三道의 관인지주와 토호 역시 양인들을 雇工·佃戶·農莊奴婢로 삼았다. 국가 公民이 지배계급의 私民으로 전락한 이러한 현상은 당연히 군액의 감소를 초래하였다.

이상과 같은 일련의 양인인구 감소 요인에 따라서 장용위의 입속자가 점차 감소되었을 뿐 아니라 시위군의 기능도 약화되었는데, 임진왜란으로 오위가 붕괴되고 五軍營이 형성되면서 장용위도 천인

---

50) 『中宗實錄』 卷94, 36年 2月 15日 壬申, "同知事梁淵曰 步兵番價濫徵之弊 由於役處及官員根隨 伺候分定故也 無奉給之官 故自納於分定之處 色吏使 令丘史等 濫徵自用 或官員雖知而不禁 故其弊如此 或別設局 或於司贍寺 委之提調 使專掌其事 當軍士初番及選上上來時 令各官一切踏印上送 而奉 之如有猥濫自奉者 摘發治罪 則無濫徵之弊 上曰 一時設局而還罷不當 雖不 設局 有司免力爲之則可矣 若不奉行 則法司糾察 亦可也 領事洪彦弼曰 於 司贍寺 奉之不可也 各別設局置庫 而擇勤檢宰相 委以提調 則必用力而行之 史臣曰 步兵之見困於價布之濫 皆出於公私土木之役 庶恥道喪之中爾 不務 淸源正本之道 兩規規於末流 乃以節定價布 官納分許爲上策 可歎也已".

51) 『中宗實錄』 卷19, 8年 10月 21日 乙卯.

52) 『中宗實錄』 卷16, 7年 7月 20日 辛卯.

53) 『中宗實錄』 卷64, 23年 11月 6日 甲辰 ; 『明宗實錄』 卷15, 8年 9月 30日 癸酉.

병종의 장용대로 그 기능이 전환되었다.

한편 장용대가 양인병종으로 전환된 성종대부터 임진왜란 직전까지 천인들의 軍職 진출 문제는 어떠하였을까. 그것은 이 시기에 彭排·隊卒이 천인병종으로 고착화되었으나 이들은 시위군이 아니라 役軍이었음을 감안할 때, 천인들의 군직 진출은 실현되지 않았다고 하겠다. 서얼과 평민들 중 武才가 있는 자들을 선발하기 위해서 창설된 중종대의 定虜衛가 일면 이와 같은 목적에 부합되었다. 그러나 설치 이후 곧바로 서얼의 입속이 금지되어 군역인구의 감소 현상을 피할 수 없었는데, 北虜南倭가 침략함으로써 천인들의 軍役 편입이라는 새로운 양상이 전개되었다. 특히 이러한 현상은 임진왜란 이후 奴軍인 壯勇隊의 전단계적 형태라고 생각되는데, 그 구체적인 전개과정은 다음 절에서 살펴보기로 하겠다.

제3절 朝鮮後期 壯勇隊의 성격

임진왜란은 경국대전체제의 중세사회를 변화시킨 전환점이었다. 이에 따라 정치·경제·사회체제가 전반적으로 변동하였고, 신분제와 연관된 군제제도의 변화 또한 그 폭이 매우 컸다. 조선 전기 중앙군의 오위와 지방군의 진관제가 임진왜란 이후 오군영과 영장제[54]로 변화된 것이 그것이다.

신분변동을 촉진한 이러한 군제변동의 주요 요인으로는 代立制와 放軍收布制의 실시 및 양인의 私民化 확대라는 두 가지 사실을 들 수 있다. 양자 모두 軍役人口를 감소시키는 작용을 하였는데, 전

---

54) 徐台源, 1999, 『朝鮮後期 地方軍制研究 - 營將制를 중심으로 - 』, 혜안.

자는 양인 상층이 경제력을 바탕으로 군역에서 합법적으로 면제된 경우이고, 후자는 과전법 붕괴 이후 양반계급이 토지와 인구를 집중한 결과이다. 이 같은 신분의 양극화로 인한 軍額의 감소 현상은 制勝方略制[55] 실시의 원인이 되었을 뿐 아니라, 한편으로 임진왜란 이후 천인들의 군역 참여를 촉진하는 계기가 되었다.

주지하듯이 중앙의 五衛軍과 지방의 留防軍으로 구성된 조선의 관군은 임진왜란 초기에 이미 붕괴되고 관방은 수군과 의병[56] 및 명나라 원군에 의해서 겨우 그 명맥을 유지하였다. 이러한 상황에서 국가는 군역의무가 없는 천인들을 여러 형태로 군역에 참여시켰다. 즉 訓鍊都監[57]과 束伍軍의 일원으로 편제되거나[58] 召募義兵에서 활약하기도 하고, 軍器·軍糧의 수송에 참여하거나 무과급제 등의 군역을 통해 천인들의 광범한 군역 참여가 이루어졌으며, 그 대가로 천인들의 신분상승이 실현되었다. 물론 조선 전기에도 천인들이 장용대와 보충대 去官을 통해서 종량되었으며, 전란에 참여한 대가로 軍功免賤[59]된 경우도 있었다. 그러나 그 폭과 범위에서 임진왜란 당시의 그것과는 비교될 수가 없었다. 임진왜란 이후 군역을 통한 천인의 신분상승이 이처럼 광범위하게 이루어졌음에도 불구하고, 그 동안 신분사와 관련된 군제사의 究明이 없었기 때문에 조선 후기 천인들의 신분상승을 다만 경제력에 바탕을 둔 納粟授職

---

55) 許善道, 1973·1974, 「制勝方略 硏究」(上·下), 『진단학보』 36·37.

56) 임진왜란 중의 의병활동은 다음 논고를 참조할 것. 趙湲來, 1980, 「金千鎰의 義兵活動과 그 性格」, 『史學硏究』 31 ; 崔永禧, 1981, 「壬亂 義兵의 性格」, 『軍史』 2.

57) 『宣祖實錄』 卷113, 32年 5月 20日 丁卯, "訓鍊都監啓曰 …… 史臣曰 編名砲殺之伍 自非市人 率多叛主之奴 往在癸甲年間 事相應募者 只爲厚其廩也 及至軍儲虛竭 未給月米 則安得不接跡而逃去乎".

58) 車文燮, 1973, 「束伍軍研究」, 『朝鮮時代軍制研究』, 단국대출판부.

59) 李弘斗, 1996, 「軍功論賞을 통한 朝鮮朝 賤人의 身分變動」, 『東國史學』 29.

이나 노비의 도망이 그 주류인 것처럼 인식되었다. 본 절에서는 임진왜란 이후 함경도 지역의 公私賤과 內奴가 장용대 거관을 통해서 어떻게 신분상승하였는가를 살펴보려고 한다.

조선 전기 장용대에 입속한 자와 을묘왜변이나 尼湯介의 난 때 正軍에 편제되었던 자들은 천인신분 중 어떤 계층이었을까. 그것은 두 가지로 나눌 수 있는데, 하나는 公私賤[60]으로 지칭되는 各司各官 소속의 官奴婢와 私奴이며, 다른 하나는 왕실 소속의 內需司奴婢이다. 조선 전기의 경우 군역에 편제된 계층은 주로 전자에 해당되며, 후자는 중종 때 당위성만 논의되었을 뿐 실제로 군역에 편입되지는 않았다.[61] 內需司奴가 왕실 소속의 노비였기 때문이다.

임진왜란 중(1592~1598) 양계지방의 정예한 군병을 전황이 급박한 남쪽지방에 우선적으로 지원한 결과 北邊의 군사력이 크게 약화되었다. 따라서 六鎭의 군사력이 취약하다는 것을 간파한 北虜가 조선을 침략하였다. 이에 북병사 吳應台는 단천 이남 각 고을의 군사와 잡류를 선발하여 방비에 투입할 것을 兼巡察使 宋言愼에게 지시한 다음, 內奴를 직접 선발해서 六鎭에 부방시켰다.

그런데 內奴는 왕실의 사유재산이었기 때문에 그들의 군역 편입은 논란의 대상이 될 수밖에 없었다. 다음의 사료는 이와 같은 사실을 보여준다.

(1) 北兵使 吳應台가 치계하기를, "…… 도내 각 고을의 내노들은 계미년 변란이 일어난 이후로는 身貢을 면제하고 변경 방비에 첨가하여 변란에 대비하기로 하였는데, 을미년에 계하받아 行移하였지만 변방에 보내지는 않았습니다. 이에 변방에 추가할 다른 군사

---

60) 林英正, 1973, 「朝鮮初期 公私賤에 대한 研究」, 『史學研究』 23.
61) 『中宗實錄』 卷25, 11年 7月 7日 丙戌.

들이 없으므로 부득이 吉州 이북 아홉 고을의 내노로 된 장용대와
校生들을 아울러 전례에 따라 뽑아서 변경 방비에 첨가했습니다."62)

⑵ "길주 이북 아홉 고을의 내노들을 모두 군사에 보충하기로 청
한 것은 진실로 부득이한 데서 나온 계책입니다. 변방이 견고한 뒤
에야 근본이 편안할 수 있는 것이니 어찌 그 신역의 유무만으로 변
방을 지키는 장수의 요청을 허락하지 않을 수 있겠습니까. 內奴를
방수에 추가로 파견하기를 청한 공사를 該司의 回啓에 따라 시행
하게 하소서."63)

사료 ⑴에서 왕실 소속의 내노를 군역에 편입시키려고 논의하였
음을 알 수 있다. 여기서 '계미년의 변란'이란 선조 16년(1583) 藩胡
尼湯介의 난을 말한 것이며, "신공을 면제하고 변방의 방비에 첨가
하였다"는 것은 당시 병조판서 율곡 이이가 尼湯介의 난 때 서얼과
공사천 및 내수사노가 종군하면 대가로 서얼은 허통하고 공사천은
군공면천한 사실을 지칭한 것이다. 李施愛의 亂(세조 13년, 1467)
이후, 이 때 처음으로 군역을 통해 서얼과 공사천의 법제적 종량이
실현되었으나 위의 사료 "을미년(선조 28년, 1595)에 계하받아 行移
하였지만, 변방에 보내지 않았다"고 한 사실을 근거로 판단할 때 내
수사노의 군역 편입에 따른 종량은 그 제도화가 쉽게 실현되지 않
았음을 알 수 있다.

사료 ⑵는 정언 張晩이 올린 상소인데, 그 내용으로 보건대 북병
사 吳應台가 올린 장계를 비변사가 회계해서 선조의 윤허를 얻었음

---

62) 『宣祖實錄』卷85, 30年 2月 28日 己丑, "北兵使吳應台馳啓曰 …… 道內各官
內奴等 自癸未生變之後 除身貢添防待變 乙未年啓下行移 不爲赴防 他無添
防之軍 不得已吉州以北九官內奴壯勇隊校生等 幷依前例 抄懲添防".
63) 『宣祖實錄』卷86, 30年 3月 13日 癸卯, "請以吉州以北九官內奴 幷爲添兵者
誠出於不得已之策 邊圉固 然後根本以安 何可計其身役有無 不許藩臬之請
哉 請內奴添防公事 依該司回啓施行".

에도 불구하고 곧바로 실시되지 않았음을 알 수 있다. 다음 날에도
張晩이 길주 이북 아홉 고을의 내노들을 모두 군역에 편입토록 거
듭 상소한 사실이 이를 말해 준다.[64]

　그렇다면 조정신료들이 거듭 내노의 군역 편입을 주장함에도 불
구하고 선조가 끝까지 반대한 이유는 어디에 있을까. 다음 사료에
서 그 이유를 짐작할 수 있다.

　　전에도 내노를 특별히 부방시킨 일이 있었는데, 변장들이 별양의
　사람들이라고 여겨 거리낌없이 침탈하고, 내노 보기를 關西에서
　黃軍을 보는 정도뿐이 아니었다. 그러므로 한 번 이 역을 치르고
　난 내노들은 거의 다 파산하여 도산하였다. 그런데 邊將이란 자들
　은 매양 이에 맛을 붙이고 있으니 그 정상이 매우 가증스럽다. 어
　찌 그들의 지나친 말을 따를 수 있겠는가. 천천히 형편을 보아 가
　며 처리하겠다.[65]

　선조가 내노들의 군역 편입에 반대한 이유가 단순히 왕실의 사유
재산을 지키겠다는 것이 아니고 邊將들이 부방한 내노들을 침탈하
였던 경험적 인식에 근거하고 있음을 알 수 있다. 변장들의 침탈 현
상은 중종 때 梁淵이 放軍收布制를 실시한 이후 관습화되었다. 특
히 임진왜란으로 중앙집권력이 약화된 시기에 경제력을 갖춘 내노
들의 부방은 僉使・萬戶 등 변장들에게 확실한 착취의 대상이었다.
당시 변장들의 군역민 침탈이 양역인구 流亡의 직접적 요인이었음

---

64)『宣祖實錄』卷86, 30年 3月 15日 乙巳.
65)『宣祖實錄』卷86, 30年 3月 15日 乙巳, "正言張晩 來啓北道內奴赴防前事
　　答曰 內奴之別赴防 前亦爲之 邊將以爲別樣之人 無復畏忌 極其呑嚙 其視
　　之 不啻如關西之於黃軍 一經此役 破家逃散殆盡 每甘於此 其情狀極爲可惡
　　豈可輕從其汎濫之言乎 徐爲觀勢處之".

을 감안할 때, 선조가 내노의 군역 편입을 이처럼 부정적으로 인식하였던 것도 일면 타당성이 있다고 하겠다.

그러나 內奴의 군역 편입이 실현되지 않을 경우 六鎭의 군사력은 약화될 수밖에 없었다. 다음 몇 가지 사실을 근거로 볼 때 당시 내노의 군역 참여는 타당한 조처였다고 하겠다. 첫째, 임진왜란 중 土兵이 거의 사망하였음에도 불구하고 길주 이북의 正兵 259명을 남쪽에 구원병으로 파견하였다.66) 둘째, 길주 이북에는 내노가 많이 거주하고 있었다.67) 셋째, 육진의 관방은 전통적으로 正軍에게만 의존하지 않고 公私賤과 여인들까지도 방어에 참여하였기 때문에 내노는 기본적으로 전투력을 갖추고 있었다.

그러나 선조로서는 왕실재정 일부를 內奴의 身貢에 의존하였기 때문에 내노의 군역 편입을 강력히 반대하지 않을 수 없었다.68) 이 기간에 내노들이 身貢에 대해 一族切隣의 침탈이 행해졌다든가 또는 內奴 身貢의 절반을 군량으로 우선 전용하자는 제안에 대해 선조가 침묵을 지킨 채 답하지 않았던 데서 이 같은 사실을 알 수 있다.

선조 38년(1605) 3월 藩胡와 北虜가 六鎭의 潼關을 침략하자 내노의 군역 편입 문제가 또다시 조정에서 논의되었다. 이 때 "내노를 어려울 때 쓰라고 전교가 이미 있었다"69)는 기록이 있는 것으로 보아 내노의 군역 참여가 원칙적으로 허용되었음을 확인할 수 있지만, 內奴가 육진의 正軍과 束伍軍, 三手軍 중 어느 병종에 소속되었는지는 정확히 알 수 없다. 다만 선조 40년(1607) 9월 咸鏡道 巡檢御史 홍문관 수찬 姜弘立이 올린 상소에서 "길주 이북의 속오군에 소

---

66) 『宣祖實錄』 卷87, 30年 4月 18日 戊寅.
67) 『宣祖實錄』 卷160, 36年 3月 27日 癸未.
68) 『宣祖實錄』 卷186, 38年 4月 18日 壬戌.
69) 『宣祖實錄』 卷196, 39年 2月 12日 辛亥.

속된 雇工・公私賤・內奴를 대상으로 토병을 만들자"[70]고 건의한 내용으로 미루어 당시 내노들이 모두 속오군에 편제되었음을 알 수 있다.

그렇다면 급변하는 東亞三國의 국제관계에서 親後金政策을 실시하고, 대내적으로는 천인의 良人化에 개방적 입장을 견지하였던 광해군은 내노의 군역 편입을 어떻게 인식하였을까. 다음 사간원과의 논의를 통해서 광해군의 견해를 살필 수 있다.

⑴ 사간원이 아뢰기를, "오늘날 오랑캐의 정세는 예측하기 어려운데 변방의 경비는 허술하니, 특별한 조치를 취하지 않으면 후일의 걱정은 대단히 클 것입니다. 그런데 내수사는 조정을 안중에 두지 않고 隊伍를 편성하기로 결정된 公事 대신에 身布를 납부하겠다고 청하니, 이는 이미 대오로 편성된 군대마저 허물어뜨리고 말 것입니다. 그러므로 묘당으로 하여금 상의해서 내수사 노비를 모두 찾아내어 正軍에 편성케 하소서."[71]

⑵ 전교하기를, "…… 변방의 신하들이 京砲手를 入防시켜 인원수를 보충하도록 청하는데, 형편상 서울의 친위병을 변방으로 보낼 수는 없는 것이다. 본 도의 內奴・公私賤에 대해서 장정들을 선발하도록 허락하였으니, 그들 중 정예한 자가 틀림없이 있을 것이며 또한 그들을 조련시켜 長技에 따라 제대로 기용한다면, 어떤 城도 지켜 낼 수 있을 뿐 아니라 모든 적들도 이길 수 있을 것이다."[72]

---

70) 『宣祖實錄』 卷216, 40年 9月 25日 乙卯.

71) 『光海君日記』 卷14, 元年 3月 3日 甲申, "司諫院啓曰 目今虜情日蓋不測 邊鄙日漸疎虞 若不有別樣舉措 以爲綢繆之策 則日後之患 有不可勝言 況內需司不有朝廷 已定公事 續續啓請 破隊收布 此竝與作隊而壞了矣 請命廟堂商議 悉簽內奴 編作正軍".

72) 『光海君日記』 卷21, 元年 10月 16日 甲子, "傳曰 …… 邊臣雖每請京砲手入防之添數 而輦下親兵 勢不可征塞上 本道內奴公私賤 旣許以簽丁調用 則其中健兒 豈無精銳 出入者乎 以此操練 各取其長技 而用適其方 則何城不守

사료 ⑴은 내수사노비가 군역에 편제되는 과도기적 현상을 설명한 것이다. 즉, 내수사는 내노비의 身貢을 군수품에 충당하는 것으로써 군역에 편제되는 것을 모면하려고 한 반면, 조정관료들은 내수사의 이 같은 입장이 받아들여질 경우 육진의 방어체계가 붕괴되기 때문에 내노의 정군 편입을 적극 주장하였다.

이에 대해 광해군의 처음 생각은 "사세를 보아 가면서 서서히 처리하겠다"는 입장이었다. 그러나 결국 사료 ⑵의 내용과 같이 동왕 원년(1609) 10월 내노와 공사천의 正軍 편입을 결정하게 되었다.

이렇게 해서 광해군대에 내수사노비의 군역 편입이 법제화되었는데 임진왜란 이후 戚繼光의 紀效新書法을 기초로 한 束伍軍이 성립됨에 따라 이 곳의 內奴도 명목상 속오군에 편제되었다.73) 그러나 호칭은 성종 6년 이전의 천인병종이었던 장용대로 불렸다.74) 이는 그 곳 土兵과 구별하기 위해서였기도 하지만, 한편으로 내수사노비가 관방체계에서 전통적으로 차지하는 비중이 대단히 컸음을 시사한다. 즉, 같은 호칭이 계속 사용되었다는 것은 한편으로 당시 육진의 관방체계는 內地와는 달리 특수하였기 때문에 비록 외형상으로는 속오군이었으나 실제로는 오위의 제도가 변경되지 않았다는 반증이 되는 것이다. 따라서 六鎭關防體系의 특수성을 배경으로 광해군 6년(1614) 이후 장용대를 통한 광범한 良人化가 실현될 수 있었다.

何敵不克".

73) 조선 전기의 군사체계는 의무병역인 正軍과 특수군인 定虜衛·別侍衛·甲士·內三廳·禁軍 및 공사천으로 구성된 雜色軍이 있었지만, 임진왜란 이후부터는 正軍·保人·公私賤을 束伍軍이라고 칭하고 그 책임자로 營將을 파견하였으며, 訓鍊都監의 군사와 함께 戚繼光의 紀效新書法에 의해서 훈련하였다.

74)『光海君日記』卷80, 6年 7月 16日 丙寅.

따라서 광해군대에 천인 종량의 관문적 역할을 수행한 장용대는 속오군제 하의 營將制가 보편적으로 실시된 것과 밀접한 관계를 갖고 있다. 즉 "북도병사 金汝水가 내노를 모두 속오군에 편제한 후 營將에게 소속케 함으로부터 장용대의 명칭은 점차 사용되지 않고 속오군으로 대체되었다"[75]는 것이 그것인데, 인조대 이후 장용대의 명칭이 『조선왕조실록』에 거의 나타나지 않는 것도 같은 맥락에서 이해된다.

한편 장용대를 통한 천인들의 이러한 신분상승 현상은 사족계급의 거센 반발을 불러왔다. 그 이유는 두 가지로 요약할 수 있다. 하나는 사회적 불평등관계의 해소에 따른 신분질서 붕괴 현상이고, 다른 하나는 생산수단으로서의 노동력의 상실이다. 다음의 사료에서 당시 지배계급의 이 같은 상하적 신분의식이 명확히 드러난다.

사헌부가 아뢰기를, "우리 나라 노비법은 箕子 이후로 금석처럼 변함없이 지켜와 공로가 없으면 양인이 되거나 벼슬길에 나설 수 없습니다. 그런데 근래 각 人家에서 사노를 군역에 편입시킬 경우 즉시 從良하여 양인과 다름없이 합니다. 이미 양인이 되면 과거나 벼슬길에 구애가 없게 되는데, 명분이 이 지경에 이르러 땅을 쓸듯이 없어졌으므로 식자들이 한심하게 여긴 지 오래 되었습니다. 이전에 함경도에서 公私賤을 선발하여 변방수비에 보낸 자를 장용대라고 호칭하였는데, 이는 대개 호칭을 달리하여 土兵과 혼동시키지 않으려고 그렇게 한 것입니다. 당시에는 한 사람에게 두 가지 役이 부여된 폐단이 있었기 때문에 거기에 뽑힌 자는 매우 괴롭게 여겼지만, 지금은 이미 身貢을 면제하고 전적으로 군대에만 뜻을 기울이게 하였는데 거기다 또 아무런 이유없이 양인이 되도록 허락하였으니, 너무나 사의에 어긋났습니다."[76]

---

75) 『增補文獻備考』 卷109, 兵考1 制置1.

위 사료는 성리학적 명분론을 기준으로 할 때 임진왜란 이후 奴婢世傳法이 붕괴되었음을 지적한 것이다. 즉, 임진왜란으로부터 公私奴婢가 군역에 편입되면서 종량되어 양인과 구별없이 과거에 응시할 수 있게 되었을 뿐 아니라, 入仕路의 규제도 해소됨으로로써 중세 신분질서가 붕괴되었다는 것이다. 특히 광해군대에 이르러 一身兩役의 모순이 장용대의 거관을 통해 완화됨으로로써 공사천과 내노의 종량이 더욱 용이해졌다. 여기에서 임진왜란이 끝난 직후 실제로 신분의 불평등 관계가 붕괴되는 상황에서 지배계급이 갖게 된 위기의식의 한 단면을 볼 수 있다.

그러면 사대부 계급의 의도와는 다르게 임진왜란이 종식되었음에도 불구하고 광해군대에도 신분변동이 지속된 이유는 무엇 때문일까? 그것은 임진왜란 이후 전후복구 사업과 잦은 흉년 등 국가재정의 확보 방안으로 정부가 실시한 納粟免賤과도 관련되지만,[77] 직접적으로는 다음과 같은 요인을 들 수 있다. 첫째 광해군대에 이르러 北虜의 침입 가능성의 증대, 둘째 東亞三國의 세력균형을 염두에 둔 광해군의 친후금정책 실시, 셋째 북인정권을 중심으로 한 진보적 정치세력의 대두,[78] 넷째 대동법 실시에 따른 상품생산의 발달, 다섯째 임진왜란 중 양명학 수용[79]에 따른 성리학의 분화현상

---

76)『光海君日記』卷80, 6年 7月 16日 丙寅, "司憲府啓曰 我國奴婢之法 自箕子以來 守之如金石 非有功勞 不得從良許通 而近來各人所納小奴之定軍者 便許從良 與平民無異 旣爲平民 則科擧仕路 無所不道 名分到此掃地 識者之寒心久矣 前此咸鏡一道 以公私抄入於防戍者 名曰壯勇隊 蓋所以別其號 而不欲與土兵混同也 其時有一身兩役之弊故 被抄者頗苦之 今則旣除身貢 專意從軍 又從而無端許良 其舛甚矣".

77) 文守弘, 1982,「朝鮮後期身分制動搖의 一考察」,『東國大 경주캠퍼스 論文集』1.

78) 韓明基, 1988,「光海君代의 大北勢力과 政局의 動向」,『韓國史論』20, 서울대 국사학과.

79) 尹南漢, 1982,『朝鮮時代의 陽明學研究』, 集文堂.

등이 그것이다.

그러나 광해군의 친후금정책은『春秋』의 尊王攘夷的 正統論과 朱子學的 忠孝思想에 바탕을 둔 仁祖의 崇明反淸政策으로 전환되었는데, 이러한 명분론적 정치성향은 신분제에도 반영되었다. 인조반정으로 양반계급의 권익이 반영된 결과 양인의 사민화 현상은 더욱 심화되었다. 따라서 內奴와 公私賤의 군역을 통한 신분상승이 억제되었음을 물론이다. 인조대 이후 속오군과 관련한 장용대의 성격에 관해서는 본서 제6장「속오군을 통한 천인의 신분변동」에서 다시 고찰하도록 하겠다.

제4장 軍功論賞을 통한 賤人의 신분변동

조선시대의 신분계층구조와 신분이동에 관해서는 크게 두 시기로 나뉘어 연구가 진행되고 있다. 하나는 조선 초기의 사회성격에 대한 것으로, 신분의 폐쇄성을 반영하는 兩班制說과 신분의 개방성에 바탕을 둔 良賤制說이 상호 대립관계에 있으며, 다른 하나는 임진왜란 이후를 대상으로, 중세 신분질서의 동요에 따른 사회변동론에 대해 17세기부터는 오히려 양반과 평민의 신분하강 현상이 지배적이었다는 사회불변동론이 있다.[1]

이러한 일련의 연구를 본서의 주제와 관련시켜 볼 때 조선 전기의 연구는 양인신분 내에서의 계층이동에 한정되었을 뿐 천인의 신분상승에 대한 연구는 미흡한 상태에 있다. 이와 같은 상황에서 조선 전기 사회신분을 평가하는 것 자체가 많은 문제점을 내재하고 있다 하겠다. 그렇다면 천인의 신분상승에 대한 연구가 이렇게 미흡한 까닭은 어디에 있을까. 그것은 조선 후기처럼 戶籍과 分財記 자료가 충분하지 못한 것도 한 이유가 되겠지만, 실제로는 조선 전기의 신분사 인식에 대한 국사학계의 안이한 연구시각에 그 원인이 있다고 보인다.

---

1) 조선시대 신분사에 관한 연구사적 검토는 다음 글을 참조할 것. 金仁杰, 1987, 「朝鮮後期 身分史 研究現況」, 『韓國中世社會 解體期의 諸問題(下)』 ; 韓嬉淑, 1995, 「良賤制와 身分構造變動」, 『한국역사입문②』.

  필자가 연구하는 신분변동의 개방성과 관련해서 先學들의 諸說을 연구경향에 따라 분류하면, 첫째, 조선 초기만을 개방적으로 보는 연구,[2] 둘째, 조선 전기는 폐쇄적으로, 조선 후기는 개방적으로 보는 연구,[3] 셋째, 조선시대 전 시기를 폐쇄적으로 보는 연구[4] 등이 있다.

  동일한 현상에 대해서 신분사적 이론체계가 이와 같이 서로 다르게 나타나는 이유는 먼저 실증적인 연구가 부족한 것에 기인하며, 다음은 당시의 신분변동 관계를 볼 때 良役과 불가분의 관계에 있는 국가권력 내지는 지배계급과의 상호관계를 배제하였기 때문에 나타난 현상으로 이해된다.

  이와 같은 문제의식을 바탕으로 본 장에서는 세조대부터 효종대까지의 연대기 자료 중 軍役 문제를 중심으로 신분이동의 개방성과 폐쇄성의 범위를 고찰하여 시대성격을 구명하고자 한다. 아울러 軍功論賞의 형성 배경과 전개 양상 및 군공을 통한 신분구조 변동을 유기적으로 검토함으로써 조선시대 천인의 신분상승 과정을 고찰하려고 한다. 이상의 연구는 그 동안 군공에 의한 천인의 양인화를 임진왜란 이후의 사회현상으로만 보아 왔던 견해[5]를 시정하는 계기가 될 것이다.

---

2) 韓永愚, 1971, 「朝鮮初期 上級胥吏 成衆官」, 『동아문화』 10 ; Wagner, Edward W., 1972, "Social Stratification in Seventeenth-Century Korea : Some obeservations from a 1663 Seoul Census Register", *Occasional papers on Korea* Vol. 1.

3) 金容燮, 1963, 「朝鮮後期에 있어서의 身分制의 動搖와 農地所有」, 『史學研究』 15 ; 鄭奭鍾, 1972, 「朝鮮後期社會身分制의 崩壞 - 蔚山府戶籍臺帳을 중심으로 - 」, 『19세기의 韓國社會』, 大東文化研究院.

4) 韓㳓劤, 1977, 「中央集權體制의 特性」, 『한국사』 10, 국사편찬위원회 ; 崔承熙, 1985, 「朝鮮時代 兩班의 代加制」, 『震檀學報』 60.

5) 平木實, 1982, 『朝鮮後期奴婢制研究』, 지식산업사, 153~164쪽.

제1절 軍功論賞의 형성 배경

조선시대 양천 간의 신분이동에 대해서는 두 가지 시각이 있다. 하나는 신분제의 동요를 하층민의 내재적 성장의 결과로 인식하는 것이고, 다른 하나는 지배구조의 모순과 붕괴의 결과로 보는 시각이다. 다시 말해서 전자가 기층사회에 속한 하층민의 경제적 성장을 신분변동의 요인으로 인식한 반면, 후자는 정치권력구조의 변화에 따른 양반층의 몰락과 국가지배질서 확립을 위해 실시한 국가정책이 신분제를 몰락케 하였다는 것이다.[6]

따라서 군공논상의 형성 배경을 분석하는 본 절에서는 전자의 신분변동 문제와 후자의 신분질서 문제를 동시에 연구하되, 군공논상의 실마리를 제공한 李施愛亂, 乙卯倭變, 尼湯介亂, 壬辰倭亂, 仁祖反正, 丁卯・丙子胡亂 등이 당시 천인의 신분상승에 미친 영향을 중심으로 고찰하려고 한다.

軍功을 통한 신분상승은 고려 말의 添設職[7]에서 처음 실시되었다.[8] 당시 군현의 향리계층이 士族化하는 일련의 과정에서 그것을 찾아볼 수가 있다. 그런데 이 같은 軍功論賞은 세조대에 이르면 천인들이 양인으로 신분상승하는 주요 통로로 그 범위가 확대된다. 따라서 조선 초기의 군공논상은 양인확대정책의 일환이었다고 이해

---

6) 鄭萬祚, 1981, 「身分制의 動搖」, 『韓國史硏究入門』, 지식산업사.

7) 添設職은 고려 말 홍건적과 왜구를 물리칠 때 참여한 자들에게 軍功의 대가로 제수한 관직이다. 비록 品階만을 제수받는 散職에 불과하였으나 이 중 일부는 士族化하여 조선건국과 동시에 중앙정계에 진출하였고, 다른 일부는 本鄕으로 돌아가 留鄕所를 설치하여 후일 중앙정권에 대립하는 지방세력으로 성장하였다(李樹健, 1984, 「高麗後期 支配勢力과 土姓」, 『한국중세사회사연구』, 일조각, 342~344쪽).

8) 『高麗史』 卷75, 選擧3 添設職 恭愍王 3年 6月.

된다. 양인확대정책의 본질이 국가가 지배하는 公民의 정치·사회적 지위를 향상시키는 데 있다고 볼 때 당시 양인농민들을 신분적으로 예속하는 관료지주와 토호 등의 지배력을 약화시키는 것은 곧 국가권력의 확대를 의미하였다.

이 같은 관점에서 軍功論賞과 관련된 세조 재위기간의 개방적 신분정책을 요약하면 다음과 같다. 첫째, 세조 5년(1459) 五衛에 소속한 奴軍의 壯勇隊를 설치하였다.9) 장용대 설치는 왕권강화를 전제로 하여 중앙집권적 통치체제를 강화하는 데 목적이 있었다. 따라서 세조대에는 강력한 전제왕권을 배경으로 많은 천민이 장용대의 去官을 통해 양인으로 신분상승할 수 있었다. 둘째, 號牌法과 保法을 시행하여 지배계급의 대토지소유를 억제하고 양인농민의 군역 부담을 덜어주었다.10) 즉, 호패법을 실시함으로써 당시 私民化된 양인의 公民權을 회복시켰고, 전결과 노비로써 人丁에 준하게 한 保法의 실시는 양인의 군역부담을 줄여 주었다. 셋째, 李施愛의 난 때 公私賤으로서 종군하거나 군기·군량을 수송한 자는 면천시켜 新良人에 편제한 다음 군역을 담당케 하였다.11) 넷째, 유향소가 토호와 결탁하여 壓良爲賤을 조장한다고 보고 이시애의 난 직후 그것을 혁파하였다.12)

이상에서 살펴본 세조대의 당시 권력구조를 ① 왕실을 포함한 국가 ② 관료지주와 토호 등 지배계급 ③ 양인농민계층으로 구분하여 볼 때, 세조는 지배계급과는 대립관계에 있었으나 양인계층과는 협력관계에 있었다. 따라서 세조가 실시한 일련의 종량정책은 확고한 왕권을 전제로 실현될 수 있었다. 이러한 관점에서 세조의 保法이

---

9) 『世祖實錄』卷17, 5년 9월 18日 丁酉.
10) 『世祖實錄』卷34, 10년 10월 15日 乙未.
11) 『成宗實錄』卷88, 9년 1월 19日 壬午.
12) 朴翼煥, 1995, 『朝鮮鄕村自治社會史』, 三英社, 24~30쪽.

양인을 몰락시키거나 貧富差等化로 避役 현상을 초래한 요인이 되었으며, 그 결과 평민이 토호에게 투탁 내지는 隱占되었다는 기존의 이해체계[13]는 의문의 여지가 없지 않다고 생각된다.

다음은 이와 같은 세조의 개방적 신분정책을 비교 평가하기 위해서 본 논고의 주제와는 직접 관계가 없지만 성종·중종 양대의 정치성향을 간단히 언급하려고 한다. 먼저 성종대의 신분정책은 세조대의 그것과 상당히 다르게 평가된다. 그 이유는 세 가지로 요약할 수 있다. 첫째, 어린 성종의 즉위로 관료지배체제가 강화되었고, 둘째, 과전법체제가 붕괴됨으로써 農莊이 합법화되었으며, 셋째, 성리학적 명분론이 정치이데올로기화한 것이다. 특히 관료지배체제의 강화는 院相制 실시와 관련이 있고,[14] 농장의 확대는 양인의 佃戶化 내지 私民化를 촉진하는 계기가 되었으며[15] 성리학의 명분론적 사회사상이 상하적이고 계층적인 사회체제를 옹호함으로써 보수적 신분체계를 강화시켰다고 하겠다. 이에 따라 성종 6년(1475) 천인들의 장용대 입속이 금지되고[16] 보충대의 입속 자격도 더욱 강화되었다.[17] 이와 같은 일련의 사실이 곧 성종대를 신분변동의 폐쇄기로 규정한 이유가 되겠다.

그렇다면 중종대의 정치·사회 변동은 당시의 신분변동과 어떤 관계에 있을까. 그것은 中宗反正 내지는 趙光祖 등 신진사림파가 중앙정계에 진출한 사실과 밀접하게 관련되어 있다. 중종반정세력은 전통적 통치체제나 통치질서 그 자체를 거부하는 것은 아니었기

---

13) 李載龒, 1976,「朝鮮前期 良人農民의 軍役과 土地所有」,『第7回 東洋學學術會講演抄』, 단국대 동양학연구소.

14) 金甲周, 1973,「院相制의 成立과 機能」,『東國史學』12.

15) 李載龒, 1989,「朝鮮初期의 農莊」,『國史館論叢』6, 156~160쪽.

16)『成宗實錄』卷42, 6年 11月 28日 癸酉.

17) 林英正, 1977,「鮮初補充軍散稿」,『南溪曺佐鎬博士華甲紀念論叢 現代史學의 諸問題』.

때문에 논외로 하고, 여기서는 사림세력의 정계진출이 신분변동에
미친 영향을 살펴보겠다. 신진사림세력은 성리학 중 실천적 민본사
상을 정치이념으로 하였기 때문에 본질적으로 신분변동에 개방적이
었다. 이러한 사실은 그들의 정치개혁사상 중 "농장에 壓良爲賤된
私民들의 공민권을 회복하기 위해서 향약의 실시를 주장하고"[18] 한
편으로 "지주전호제의 발달로 인해 파괴된 소농민층의 재생산 관계
를 복원하기 위해 限田論과 均田論의 실시를 주장한"[19] 데서 잘 드
러난다. 만약 신진사림세력의 이와 같은 정치개혁이 지속되었다면
천민들의 신분상승은 그 폭이 크게 확대되었을 것이다. 그러나 그
것은 기묘사화로 중지되고 말았다.

　따라서 중앙정계와 연계된 관인지배체제에 의한 양인의 사민화
는 이후 보편적 현상이 되었다. 특히 군사 분야에서의 폐단이 컸다.
代立制에 이어 放軍收布制[20]가 승인됨으로써 부유한 양인 상층과
양반신분의 군역면제 현상이 심화되었다. 이에 따라 군액의 확충방
안이 논의되었지만, 그 본질적 해결책은 公私賤을 군역에 편제하는
방법뿐이었다. 삼포왜란 직후 ① 길주 이북의 내수사노비의 군호
편입, ② 奴婢推刷로 속공된 노비의 군역 편입, ③ 북도의 私民化
된 노비를 남도의 公賤으로 代口하여 土兵으로 삼는 방안 등이 논
의되었다.[21] 그러나 중종이 군역을 통한 천인의 종량을 반대함으로
써 軍功에 의한 公私賤의 신분상승은 실현되지 않았다.[22] 그것은

---

18)『中宗實錄』卷34, 13年 9月 5日 壬寅.

19) 金泰永, 1989,「朝鮮前期의 均田·限田論」,『國史館論叢』5, 130~136쪽.

20)『中宗實錄』卷94, 36年 2月 15日 壬申.

21)『中宗實錄』卷20, 9年 2月 6日 庚子, "御朝講 檢討官柳墩曰 北方連年凶歉
　　兵少粮乏 軍民皆困 近聞僉使萬戶之類 壓良民爲己奴 多數率來 良民亦苦本
　　道之役 樂於出來 自稱逃奴 故北方至爲虛疎 雖實爲私奴 換給南方公賤 而
　　定爲土兵 則於防禦有益矣".

22)『中宗實錄』卷25, 11年 7月 14日 癸巳, "傳曰北方之事 日至疎虞 故大臣請

천인의 양인화가 곧 봉건적 신분질서와 집권적 관료지배체제의 확
립에 부정적인 것으로 인식되었기 때문이다.

그러나 천인이 군공과 군역 편입을 통해서 신분상승하는 경우는
명종 9년(1554) 胡族 骨幹이 침입한 尼湯介의 난과 명종 10년
(1555)의 을묘왜변에서 현실적 문제로 대두되었다. 다시 말해서 중
종대에는 논의로만 그치고 실현되지 않았던 길주 이북의 내수사노
비와 공사천의 군역 편입이 실시되었다. 물론 함경도의 활 잘 쏘는
자는 신역의 유무와 관계없이 모두 선발하여 각 鎭에 부방토록 하
였다.

천인들이 군역에 편제되면 一身兩役의 문제가 발생하게 된다. 그
들 중 일부는 을묘왜변 때 종군의 대가로 代口免賤되는 등 新良人
이 되었지만, 상당수는 보상을 받지 못한 실정이었다.[23] 그럼에도
불구하고 을묘왜변 이후부터 실시된 군공을 통한 천인의 종량은 신
분변동의 관점에서 볼 때 발전적 현상으로 평가할 수 있다. 특히,
을묘왜변 이후에 실시된 制勝方略制[24]는 身分職役制에 기초한 番
上軍體制의 붕괴를 반영하는 것으로서 사회변동의 의미가 크다고
생각된다.

그렇다면 을묘왜변보다 30여 년 뒤에 발생한 藩胡 尼湯介의 난
(선조 16년, 1583) 때 서얼 및 천인들의 신분상승과 관련된 정부의
군공논상은 어떠하였을까. 이 문제의 해명은 당시 士林政局의 담당
주체였던 남인과 서인 등 각 정치세력의 본질적 성격 내지는 임진
왜란 이후 급속히 전개되는 사회변동의 내재적 성격까지도 전망할

以北道私賤 換南道公賤 豈不深計 予意欲置奴婢於北道者 亦或有之 而悉令
相換 則不無生怨 其言于所議宰相".
23) 『明宗實錄』 卷18, 10年 6月 1日 甲子.
24) 『增補文獻備考』 卷109, 制置1 ; 許善道, 1973 · 1974, 「制勝方略研究」(上 ·
下), 『震檀學報』 36 · 37.

수 있다는 점에서 그 역사적 의미가 크다고 하겠다. 특히 니탕개의 난 때 율곡 이이가 군공논상에 의한 서얼과 천인의 종량을 적극 주장하였는데, 여기서는 그의 여러 개혁 가운데 향약의 실시 문제와 군제개혁을 중심으로 살펴서 임진왜란 이후 신분변동의 이론적 기초를 삼고자 한다.

율곡은 주자학의 教化論에 앞서 養民論을 주장하였다. 이것이 곧 정치적 실천론에서 퇴계의 그것과 구별될 뿐만 아니라 향약 실시 유보론과 병제개혁론의 이론적 바탕이 되고 있다. 먼저 율곡은 스스로 海州鄕約을 실시한 장본인으로서 당시의 향약을 외관상 향촌 자치기관일 뿐 실제로는 지방토호 내지 양반들이 향촌민을 壓良爲賤하고 봉건 신분질서를 유지하며 국가의 수취체제를 원활하게 하는 조직체로 이해하였다.[25]

다음으로 그가 살던 시대는 군제사적 입장에서 볼 때 진관제가 제승방략제로 전환되던 시기에 해당된다. 이 같은 군제변동은 과전법이 붕괴한 이후 농장의 확대, 放軍收布制 실시에 따른 군액의 감소, 강압적인 군포징수로 인한 농민의 유망 등 당시의 사회현상과 밀접한 관련 하에서 진행되었다. 여기에서 율곡은 병제개혁의 실천 방안으로 세 가지를 주장하였다. 첫째, 一族切隣의 폐단을 시급히 제거할 것,[26] 둘째, 공정한 군역부담을 위해서 閑遊階層을 군적에 편입시킬 것, 셋째, 邊將들의 軍布 수탈을 방지하기 위해서 국가가 그들에게 녹봉을 보장해 줄 것 등이다.[27]

율곡 이이의 이러한 군제개혁의 목적은 양인계층의 확대를 통한 군액의 확보에 있었다. 따라서 니탕개의 난에 종군하여 천인신분

---

25) 鄭亨愚, 1970, 「朝鮮鄕約의 실시 경위 및 그 내용에 대한 一考察」, 『人文科學』 23, 113~124쪽.
26) 『增補文獻備考』 卷109, 制置1.
27) 李珥, 『栗谷全書』 卷15, 東湖問答.

(서얼·공사천)이 군공을 세우면 양인으로 신분상승케 하자는 주장28)도 크게 보면 위에서 설명한 바 군역 담당계층의 확대를 위한 것이었다. 그러나 율곡의 양인확대정책으로 지주들의 농장에 투탁한 佃戶·雇工·婢夫 등의 사민화된 계층과 壓良爲賤된 농장노비 등이 종량되면 농장은 노동력 상실로 막대한 타격이 예상되었다. 柳成龍 등 당시 관료지주들이 十萬養兵論을 반대한 이유가 여기에 있었다. 그러나 養民論에 기초한 율곡의 이 같은 경험론적 인식은 강고한 봉건지배체제를 동요시키는 계기가 되었을 뿐 아니라 근세 실학사상의 맹아가 되었다는 점에서 역사적 의의가 크다고 하겠다.

봉건지배체제의 부분적 해체를 전제로 한 율곡의 양인확대정책은 율곡 당대에는 동인의 반대에 부딪쳐 부분적으로 수용되었을 뿐이다.29) 그러나 율곡이 죽은 직후 임진왜란이 발발하자 조선정부는 국가적 위기를 수습하는 방안으로서 율곡이 제시한 일련의 병제개혁 방안을 모두 수용할 수밖에 없었다.

주지하듯이 임진왜란은 조선과 일본 그리고 명나라 등 동북아시아 삼국 간의 국제질서를 변동시켰을 뿐 아니라 국내적으로는 봉건정부의 통치체제가 약화되기 시작한 기점이기도 하다. 따라서 임진왜란 이후 조선은 국가권력과 양반계급의 권위가 약화되고 피지배계급의 정치사회적 지위가 향상되는 계기가 되었다.

이와 같이 집권적 관료지배체제가 약화됨으로써 봉건신분질서의 해체가 시작되는 한편, '前古未有의 變' 내지는 '事勢蒼黃'한 전황 속에서 정부는 국가존립을 위한 방편으로서 군공논상 정책을 실시하게 되었다. 이는 정부가 오히려 봉건 신분질서 해체에 선구적 역할을 수행한 경우로서, 임진왜란이 신분변동 내지는 사회변동의 직

---

28) 『增補文獻備考』 卷113, 敎閱1.
29) 『宣祖實錄』 卷17, 16年 7月 21日 庚子.

접적 계기가 되었음을 알 수 있다.

일본군이 부산포에 상륙한 이후 조선의 관군은 초기의 방어선 구축에 실패함으로써 선조는 의주로 몽진하고 일본군은 순식간에 서울을 점령하였다. 전황이 이렇게 급박하게 돌아간 만큼 조선의 군사조직과 행정조직도 급속히 와해되어 체계적인 군액의 징발이 어려운 상태였다. 임진왜란 초기의 대외 항전체제가 관군보다는 의병과 명나라 원군에 의해서 주도된 사실이 이러한 상황을 잘 반영하고 있다.

조선정부는 우선 국가비상 정국을 타개하기 위해 두 가지 방안을 마련하였다. 하나는 부족한 군사의 확보이며, 다른 하나는 조선 관군과 의병 및 명나라 원군에게 필요한 군량을 확보하는 것이었다. 군사 확보책은, 천인들이 전쟁에 참여할 경우 군공의 대가로 면천의 혜택을 주었다. 이어서 군역을 부과하거나 武科에서 양인과 천인의 신분적 구별없이 급제시켜 그들 모두를 종군케 하였다.30) 필요한 군량은 官人과 士族 및 양인과 천인을 대상으로 납속책을 실시하여 마련하였다. 특히 납속책에 의한 공사천의 신분상승은 조선 전기에는 단지 몇 번에 불과했지만, 임진왜란 직후부터는 자주 시행하여 軍功을 통한 신분상승의 사례와 함께 천인이 양인으로 신분상승하는 보편적 통로가 되었다.31)

한편 전쟁으로 인한 인구이동에 편승하여 公私賤籍에서 해방된 도망노비의 숫자도 상당히 많았을 것으로 짐작된다. 그러나 도망을 통한 천인의 신분상승은 일시적인 것이었고 전쟁이 끝나고 사회가 안정을 찾으면서 점차 감소되었다. 반면 제도를 통한 천인들의 종

---

30) 平木實, 1982, 『朝鮮後期奴婢制硏究』, 지식산업사, 161~162쪽.
31) 文守弘, 1982, 「朝鮮後期 身分制動搖의 一考察 - 納粟策 空名帖 발급을 중심으로 - 」, 『東國大 경주캠퍼스 論文集』 1.

량은 임진왜란이 끝난 다음에도 束伍軍 편입, 내지는 조선 전기의
보충대와 장용대의 거관 규정 완화 등으로 그 형태만 달리하였을
뿐 종량의 범위는 오히려 확대되었다. 그 결과 효종 6년(1655)에 실
시한 奴婢推刷에서 공사천의 숫자가 현저하게 감소하는 추세를 보
여주고 있다.32)

그렇다면 효종대(1649~1659)에 公私奴婢의 숫자가 감소한 현상
은 신분사적 인식체계 내지는 사회변동의 측면에서 볼 때 어떤 역
사적 의미가 있을까. 이 문제와 관련해서 선조 25년(1592)부터 인조
대까지 집권적 관료지배체제의 약화 현상을 지적할 수 있겠다. 실
제로 임진왜란 중 선조의 실정과 세자 광해군의 分朝體制 운영,33)
병자호란 때 삼전도에서 청태종에게 보인 인조의 굴욕적인 항복, 士
族들의 일본군에 대한 협조행위 등은 반일·반청사상을 형성시켜
피지배신분의 자아발견을 고양시킨 반면, 전제적 국왕의 권위와 양
반신분의 사회적 지위는 상대적으로 약화되었다. 광해군대와 인조
대에 국가지배질서의 확립을 목적으로 한 號牌法이 시행 직전에 취
소된 것이나, 병자호란 때 인조가 城池·兵器·軍糧 등을 준비하여
북벌에 나서려 하였지만 당시 민력이 감당하지 못할 뿐 아니라 내
란의 위험이 있어 유보하였다34)는 사료 등에서 당시의 왕권약화 현
상을 확인할 수가 있다.

이 같은 관점에서 볼 때 兩亂을 계기로 사회가 크게 변동하였다
는 사실은 타당한 견해라고 생각된다. 한편 조선 후기의 사회변동
은 인정하되, 변동의 시기를 兩亂 직후가 아닌 17세기 후반으로 비

---

32) 平木實, 1982, 앞의 책, 106쪽.
33) 南都泳, 1989, 「壬辰倭亂時 光海君의 活動硏究」, 『國史館論叢』 9.
34) 『仁祖實錄』卷33, 14年 8月 20日 辛卯, "城池器械 乏食乏兵 許多句當 爲戰
守大務 豈容一刻忘于懷也 猶且旋旋然不敢急急者 誠恐民力有所不堪 而或
至於內潰也".

정하는 견해가 제시되고 있다.[35] 즉, 17세기 말에 나타난 자본주의적 생산요소를 그 근거로 제시하였는데, 신분제의 동요는 이에 수반하여 나타난다고 한다.

그러나 신분제의 변동은 자본주의적 생산요소의 발생과도 관계되지만, 보다 직접적으로 신분의 불평등관계를 법제적으로 규정한 국가권력의 축소 내지는 피지배계급을 생산수단으로 삼는 양반신분의 분화현상에서 파생된다고 이해된다. 그러한 면에서 양란 이후의 국가기강의 해이와 집권적 관료지배체제의 약화 현상에 편승하여 천인의 종량이 더욱 촉진되었다고 생각된다. 효종의 노비추쇄정책은 북벌을 위한 군비확충을 전제로 실시된 왕권강화정책이다. 그러나 효종이 죽자 노비추쇄정책은 중단되고 현종 10년(1669) 奴婢從母法이 시행됨으로써,[36] 중세 신분질서가 붕괴되는 단초가 열리게 된다.

제2절 軍功論賞의 전개 양상

근대사회의 성립과정을 신분제와 관련하여 설명할 때 班·常·賤의 신분구조가 어떻게 변동하였는가에 중점을 두어 분석한다. 그런데 지금까지 양천 간의 신분변동에 대해서는 임진왜란이 사회변동의 원인이라는 입론에서 출발하였다. 따라서 조선 전기의 신분제는 폐쇄적인 것으로 평가할 수밖에 없었다.[37] 필자는 본 절에서 세

---

35) 李泰鎭, 1993,「朝鮮後期兩班社會의 變化」,『韓國社會發展史論』, 一潮閣.

36) 從母法의 치폐에 관해서는 다음 논고를 참조할 것. 全炯澤, 1989,『朝鮮後期 奴婢身分研究』, 一潮閣, 210쪽 ;『續大典』刑典 公賤, "公私賤이 良妻를 취하여 소생한 남녀에 대해서는 모두 母役을 좇게 하였다".

조 13년(1467) 7월의 이시애의 난에서 천인들이 전쟁에 참여한 대가로 신분상승하는 일련의 과정을 고찰하되, 이에 대한 당시 정부와 지배계급의 기본 입장과 국가의 권력구조 변동이 천인들의 신분변동에 미친 영향도 함께 검토하려고 한다. 그 동안 양천 간의 신분이동을 폐쇄적인 것으로만 보아 왔던 기존의 관점보다는 조선 초기의 신분이동 관계에는 개방적인 측면이 오히려 많았다는 것을 연대기 자료를 활용하여 실증적으로 연구하려고 한다.

먼저 이시애의 난은 세조가 양인확대정책의 일환으로 號牌法과 保法을 실시하는 과정에서 土豪들의 반대로 일어난 변란이다. 특히 이 난에는 함경도 농민 모두가 참여하였기 때문에 그 동안 변란의 성격을 중앙정부에 대한 지방 토착세력의 반발로 평가하였다. 이와 관련하여 볼 때 이시애의 난의 발생 요인으로는 과중한 貢納收取, 守令과 邊將들의 지나친 착취, 북쪽지방의 척박한 토지생산성 등을 지적할 수 있다.

이시애의 난은 발생 초기부터 함경도의 모든 농민이 중앙정부에 대항하는 형태를 취했기 때문에 국가는 군사적 위기 상황에 직면하였다. 이에 세조는 이시애를 체포하면 군공논상하겠다는 節目을 발표하였다. 특히 천인의 종량과 관련해서 "천인은 영구히 종량하며 鄕吏와 驛吏는 免役한다"[38]라고 하였다. 이튿날에도 세조는 "팔도의 한량과 공사천으로서 親征에 동행한 자에게는 전날 함경도에 내린 절목과 똑같이 軍功論賞한다"[39]는 교지를 내렸다. 이 같은 정부의 파격적인 論賞 조건에도 불구하고 변란은 진정되지 않았으며,[40]

---

37) 사회변동론에 기초해서 작성된 신분제 연구는 다음 논고를 참고할 것. 金容燮, 1963, 앞의 논문 ; 鄭奭種, 1983, 『朝鮮後期社會變動研究』, 一潮閣.

38) 『世祖實錄』 卷42, 13年 5月 24日 戊子, "其論賞節目條于後 一有職者超金帶 一賤人永良銀帶 一鄕吏驛吏 免役銀帶".

39) 『世祖實錄』 卷42, 13年 5月 25日 己丑.

왕실의 本宮인 함흥의 인심까지 이시애와 내통하는 실정이었다.

7월 3일에는 "군사의 화살이 다했다"라는 康純의 보고가 있었고, 이 때부터 從軍體制로 운영되던 군공논상은 군기·군량의 수송체제로 전환되었다. 군기·군량 수납자의 論賞 규정은, "천인으로서 군기 네 바리를 수송한 자"[41]와 "공사천으로서 私米 50石을 바친 자는 從良한다"[42]고 하였는데, 군기수송자는 병조에서, 군량수송자는 호조에서 관장하였다. 이 때 군량수송 부문에 응모한 자가 대단히 많았고, 특히 公私賤이 많았다고 한다. 이는 봉건적 신분질곡에서 벗어나려는 천인들의 의지가 매우 강렬하였음을 보여주는 사례로서, 일부의 천인들은 경제적 富를 통해서 양인으로 신분상승하였다. 그러나 免賤을 조건으로 한 세조의 군기·군량 수송문제는 지속적으로 시행되지는 않았던 듯하다. 다음 사료에서 그와 같은 사실을 알 수 있다.

　(1) 사람을 모집하여 군량을 수송하는데 그 곡식 숫자가 너무나 과중하기 때문에 아무도 응모하는 자가 없습니다.

　(2) 朝士와 良人으로 하여금 4石을 수송하는 자에게는 資級을 올려 주고, 賤人으로서 6석을 수송하는 자에게는 從良토록 하라.[43]

---

40) 이시애의 난의 전개 과정에 관해서는 다음 글을 참조. 박시형, 1963, 「1467년 함경도 농민전쟁」, 『봉건지배계급을 반대한 농민들의 투쟁(이조편)』, 과학원 출판사.

41) 『世祖實錄』 卷43, 13年 7月 3日 丙寅, "上以康純軍矢盡 欲多送軍器 令兵曹 張榜募人輸運 良人輸三駄者 超二資 賤人輸四駄者 從良其欲應募者 告兵曹".

42) 『世祖實錄』 卷43, 13年 7月 4日 丁卯, "上慮咸吉道軍需不敎 命戶曹募人輸納 朝士軍士閑良人 輸官米七石于咸興以北者 加一資 公私賤納私米五十石者 從良 於是 應募者甚衆 公私賤尤多".

43) 『世祖實錄』 卷43, 13年 7月 30日 癸巳, "募人輸粟 其數太重 故無應募者 上曰然 更令朝士及良人 輸四石者陞資 賤隷輸六石者 從良".

⑴은 그 동안 군량수송에 응모자가 없는 이유를 설명한 내용이며, ⑵는 종전의 경우 良賤身分을 기준으로 책정하던 기본 수량을 세조가 조신들의 의견을 좇아 재조정한 내용이다. 기본 수량의 변동에 있어서 양인의 경우는 종전 7석에서 4석으로 소폭 조정된 데 반해서, 賤人의 경우는 종전 50석에서 6석으로 크게 하향되었다. 이 같은 사실은 당시 정부의 유일한 군수물자 조달책이 경제적으로 부유한 천인신분의 참여 폭을 확대시키는 것밖에는 다른 대안이 없었음을 반영하는 것이다. 그렇다면 이 때 천인들이 軍功免賤의 대가로 수송한 6석의 경제적 의미는 어떤 것일까. 교통이 발달하지 않았던 당시에는 군량 6석을 함경도까지 수송하려면 막대한 운송비가 필요하였기 때문에 실제로 富農이 아니면 군량수송에 참여할 수 없었을 것이다.

이 같은 정부의 적극적인 군공논상에 힘입어 전황은 동년 7월부터 官軍에게 유리하게 전개되었고, 다음 달 이시애가 살해됨으로써[44] 변란은 진압되었다. 이에 따라 본격적인 변란 수습대책[45]과 軍功 문제가 논의되었다. 이 때 결정된 軍功論賞節目은 다음과 같다.

將士와 良人으로서 有功者는 1등이면 3資級을, 2등이면 2자급을, 3등이면 1자급을 뛰어올리고 4등이면 加資하며, 鄕吏·驛吏는 免役하고, 賤人은 從良하되 有功者는 1등은 종8품, 2등은 정9품, 3등

---

44) 李施愛는 최후의 저항을 하다가 여진족의 협조를 얻을 목적으로 龍城으로 가던 중 부하인 土豪 右衛將 李雲露에게 체포되었다. 이운로는 이 때의 軍功으로 후일 가선대부에 봉직되었다(『世祖實錄』卷43, 13年 8月 12日 乙巳).
45) 李施愛의 亂의 결과로 실시된 정부정책은 ① 그 해 함경도의 田租·賦役·進上과 貢物을 모두 면제하고, ② 함경도를 南·北의 2개 道로 분리하였으며, ③ 神布 징수제도를 폐지하였다.

은 종9품의 영직을 주며 將士는 모두 3년 동안 復戶하고 묵은 빚
을 면하게 하였다.46)

천인도 군공을 세우면 종량케 한다는 것으로 보아 군공논상을 통
한 천인의 良人化가 확인된 셈이다. 그렇다면 실제로 당시 군공을
통해서 신분상승한 공사천의 숫자는 얼마나 되며, 그들의 사회·경
제적 처지는 어떠하였을까. 이는 성종 9년(1478)의 사료에서 그 해
명의 실마리를 찾을 수 있다.

　병조에서 아뢰기를, "지난 정해년(세조 13년, 1467) 新良人의 총
　숫자가 1,254명이며, 대개는 서울에 사는 壯健하고 富實한 사람들
　인데, 현재 軍籍에서 빠진 자가 많습니다. 軍案에 사는 곳을 기록
　하지 않았기 때문에 점열할 근거가 없습니다"47)라고 하였다.

위 사료는 이시애의 난 때 군공을 통해 종량된 新良人의 총 숫자
가 1,254명이며, 그들 대부분은 서울 출신으로 경제적으로 부유하였
다는 내용이다.48)

---

46) 『世祖實錄』卷43, 13年 8月 20日 癸丑, "將士及良人有功者 一等超三資 二
　　等超二資 三等超一資 四等加資 鄕吏驛吏免役 賤人從良 有功則一等從八品
　　二等正九品 三等從九品影職 將士幷給復三年 免宿債".
47) 『成宗實錄』卷88, 9年 1月 19日 壬午, "兵曹啓 去丁亥年 新良人 摠一千二百
　　五十四名 率皆居京壯健富實人 見今逃漏軍籍者多 軍案內 不錄接處 故點閱
　　無據 其新良人內 公賤則本司行首掌務 私賤則本主 具其姓名 接處及時立役
　　存歿 京中則呈本曹 外方則呈本官 本主身歿者 子孫無子孫者 切隣管領 里
　　正長等 亦依右例 開寫進呈 曹及漢城府 掌隷院 一同窮極推刷 如有符同隱
　　漏 改記名籍者 官吏及本主 切隣管領 正長等 或論罪 或罷黜 本主所償奴婢
　　還奪屬公 從之".
48) 당시 부유한 公私賤이 서울에 집중하였던 사실은 중앙집권적 통치체제와 관
　　계가 있다. 즉, 조선 전기에는 정치·경제·사회·문화 등 문물제도 전반이
　　首都를 중심으로 발달하고 지방의 발달은 억제되었다(元裕漢, 1995, 「조선

한편 천인들이 군공을 통해 종량하는 사실에 대해 大司憲 梁誠
之는 매우 비판적인 상소를 올렸다. 상소의 내용은 신분질서의 동
요에 따른 문제점을 지적한 것인데 크게 두 가지로 요약할 수 있다.
하나는 노비의 감소로 인해서 大家世族이 약화되면 宗社의 안위도
지킬 수 없다는 것이고, 다른 하나는 명분론이나 상하관계에 바탕을
둔 중세 신분질서가 붕괴됨으로써 사회혼란이 야기된다는 것이다.

그러면 위에서 살펴본 세조대 천인의 從良 문제는 정치·사회적
관점에서 볼 때 그 본질을 어떻게 평가할 수 있을까. 이에 관해서는
다음 두 가지 해석이 가능하지 않을까 한다.

첫째, 당시 양반들에 의해 널리 행해진 양인의 私民化 현상은 양
인확대정책에 바탕을 둔 세조의 부국강병책과 배치되었기 때문에
군신 간에 갈등관계가 형성될 수밖에 없었다. 그러나 당시는 두만
강 이북의 여진족을 물리치는 데 절대 다수의 軍士가 필요한 상황
이었으므로 從良에 의한 신양인의 증대는 세조가 지향한 왕권우위
체제를 확립하는 바탕이 되었다. 둘째, 보충군의 종량이 혈통에 의
존하는 경향이 있고 장용대의 종량은 武才를 통한 試取가 기준이었
다면, 군공을 통한 종량은 군기·군량이라는 경제력이 신분상승의
바탕이 되었다.

그러나 군공을 통한 세조의 종량정책은 성종대 초기에 신분질서
를 동요시키는 요인으로 지목되어 그 폭이 크게 축소되었다. 천인
의 장용대 입속 금지, 新良人 자손의 보충대 입속 금지 등 일련의
조처가 그것인데, 성종 16년(1485)에 鎭川의 私奴 林福은 자신과
네 아들이 從良하는 데 2천 석을 국가에 바쳤다.[49] 따라서 성종대
부터 시작된 이 같은 보수적인 신분정책은 성종 초기의 院相制 실

전기 화폐사의 역사적 위치」,『박물관 휘보』6, 서울시립대 박물관).
 49)『成宗實錄』卷181, 16年 7月 22日 壬申.

시에 따른 왕권약화 현상과 『경국대전』 편찬에 따른 집권적 관료지
배체제의 확립과 무관하지 않다고 하겠다.

천인들의 신분상승 관계를 정치권력구조와 관련하여 볼 때 中宗
代 역시 성종대와 크게 다르지 않다. 그것은 천인들의 신분상승을
제약하는 집권적 관료지배체제가 성종대에 비해서 크게 개선되지
않았음을 뜻하는데, 중종대의 신권 확대 현상은 이미 중종반정에서
예견된 것이었다. 이에 따라 중종 5년(1510) 三浦倭亂에서는 군공
이 1등인 경우라도 면포 15필만 지급하였을 뿐 천인들의 軍功免賤
은 논의에 그치고 실현되지 않았다.[50] 중종 12년부터 15년 사이에
는 향촌에 권력기반을 둔 趙光祖 등 사림파가 중앙정계에 진출하여
개혁정치를 통한 권력구조의 변동을 시도하였다. 그러나 己卯士禍
로 또다시 勳舊勢力이 정국을 주도함으로써 집권적 양반지배체제
는 더욱 강고해졌다.

이에 따라 중앙의 훈구세력과 연계된 지방의 관인층과 토호, 富
商大賈 등은 사적토지소유를 기반으로 한 농장을 확대하고 토지에
서 이탈한 농민들을 壓良爲賤하는 현상이 보편화되었다.[51] 이 같은
현상은 결과적으로 양인인구를 감소시켰고, 중종 36년(1541) 법제화
된 放軍收布制의 실시[52]와 유향소의 軍籍監考 차정에 따른 사족의

---

50) 이 때 논의된 軍功免賤의 방안은 다음과 같다. ① 三浦倭亂 직후에 吉州 이
   북의 內需司奴婢와 公私賤을 軍戶에 등록하되, 私賤은 公賤으로 代口하는
   방안, ② 奴婢推刷에서 文記가 불분명한 자들은 屬公하며 軍伍에 편입하는
   방안(『中宗實錄』 卷25, 11年 7月 7日 丙戌), ③ 北道의 良身分으로서 私奴
   에 투속한 자들은 남방의 公賤과 代口하는 방안(『中宗實錄』 卷20, 9年 2月
   6日 庚子).
51) 『中宗實錄』 卷34, 13年 9月 5日 壬寅.
52) 『中宗實錄』 卷94, 36年 2月 15日 壬申, "同知事梁淵曰 步兵番價濫徵之弊
   由於役處及官員根隨 伺候分定故也 無奉給之官 故自納於分定之處 色吏使
   令丘史等 濫徵自用 或官員雖知而不禁 故其弊如此 或別設局 或於司瞻寺
   委之提調 使專掌其事 當軍士初番及選上上來時 令各官一切踏印上送 而奉

군역면제가 더해져서 군사력의 약화는 더욱 촉진되었다.

이상으로 훈구세력을 중심으로 한 집권적 관료지배체제의 권력구조의 특성이 천민들의 신분상승을 제한하는 요소로 작용하였음을 검토하였다. 그렇다면 성종과 중종 양대에 발달한 관료지배체제의 본질을 신분사 내지는 역사발전 단계에서 볼 때 부정적으로만 해석할 수 있을까. 이 문제는 후술하겠지만 먼저 그 의미를 간단히 정리하면 다음과 같다.

관료지배체제에서 보편화된 良人의 私民化는 외관상 양인 인구를 감소시키고 국가재정을 감축하는 등 부정적인 요소가 많다고 하겠다. 그러나 다음 두 가지 점에서 이는 봉건적 신분질서를 동요시키는 요인이 되었다. 첫째, 양인의 사민화를 통해 良賤 간의 혼효현상이 증대하면 양천 간의 신분간격 또한 해소되는데 이는 결과적으로 천인의 신분상승을 용이하게 하였다. 둘째, 良人의 사민화는 양인 인구의 감소를 초래하는 한편 이러한 사실은 軍役 의무가 없는 천인들을 군역에 편제시키는 결과를 낳아 천인의 신분상승을 확대시켰다.

이와 같이 천인들의 군역 편입 문제는 중종대 후반까지 논의만 되었다. 그러나 北虜南倭의 군사적 압력이 증대한 명종 9년(1554) 胡族 骨幹의 造山堡 침입과 동왕 10년(1555) 을묘왜변을 계기로 천인들의 신분상승이 마침내 실현되었다.

먼저 명종 9년 6월 함경도 절도사 李思曾이 胡族 骨幹 등의 조산보 침입 징후에 관해서 장계를 올렸다. 이에 명종은 병조와 비변사

之如有猥濫自奉者 摘發治罪 則無濫徵之弊 上曰 一時設局而還罷不當 雖不
設局 有司免力爲之則可矣 若不奉行 則法司糾察 亦可也 領事洪彦弼曰 於
司瞻寺 奉之不可也 各別設局置庫 而擇勤檢宰相 委以提調 則必用力而行之
史臣曰 步兵之見困於價布之濫 皆出於公私土木之役 庶恥道喪之中爾 不務
淸源正本之道 而規規於末流 乃以節定價布 官納分許爲上策 可歎也已".

당상관을 불러서 그 대책을 논의하였는데, 이 때 논의된 내용 중 천인의 신분상승과 관련된 사항은 다음과 같다.

그리고 지시문에는 "적이 침입했다는 정보를 듣고서야 조치를 취한다면 언제나 시기를 놓칠 우려가 있다. 남도의 武才 있는 군사를 뽑아서 赴防케 하고, 북도에 있는 內需司奴와 公私賤 중에 武才 있는 자로 가려뽑아 두었다가 사변이 일어날 경우에는 정세에 따라서 싸움을 돕는 일을 시키도록 할 것이다"라고 하였습니다.[53]

위의 사료에서 호족 골간의 침입을 계기로 六鎭의 관방체계와 천인들의 신분직역체계가 변동하였음을 알 수 있다. 전자는 그 동안 土兵에게만 의존하던 六鎭의 관방체계가 남도 正兵에게 赴防을 허용한 것을 말하며, 후자는 천인들이 良役을 담당한 사실을 지적한 것인데 실제로 명종 9년(1554) 6월 호족 골간이 조산보를 침략함으로써 그대로 시행되었다. 다만 골간이 조산보를 침입한 이후 그 세력이 예상보다 빨리 약화됨으로써 천인들의 법제적 종량은 실현되지 못했다.

그러나 명종 10년 5월 을묘왜변에서 천인의 군역 편입을 조건으로 천인의 良人化가 법제화되었다. 즉, 군사적 위기 상황에 직면한 정부가 서울에서 활쏘기에 능한 자를 모두 차출하고 都巡察使・防禦使 등을 파병하였다. 그러나 성과가 없자 부족한 軍器・軍糧・軍額의 확보 방안으로 신분상승을 전제로 한 천인들의 군역 참여가 승인된 것이다. 아래 사료는 이를 둘러싼 논의 과정을 보여준다.

---

53) 『明宗實錄』 卷16, 9年 6月 5日 甲戌, "且有旨內 聞變措置 常患不及 南道有武才軍士 量數加抄赴防 北道內需司奴子及公私賤有武才者 預爲抄釋 如有事變 隨其緩急 幷令助戰之事".

⑴ 수송할 軍器가 거의 70여 바리나 되는데 수송할 계책이 없으니 公私賤 및 良人을 막론하고 운반하게 하는 것이 어떻겠습니까. 조종조에도 公私賤이 자진해서 지원할 경우 身役을 면해 주는 법이 있었으니 전례에 따라서 하소서.54)

⑵ 公私賤 가운데서 날래고 용감한 사람들은 벌써 선발하여 등록하게 하였습니다. 모든 사찰에 건장한 중들이 많으니 그들을 선발하여 종군케 하고 노약자들을 軍保로 삼으면 중들이 강한 군사가 될 것입니다.55)

⑶ 오늘날 무식한 무리들이 제 집만 알고 나랏일을 생각할 줄 몰라서 나라 형편이 이러한데도 자기 종들이 軍功으로 從良될 것을 염려하여 상전을 배반한다고 지목하고서 그의 家産을 몰수하고 본인을 괴롭힙니다.56)

⑴은 이른바 公私賤과 鄕吏·驛吏가 군기와 군량을 수송하면 그 대가로 각각 면천·면역되어 신분상승하는 경우를 설명한 내용인데, 그 사례로 세조 13년(1467)의 이시애의 난을 들고 있다. ⑵는 양인의 사민화와 사족의 군역면제로 인해서 군사가 부족하기 때문에 公私賤을 軍役에 편입시키는 한편, 군역을 회피한 중들을 추쇄하지 않으면 왜변에 효과적으로 대처할 수 없다는 내용이다. ⑶은 代口免賤과 같은 私的財産權의 보상체계가 제도화되지 않은 상태에서

---

54) 『明宗實錄』 卷18, 10年 5月 18日 辛亥, "軍器輸送之馬 幾至七十餘駄 無他可輸之策 勿論公私賤及良人 使之輸轉何如 在祖宗朝 亦有公私賤自募免役之法 請依前例爲之".

55) 『明宗實錄』 卷18, 10年 5月 18日 辛亥, "公私賤驍勇者 已令抄錄矣 諸山寺利强壯僧人 不知幾何 抄其强壯者 使之赴敵 其老弱者 備糧爲保 則許多僧軍 可爲勁卒".

56) 『明宗實錄』 卷18, 10年 6月 1日 甲子, "今者無職之輩 知有其家 而不知有國國家之事勢如此 而猶恐其奴之立功從良 目爲背主 而收沒其家財 侵苦其當身".

사노비를 군역에 징발시키려는 국가정책에 本主들이 협조하지 않고 있음을 설명한 것이다. ⑴·⑵·⑶을 종합해 볼 때 국가에서는 왜변을 극복하는 방편으로 군역의무가 없는 천인들을 군역에 참여시켜 그 대가로 免賤의 혜택을 주었는데, 이 같은 사회현상은 곧 중세 신분질서를 동요시키는 직접적 요인으로 작용하였다.

을묘왜변을 평정한 다음 정부에서는 군사들의 공로를 평가하여 차등있게 논상하였다. 軍功論賞節目 중의 良賤身分에 해당한 1등의 군공자 중 향리는 免役하고, 공사천은 免賤한 것이 그것이다.[57] 그런데 이 때 실시한 軍功免賤은 선별적인 군공논상이었으므로 논란의 대상이 되었다. 다시 말해서 당시 천인들의 신분상승 욕구가 대단히 강렬하였음에도 불구하고 一身兩役의 문제가 부분적으로 해결되지 못했던 것은 시기적으로 볼 때 身役體系가 변동하는 과도기였기 때문이다.

그러나 이시애의 난 이후 종군에 의한 賤人軍功者의 법제적 종량이 부분적으로 실현되었다는 사실은 당시의 정치사상[58] 내지는 사회경제 변동과[59] 관련하여 중세 신분질서를 동요케 한 요인으로 평가할 수 있겠다.

한편 중세 신분질서의 해체 요인으로 작용한 천인들의 군역 편입 현상은 선조 16년(1583) 2월 六鎭을 침략한 藩胡 니탕개의 난 때 軍功에 의한 庶孼許通과 軍功免賤이 법제화됨으로써 더욱 확대되었

---

57) 『明宗實錄』 卷18, 10年 10月 21日 壬午.

58) 良役人口를 감소시키고 천인의 군역 편입을 촉발시킨 정치적 변화로는 명종 5년 禪敎兩宗의 復立과 명종 7년 軍籍都監의 설치가 있으며, 사상적 변화로는 養民論을 바탕으로 천인의 신분적 지위 향상을 주장한 栗谷의 朝鮮性理學의 대두를 지적할 수 있겠다.

59) 사회적 변화로는 農莊 등 대토지소유의 확대에 따른 良人의 私民化 현상 증대를, 경제적 변화로는 농업생산력의 향상과 장시의 발달 등을 지적할 수 있겠다.

다. 그렇다면 당시 천인들의 군역 편입이 확대된 실질적 배경은 어디에 있을까. 그것은 앞에서 살펴본 것과 같이 여러 가지 요인이 있겠으나 특히 신분사적 관점에서 볼 때 그 동안 양인의 私民化에 따른 신분하강 현상과 천인들의 경제력에 기초한 사회적 지위향상으로 양천 간의 불평등체계가 완화되었다는 사실을 먼저 지적할 수 있겠다.

다음에는 니탕개의 난을 통한 천인들의 신분상승 관계를 특히 서얼허통과 군공면천의 법제화가 실현되는 과정을 중심으로 살펴보겠다. 尼湯介의 난은 육진의 번호들이 선조 16년 2월부터 임진왜란 직전까지의 기간에 침입한 변란을 지칭하는데, 세 시기로 구분할 수 있다.60) 1차 침입 직후 선조는 胡族에 대한 장기적인 방어대책을 제시하고 이를 의논하여 보고토록 비변사에 지시하였다.

(1) 安邊 이북의 私奴들 중 건장한 자는 모두 징발하여 군대로 편성한 후에 番을 갈라서 북도의 防戍에 임하게 하고, 그 대신 하삼도의 公賤으로 代口하거나 다른 일로 상을 내리는 것이 어떠하겠는가.61)

(2) 자원하여 六鎭의 방어에 임하는 자는 만 3년이 되면 서얼은 허통하고 公私賤은 從良하되, 私賤인 경우는 公賤으로 대신 충급한다.62)

---

60) 1차 침입은 선조 16년 2월 7일 니탕개가 慶源·阿山堡·安遠堡를 침입한 것이고, 2차 침입은 동왕 16년 5월 6일 회령·종성·온성 등지의 번호들이 경원의 니탕개와 함께 침입한 것이며, 3차 침입은 동왕 20년 12월 26일 胡族이 鹿屯島를 침입한 것이다.

61) 『宣祖實錄』卷17, 16年 2月 10日 癸巳, "安邊以北私奴丁壯 悉發爲兵 分番防戍北道 其代以下三道公賤充給 或賞以他事何如".

62) 『宣祖實錄』卷17, 16年 2月 12日 乙未, "兵曹事目 自願赴防六鎭者 滿三年則庶孽許赴科擧 公私賤從良 私賤則其代以公賤充給".

(1)은 私賤들에게 군역을 지우는 대가로 종량시키되, 本主에게는 代口免賤 등으로 보상한다는 내용이다. 私賤에게 군역을 지우는 문제는 중종대에 처음 논의가 시작되었고, 명종 을묘왜변부터는 本主에게 代口免賤하는 제도가 부분적으로 시행되었을 뿐이다. 그런데 선조는 이 같은 문제점을 代口免賤 내지는 軍功補官制로 本主에게 보상하는 방안을 비변사에 내려서 논의토록 하였다. (2)는 선조가 (1)에서 논의토록 지시한 이틀 후 병조에서 올린 事目이다. 선조는 사목의 원안대로 시행할 것을 명했으나 兩司에서 시행하지 말 것을 거듭 청함으로써 마침내 시행되지 않았다. 이에 율곡이 또다시 公私賤의 軍功免賤에 관한 시폐상소를 올렸는데, 상소 내용은 다음과 같다.

　庶孽과 公私賤으로서 武才가 있는 자를 모집하고, 스스로 식량을 장만하여 남북도에 들어가 防戌케 하소서. 응모자가 많으면 병조에서 재주를 시험하여 보내되, 서얼은 허통하고 천인이거든 양인을 삼게 하되, 私賤은 반드시 本主가 單字를 바친 뒤에 원하는 대로 대가를 주게 할 것이며, 武才가 없는 자라면 그 멀고 가까운 거리에 따라 수량을 정하여 변방에 곡식을 바치게 하여 허통하거나 종량하되, 역시 武士와 같게 하면 군사와 식량이 조금은 준비되므로 방어할 수 있을 것입니다. 예전 李施愛의 亂에서는 軍器를 날라간 천인은 모두 종량케 하였고, 종군한 서얼은 과거에 응시토록 하였으니 이것은 세조께서 잠시 동안 이미 시행한 규례입니다.[63]

---

63) 『增補文獻備考』卷112, 法令, “到今無他策 若用臣言 募庶孽及公私賤有武才者 使自備餱糧 入防南北道 應募者衆 則兵曹試才遣之 庶孽則許通仕 賤隷則得爲良 私賤則必本主呈單然後 乃從願給代 如無武才者 則納粟于邊 以遠近定其多寡之數 許通從良 亦如武士 則兵食稍可以備禦矣 昔者 李施愛之亂 賤人輸運軍器者 皆從良 庶孽從軍者 許赴擧 此是世祖權時 已行之規也”.

위 상소는 武才가 있는 서얼과 공사천이 남북도에 赴防하면 서얼은 허통하고 양인은 종량하며, 武才가 없는 자라도 군량을 바쳤다면 허통하거나 종량케 하자는 내용이다. 그런데 이시애의 난에서 그 전거를 찾고 있다.

이와 같은 율곡의 상소에 대해서 선조는 "서얼과 천인을 허통하는 문제는 지난 니탕개의 난 때 경의 헌책에 따라 시행을 명한 것이다. 그 때 반대한 자들이 있었는데 지금 다시 비변사의 공사로 거행토록 하겠다"[64]라고 답하였다. 그러자 이번에는 三司가 서얼허통과 공사천에 대한 비변사 공사의 시행을 반대하였지만[65] 선조는 윤허하지 않았다. 마침내 번호의 2차 침입을 계기로 활쏘기에 능한 公私賤과 잡류 200명을 안변 이북으로 파견하고[66] 경기·강원 이외의 도에서 출신이나 양반·공사천 등의 신분을 구별함이 없이 正軍 자격으로 3천 명을 선발하여 給保하고 출전케 하였다.[67] 이와 같은 사실은 당시 병조판서였던 율곡의 견해가 전적으로 반영되어 나타난 결과였고, 이에 따라 군역을 통한 서얼 허통과 공사천의 免賤이 법제화됨으로써 일신양역의 문제가 해결되었다.

다음은 임진왜란 중 군공을 통해서 公私賤의 신분적 지위가 어떻게 변동하였는가의 문제를 살펴보도록 하겠다. 이 문제의 구체적인 분석 결과는 무엇 때문에 임진왜란이 조선 후기의 기점 내지 사회변동의 계기가 되는지를 설명해 줄 것으로 생각된다.

명종·선조 양대에서 賤人이 군역을 담당하는 신분직역체계의 변동은 전술한 바와 같이 두 가지 요인 때문에 발생하였다. 하나는 양인의 私民化 현상이고, 다른 하나는 사족과 부유한 양인계층의

---

64) 『宣祖實錄』 卷17, 16年 4月 14日 乙丑.
65) 『宣祖實錄』 卷17, 16年 4月 26日 丁丑.
66) 『宣祖實錄』 卷17, 16年 5月 13日 甲午.
67) 『宣祖實錄』 卷17, 16年 6月 11日 辛酉.

군역면제 현상이다. 전자가 성종대부터 보편화되었다면 후자는 중종대 放軍收布制로부터 유래한 것인데, 이는 모두 양인 인구를 감소시키는 결과를 가져왔다.

한편 이와 같은 양인 인구의 감소 현상은 급격한 인구이동과 국가 행정체계를 붕괴시킨 임진왜란으로 더욱 촉진되었다. 전쟁을 승리로 이끌어야 할 정부의 가장 시급한 과제는 무엇보다도 군사의 증액과 국가재정의 확보였다. 그 정책으로 나온 것이 곧 納粟策 내지는 군공을 통한 授職・免役・免賤・免鄕 등이었다. 이를 통해 천인들이 양인으로 신분상승하는 폭은 임진왜란 이전보다도 훨씬 확대되었다. 무과 출신자에 대한 軍功加設職 설치,[68] 도적을 잡거나 죽이는 자에게 授職・免役・免賤・許通 등의 포상제 실시,[69] 明軍에서 탈출한 賤人의 종량제도[70] 등 일련의 정책이 그것이다. 여기서 임진왜란 이후 종량의 적용 범주가 확대되었음을 알 수 있는데, 그것은 천인이 良人으로 신분상승하려는 적극적인 의지와 국가의 재정확보책이 일치함으로써 나타난 현상이었다. 그러나 천인들을 위한 종량의 범위가 넓혀졌다고 하더라도 정부의 군사 증원과 재정확보의 기본 수단은 역시 納粟免賤과 軍功免賤이 중심이었다. 따라서 임진왜란 초기에는 軍功免賤의 방법이, 명나라 원군이 참전한 이후에는 納粟免賤이 보편적으로 시행되었다.

그렇다면 임진왜란 초기에는 왜 軍功免賤이 지배적 현상이었을까. 이는 임진왜란 발생으로부터 명나라 원군이 도착하기까지 10여 달 동안은 군사적 공백기간이었는데 이 기간에 召募義兵이 실질적으로 官軍의 역할을 하였으며[71] 義兵의 하층을 구성한 자는 公私

---

68) 『宣祖實錄』 卷29, 25年 8月 16日 癸卯 ; 卷32, 25年 11月 4日 庚申.

69) 『宣祖實錄』 卷52, 27年 6月 15日 壬戌.

70) 『宣祖實錄』 卷38, 26年 5月 15日 戊辰.

71) 趙湲來, 1980, 「金千鎰의 義兵活動과 그 性格」, 『史學硏究』 31.

奴婢가 주축이었다는 사실에서 잘 드러난다. 다시 말해서 이들이 처음 의병에 참가할 때부터 本主나 本邑의 승낙이 없었다는 사실에서 알 수 있듯이 의병에 참여한 그들의 목적은 국가나 本主를 위한 충성심 때문이 아니고 軍功免賤을 통한 신분상승에 있었다.

이처럼 천인들의 의병 참여 목적이 신분상승에 있었다는 사실은 "평양성의 회복에도 불구하고 軍功免賤이 실현되지 않으므로 의병들이 모두 해산하였다"[72]는 사료에서도 확인된다.

한편 앞에서 살펴보았듯이 임진왜란 이전의 경우 軍功論賞은 從軍, 軍器, 軍糧의 수송, 적병의 首級 획득에 따라 이루어졌는데, 그 규정은 시대마다 폭과 범위에서 차이가 있었다. 그러나 임진왜란 초기 관군이 붕괴되고 의병에게만 의존할 수밖에 없었던 급박한 상황에서 적병의 首級 획득자, 納粟者, 募兵官, 募粟官 등은 물론 미세한 공로자에게까지도 空名告身과 免賤帖을 지급함으로써[73] 논상 규정은 더욱 완화되고 천인의 종량 범주는 더욱 확대되었다.

다음에는 임진왜란 이후 천인의 良人化가 軍功論賞 과정을 통해서 어떻게 확대되는가를 살펴보도록 하겠다.

⑴ 회계하기를, 당초 軍功을 마련할 때 참수 2級, 살해 다섯 명을 우선적으로 논상하였는데, 그 뒤에 각 처의 장계와 상소에서 상을

---

72) 『宣祖實錄』卷35, 26年 2月 26日 辛亥, "司諫院啓曰 聖人 論爲國 信在兵食之先 去信而爲國者 未之有也 變生之初 列郡瓦解 志士一倡以勤王討賊之義 朝家立爲事目 許以免賤除官之賞 四方響應之人 皆希尺寸之功 櫛風沐雨 以待恢復之期 國家得有今日 無非義兵之力也 及夫箕城纔復 未有命令 而義兵已罷 此類自從軍 固已得罪於本主本官 故一時駭散 不能安接鄕土 非徒相聚爲盜之可虞 人皆曰國家失信 則將何以服人心乎 若依當初事目 公私賤應爲從良者 皆許從良 以充闕額 一以足兵 一以示信 請令該司 商議擧行 上從之".

73) 『宣祖實錄』卷32, 25年 11月 2日 戊午.

아끼는 폐단을 말하고, 군사들의 사기가 이 때문에 해이해진다고
하였습니다. 그 때 마침 논상을 넉넉히 하라는 하교가 있었으므로
다시 議定하여 참수 1級, 살해 두 명을 우선 논상토록 하였습니
다.74)

  (2) 군공청이 아뢰기를, "公私賤이 적의 머리를 한 개 베었으면
免賤하고, 두 개 베었으면 羽林衛에 제수하고, 세 개 베었으면 허
통하고, 네 개 베었으면 守門將에 제수하는 것이 규례입니다. 그리
고 이미 허통되어 직이 제수되었으면 士族과 다름이 없어야 마땅
합니다"라고 하였다.75)

  (1)은 官軍이 붕괴된 상황에서 군공논상의 규정을 하향조정함으
로써 천인들을 군사로 활용한 예가 되겠다. 즉, 軍功免賤의 조건을
종전의 참수 2級에서 1級으로, 살해 다섯 명에서 두 명으로 완화하
였는데, 이것은 결국 천인들로 하여금 召募義兵에 적극 응모토록
촉진하였을 뿐 아니라 한편으로 군사력을 증진시키는 한 방편이 되
었다. (2)는 공사천이 군공을 통해서 免賤될 뿐만 아니라 累功으로
관직을 제수받아 士族으로 신분상승하는 관계를 법제화한 것이다.
위의 두 사료를 종합해 볼 때 임진왜란 이후 군공을 통해서 실현되
는 공사천의 신분상승은 법제적 형식을 취함으로써 중세 신분질서
를 크게 동요시키는 요인이 되었음을 확인할 수 있다.
  그런데 살해 두 명을 참수 1급으로 간주하였던 위의 규정은 선조
26년(1593) 3월 살해 네 명을 참수 1급으로 상향조정되었고,76) 선조

---

74) 『宣祖實錄』 卷35, 26年 2月 28日 癸丑, "啓曰 當初軍功磨鍊時 以斬二殺五
　　爲先論賞矣 其後各處狀啓及上疏內 多言苟賞之弊 軍情自此解怠云 其時適
　　有從優論賞之敎 故更爲議定 斬一殺二者 皆先論賞".
75) 『宣祖實錄』 卷51, 27年 5月 8日 乙酉, "軍功廳啓曰 公私賤一級則免賤 二級
　　則羽林衛 三級則許通 四給則除守門將 已成規例矣 旣已許通而除職 則當與
　　士族無異".

30년 3월에는 그 동안 장계에 근거해서 논상하던 규정을 首級과 兵器를 확인한 뒤 논상하는 방식을 제도화하였으며,[77] 軍功者 限品敍用制가 실시되기도 하였다.[78] 군공논상에 대한 이러한 국가정책은 한편으로 임진왜란 후반에 이르러 국가지배질서가 안정되고 있음을 시사한 경우가 되겠다.

요컨대 임진왜란 중 실시된 軍功免賤은 전례없는 대규모의 것으로서[79] 천인들이 양인으로 신분상승하는 주요한 통로 역할을 하였다. 따라서 군공을 통한 종량은 보충대와 장용대의 去官에 의한 종량,[80] 訓鍊都監의 입속과 納粟免賤을 통한 從良,[81] 공사천의 무과급제[82]와 속오군의 편제를 통한 종량[83] 등 일련의 법제적 형식을 통한 종량과 함께 임진왜란 이후 신분변동 내지 사회변동을 촉진하는 요인이 되었다.

그렇다면 임진왜란이 끝난 광해군대에도 公私賤의 신분상승 추세는 계속되었을까. 그것은 군공논상 대신 各司奴婢와 內需司奴婢의 종량이라는 형태만 달리하였을 뿐 신분상승의 추이는 변동이 없었다. "各司奴婢로서 면천된 자가 광해군대에 매우 많았다"[84]고 한 것이나 "本主에게서 도망한 私賤이 내수사에 투속하여 復戶된 다음, 내수사의 권력을 기반으로 면천되어 무과에 합격되거나 內三廳에 들어갔다"[85]라고 한 사료가 이를 반영한다.

---

76)『宣祖實錄』卷36, 26年 3月 21日 丙子.

77)『宣祖實錄』卷86, 30年 3月 21日 辛亥.

78)『宣祖實錄』卷51, 27年 5月 8日 乙酉.

79) 平木實, 1982, 앞의 책, 155쪽.

80)『光海君日記』卷69, 5年 8月 26日 辛亥 ; 卷80, 6年 7月 16日 丙寅.

81) 車文燮, 1973,『朝鮮時代 軍制硏究』, 단국대출판부, 159쪽.

82)『宣祖實錄』卷87, 30年 4月 19日 己卯.

83) 車文燮, 1973,「束伍軍硏究」, 앞의 책.

84)『仁祖實錄』卷2, 元年 7月 17日 乙巳.

85)『仁祖實錄』卷4, 2年 2月 7日 辛卯.

한편 인조대는 인조반정, 李适의 亂, 丁卯·丙子胡亂 등 정치·
군사적 .변동이 많았다. 따라서 군공에 의한 신분변동도 많았을 듯
하지만 실제로는 그렇지 않았다. 反正 당시 수도 부근의 천인들은
신분상승을 목적으로 反正軍士에 자원하였지만[86] 반정이 성공한
직후 인조는 그들이 소속한 군대를 해산토록 종용하였기 때문에 軍
功免賤은 실현될 수 없었다. 다만 좌찬성 李貴의 어용군대에 소속
된 公私賤[87]과 內需司奴의 일부가 속오군에 편제됨으로써[88] 신분
상승할 여지가 있었다. 그러나 그들 중 一身兩役에 해당된 자가 많
았기 때문에 엄격한 의미에서 법제적 종량인 군공면천과는 구별되
었다.

이와 같은 인조정권의 신분적 폐쇄성은 인조 2년(1624) 北兵使
李适의 난으로 인조가 공주까지 몽진하였을 때 그 곳 湖西義兵將
金長生이 의병을 모집하였지만 응모한 공사천이 한 명도 없었던[89]
사실에서 잘 드러난다. 다만 이괄의 난을 계기로 인조반정 이후 還
賤된 공사천 가운데 軍士에 응모한 자에 한해서 扈衛軍士로 삼는
조처가 있었을 뿐이다.[90]

인조 5년(1627) 丁卯胡亂에서도 이러한 현상은 본질적으로 변하
지 않았다. 정묘호란 초기에 軍士와 兵器가 대단히 부족하였으므로
임진강 검독어사 윤지경은 公私賤으로서 자원한 자에게 군공논상
할 것을 제의했고, 인조 역시 官軍과 義兵으로서 오랑캐의 머리를
베어 바친 자는 군공논상토록 지시하였다.[91] 이 같은 논의가 있은

---

86)『仁祖實錄』卷1, 1年 3月 20日 庚戌.
87)『仁祖實錄』卷2, 1年 7月 15日 癸卯.
88)『仁祖實錄』卷2, 1年 6月 12日 辛未.
89)『仁祖實錄』卷4, 2年 2月 17日 辛丑.
90)『仁祖實錄』卷4, 2年 2月 7日 辛卯.
91)『仁祖實錄』卷15, 5年 1月 21日 己丑.

두 달 후 召募軍士가 1,000여 명에 이르렀고 그 중 私賤도 더러 있었지만[92] 그들 모두가 軍功免賤되지는 않았던 것이 당시 신분변동의 폐쇄성을 입증한다.

그렇다면 인조 14년(1636) 병자호란에서는 軍功免賤이 실현되었을까. 이를 살펴보기 위해 당시 南漢山城을 중심으로 한 군공논상의 전개과정을 보면 다음과 같다. 먼저 군공논상의 대상자는 남한산성에서 인조를 扈從한 壯士와 軍卒에 한정되어 있다. 그리고 관직자인 壯士의 경우는 實職의 資級을 올려 제수하고,[93] 軍卒은 田結을 復戶[94]하고 있을 뿐이다. 위의 사실을 고려할 때 병자호란에서 군공에 의한 천민들의 신분상승은 실현되지 않았다고 이해된다.

이처럼 전쟁의 규모와 국가적 손실의 면에서 볼 때, 정묘·병자호란이 임진왜란에 버금가는 상황이었음에도 불구하고 군공을 통한 신분상승이 실현되지 않았던 이유는 어디에 있을까. 그것은 곧 양반관료계급이 인조반정에서 확대된 신권을 통해 중세 신분질서를 강화하려 한 현상 때문이며, 이 같은 경향은 성리학적 義理論에 기초한 인조반정과 崇明反淸의 국제관계에서도 명백히 드러난다. 따라서 조선 후기 신분사에서 볼 때 인조반정을 계기로 시작된 천인들의 신분상승 억제 현상은 효종의 奴婢推刷로까지 이어진다는 점에서 이 기간을 신분제의 보수적 시기로 간주할 수 있겠다.

---

92)『仁祖實錄』卷15, 5年 3月 26日 癸巳.
93)『仁祖實錄』卷34, 15年 2月 16日 丙戌.
94)『仁祖實錄』卷34, 15年 1月 15日 癸丑.

제3절 軍功論賞을 통한 신분구조 변동

앞 절에서는 전란으로 국가가 위기에 처했을 경우, 군역 의무가 없는 천인들이 從軍하거나 軍器·軍糧의 수송에 참여한 대가로 軍功免賤되는 과정을 살펴보았다. 본 절에서는 군공으로 신분상승한 新良人의 신분구조 변동을 분석함으로써 각 시대 성격을 검증하고 아울러 신분이동이 갖는 본질적 의미를 고찰하려고 한다.

특히 중세 신분질서가 국가와 지배계급을 중심으로 법제화된 불평등 체계이지만, 한편으로 국가와 지배계급이 상호 갈등관계에 있었을 때와 농업생산력이 발달하거나 상공업이 발달함에 따라 일어나는 사회변동으로 피지배층의 신분이 향상되었다는 관점에 입각해서 천인들의 신분변동 과정을 분석하려고 한다.

법제에 기초한 조선시대의 軍功免賤은 세조 13년(1467) 이시애의 난부터 실시되었다. "천인으로서 군기·군량을 수송하거나 종군한 자는 免賤하여 正軍에 소속시키고 私賤은 公賤으로 代口한다"[95]는 내용이 그것이다.

이 때 新良人이 된 공사천의 숫자는 1,254명으로서 그들은 종량과 동시에 모두 正軍에 편제되었으나 실제로 군역을 담당한 자는 겨우 10분의 1에 불과하였다. 이들 군역 담당자의 일부는 試取를 통해서 직업군인에 선발되었는데,[96] 甲士에 선발된 자들은 무반의 관직에 올라 주인과 같은 반열에 있거나 혹은 주인의 지위보다 더 높은 자도 있었다.[97]

---

95) 『增補文獻備考』 卷112, 法令.
96) 試取에 의해서 선발되는 兵種은 別侍衛·親軍衛·甲士·破敵衛·壯勇隊·彭排·隊卒 등이 있었다. 千寬宇, 1964, 「朝鮮初期 五衛의 兵種」, 『史學硏究』 18, 一潮閣.
97) 『成宗實錄』 卷33, 4年 8月 4日 癸亥, "吾東方 自箕子受封以來 士族之家 皆

다음은 軍避役者의 경우인데, 新良人推刷節目을 중심으로 그들의 신분변동 관계를 살펴보도록 하겠다. 첫째는 伴倘·皂隷·羅匠의 陳省을 받아서 他役에 투속하는 경우가 있고, 둘째는 서울에 사는 자가 군역을 피하려고 外方에 移接하여 중간에 탈주하는 경우가 있으며, 셋째는 諸色軍士에 소속되어 7품의 限職을 받은 다음 去官되었다고 자칭하면서 閑遊하는 경우, 넷째는 本主나 各司의 官員이 누락시키거나 숨겨서 役使시키는 경우가 있었다.98)

이와 같이 新良人 중 閑遊者가 많았던 것은 그들이 종량될 당시 정부가 軍案에 거주지를 기록하지 않았던 미숙한 행정이 일차 요인이겠지만, 다른 한편 그들의 풍부한 경제력을 바탕으로 군역 담당관리와 결탁하였기 때문이다.99) 대부분 서울에 거주한 신양인은 모두 壯健하고 富實하였다는 사료의 내용이 그것을 설명해주고 있다.

이 같은 관점에서 볼 때 "중농층 이상의 평민이나 천민층에서는 잉여생산물의 축적이 가능하였으므로 免賤과 兩班層으로 신분상승하였을 것"100)이라는 가설은 조선 후기뿐 아니라 조선 전기의 연대기 자료를 통해서도 확인된 셈이다.

그러면 경제력에 기초한 新良人의 이 같은 신분상승에 대해서 국가와 지배계급의 입장은 어떠하였을까. 국가를 대변한 세조의 기본

有奴婢 世守契券 奴之於主 有君臣之分 上下尊卑之別 整然不紊 自設壯勇隊以後 奴始背主 重以丁亥北征之役 公私賤口 輸箭運米 免賤從良者 不知其幾 變賤爲良 已非分矣 今則濫得爲甲士 例陞高秩 或有奴主同伍者 或奴反居上者 名分大壞 禮俗日非 臣等以爲 甲士雖軍職 亦武班 官至大夫而止 衣冠子弟入屬者亦多 自今免賤爲良者 勿許屬甲士 皆隷正兵 或諸司匠人 以正名分". 甲士에 대해서는 車文燮, 1973, 「鮮初의 甲士」, 『朝鮮時代軍制研究』, 단국대출판부를 참조할 것.

98) 『成宗實錄』 卷82, 8年 7月 17日 壬午.
99) 『世祖實錄』 卷12, 4年 4月 23日 庚辰, "諸邑良家子弟不就學閑遊者頗多 守令敎官 敦勸赴學 其現有興學之效者 觀察使別薦 若學校廢弛者啓聞罷黜".
100) 金容燮, 1963, 앞의 논문.

입장은 양인확대정책의 실현에 있었다. 즉, 군사의 확보와 국가재정의 확충방안으로 公民인 양인 인구를 확보해야 하였다. 壯勇隊를 去官하여 종량하고, 良夫賤妾者의 소생을 贖身하여 면천한 것[101] 등이 모두 양인확대정책의 일환이었다.

한편 양인확대정책은 봉건지배계급이 지향한 良人의 私民化 현상과 서로 상반되기 때문에 국가는 지배계급과 갈등관계에 놓일 수밖에 없었다. 세조대에 설치한 장용대와 이시애의 난을 통한 면천 등 일련의 종량정책 때문에 주인과 노비의 주종관계 내지 봉건적 신분질서가 크게 무너졌다는 지적은 당시 지배계급의 입장을 잘 보여준다.

또한 천인의 신분상승 문제는 왕권과 신권에 기초한 권력구조의 특성에 따라서 그 범위와 폭이 변화될 소지를 내포하고 있었는데, 이는 성종대(1470~1494)에서 찾아진다. 다시 말해서 성종 초반은 문정왕후의 수렴청정과 院相制 실시로 왕권이 약화된 시기였다. 이에 따라 세조대에 천인들의 신분상승을 전제로 실시된 보충대 입속자의 종량 등 일련의 양인확대정책은 억제되고 지배계급에 의한 良人의 私民化 현상이 증대되었다. 다만 성종 중반에 왕권의 토대를 확립할 목적으로 '及良人' 三字를 『경국대전』에 삽입하였으나[102] 이 또한 실시 1년 만에 삭제됨으로써[103] 천인의 신분상승은 그 폭이 축소되었다.

한편 반정으로 성립된 중종왕조에서는 신권우위의 정치체제가

---

101) 『成宗實錄』 卷168, 15年 7月 4日 戊子.
102) 『成宗實錄』 卷264, 23年 4月 3日 癸卯, "大小人員(及良人)娶公賤所生屬補
    充隊".『大典』의 補充隊條에 의하면, 종전에는 士族의 妾子孫에 한해서 從
    良되었으나 만약 '及良人' 三字를 삽입한다면 양인의 妾子孫까지 從良되어
    賤人의 신분상승 폭은 훨씬 확대될 수 있었다.
103) 『成宗實錄』 卷271, 23年 11月 10日 丁丑.

고착화됨으로써 지배계급에 의한 良人의 私民化가 지배적 현상이
되었다. 그러나 이와 같은 정치체제 문제는 본서의 주제와 직접 관
계되지 않으므로, 여기서는 언급하지 않으려 한다. 다만 私民化가
심화되면 군사의 숫자가 감소되기 때문에 천인들이 군역을 담당할
수밖에 없다. 따라서 이러한 현상이 실제로 천인들의 신분변동과
어떻게 연관되는지의 관계만을 간단히 살펴보도록 하겠다.

천인들이 군역을 담당하는 문제는 양계지역에서 먼저 시작되었
다. 그것은 이 곳이 중앙에서 멀리 떨어진 변방이어서 양인의 私民
化 폭이 다른 지역보다 컸을 뿐만 아니라 北虜의 군사적 위협이 상
존하였기 때문이다. 중종 7년(1512) 胡族의 침략으로 이 문제가 조
정에서 논의되었는데, 成希顔 등 반정공신 세력은 代口免賤에 비판
적이었던 반면 사림파는 일신양역의 부당성을 지적하였다. 중종 11
년(1516)부터 사림파의 견해가 수용되는 듯하였으나 己卯士禍로 반
정공신들의 견해가 받아들여져 吉州 이북의 內需司奴와 公私賤이
함경도의 防戍에 강제로 동원되었다. 그러나 일신양역의 문제는 本
主에게 잡역을 면제시키는 것만으로 해결할 수가 없었다. 本主와
賤人들의 저항에서 이와 같은 사실을 알 수 있다. 이로써 良役은
더욱 가중되었고 군역을 피하는 수단으로 천인과 혼인하는 현상이
확산되었다.

이에 중종은 양인 인구를 확대하기 위해서 양천혼인금지법을 시
행하였지만, 금지할 수가 없었다. 따라서 보다 근본적인 해결책으로
'及良民' 三字를 『경국대전』에 첨입하여 종량의 문을 확대하기에
이르렀던 것이다.104) 다음 사료가 이와 같은 사실을 보여준다.

---

104) 이 법은 성종조 『大典』을 更定할 때 '及良人' 三字를 넣어서 頒降하였다가 1
   년 뒤에 다시 삭제하였다.

⑴ 정부와 斤正廳에서 함께 의논하여 아뢰기를, "일찍이 성종대
에 양인에게 시집가서 낳은 천인의 자식은 종량하자는 의논이 있
었으므로『大典』의 賤妾子女條에 '及良民' 三字를 보태었는데, 그
당시 적합하지 않다는 의견이 있어서 곧 삭제하였습니다. 지난 을
해년(중종 10년, 1515)에 종량할 길이 없다는 것으로 하여 다시 의
논하여 시행하였습니다. 시행한 지 10여 년 동안에 종량하는 자는
많지 않은데 公賤은 날로 줄어가므로 의논하여 폐지하였습니다.
그러나 양인의 身役을 따르는 길이 넓지 못하니 간단한 문제가 아
니며 또 법조문을 새로 만들어서 될 것도 아닙니다. 지금이 바로
법조문을 정하는 때인 만큼 '及良民' 三字를 보태어 넣는 것이 마
땅하겠습니다" 하였다.105)

⑵ 豊城府院君 李芑가 의논하기를, "良人이 公私賤이 되는 길은
두 가지가 있지만, 贖身하는 길은 없습니다. 따라서 국가에서는 양
인 소생이 모두 공사천이 되어 양인의 숫자가 점점 적어지기 때문
에 군사들에게 주는 奉足을 모두 채워 주지 못합니다. 그래서 할
수 없이『後續錄』에 '及良民' 三字를 첨입하였습니다. 新良人은 이
미 양인으로 쳐주면서도 공사천에게 장가들어 낳은 소생에 대해서
는 양인이 되기 전에 낳았는가 뒤에 낳았는가를 따지니 심히 공정
하지 않습니다. 양인의 규례로 贖身하여도 무방할 듯합니다" 하였
다.106)

---

105)『中宗實錄』卷101, 38年 7月 14日 丁巳, "政府及斤正廳同議啓曰 曾在成宗
　　朝 有良民嫁賤口所生從良之議 故大典賤妾子女條 添入及良民三字 時有不
　　便之議 旋卽削去 去乙亥年 因無從良之路 議復擧行 行之十餘年 從良者不
　　多 而公賤日縮 又意而革之 至今議論不定 似難輕議 但良路不廣 所關非輕
　　又非新立科條 今方法條詳定之時 添入及良民三者爲當".
106)『明宗實錄』卷8, 3年 12月 30日 辛未, "豊城府院君李芑議 良民爲公私賤之
　　路有兩 而贖身之路無 故國家良民所生 擧爲公私賤 良民斬稀 凡軍士奉足
　　皆不得充給 不得已後續錄添入及良民三字 新良人旣爲良人矣 其所娶公私
　　賤所生 計其前後 甚非大公之道 依良人例 許令贖身無妨".

⑴은 양인의 賤妾子女도 보충대에 입속시켜 거관할 것인가의 여부를 결정하는『大典』내 '及良民' 三字의 첨입과 삭제 과정을 설명한 것이다. 그 동안 이 법은 성종대에 1년, 중종대에 10여 년간 실시되었는데, 동왕 38년(1543)에 또 이 법을 시행코자 논의중임을 알 수 있다. ⑵는 '及良民' 三字가 중종 말『後續錄』에 첨입됨으로써 良人과 賤妾 사이에 출생한 보충대 자녀와 양인이 된 이후의 자손은 모두 新良人이 될 수 있으나, 양인이 되기 이전의 보충대 자녀는 양인이 될 수 없기 때문에 이들도 함께 종량시키자는 내용이다. 중종대에 있어서 양천 간의 신분이동은 세조대보다 더 폐쇄적이었는데, 이것은 중종대 정치권력구조가 신권우위의 정치체제였기 때문이다. 그러나 한편으로 중종이 '及良民' 三字를『대전』에 첨입하였다는 사실은 지배계급에 예속된 천인들의 사회적 지위향상을 위해서 제한적으로나마 국가권력이 개입하고 있음을 반영한 경우가 아닌가 한다.

그러면 이시애의 난 이후 軍功免賤이 처음 실시된 명종대에 있어서 新良人의 신분구조 변동은 어떠하였을까. 이는 명종 초기에 거듭된 흉년 및 北虜南倭의 대외전쟁과 상호 관계가 깊다. 즉, 명종 8년(1553) 대흉년을 맞아 국가에서는 公私賤과 諸色軍人을 대상으로 納粟免賤·納粟補官·納粟免罪 등의 구황책을 실시하였는데, 이 때 납속수량을 최하 50석에서 최고 100석까지로 한정한 것은 일반 양인과 천인의 많은 참여를 권장하기 위해서였다.107)

이 같은 납속책에 의한 공사천의 신분상승은 명종 9년(1554) 胡族 骨幹의 침입을 계기로 內需司奴와 公私賤의 軍役 편제가 더욱 확대되었다. 그 신분변동 과정을 살펴보면 아래와 같다.

---

107)『明宗實錄』卷15, 8年 12月 1日 癸酉.

(1) 武才가 있는 남도의 군사들을 적당한 수만큼 더 뽑아서 주둔지에 나가게 하는 동시에 武才가 있는 북도의 內需司奴와 公私賤을 미리 선발하였다가 사변이 일어날 경우에는 정세에 따라 모두 싸움을 돕는 일을 시키도록 할 것이다.

(2) 그런데 甲山 등 17개의 주둔지에 적은 수의 군사로 1년 만에 서로 번을 교체하니 휴식시키는 본의가 극히 유명무실합니다. 吉州 등 네 고을에서 활을 잘 쏘는 사람들을 뽑아 주둔지에 赴防시키지만 역시 온편치 못합니다.

(3) 남도 각 고을에 있는 활을 잘 쏘는 자들을 모두 선발해서 윤번제로 주둔지에 나가게 하는 동시에 武才가 있는 內需司奴와 公私賤을 모두 남도와 같이 미리 뽑아 정세에 관계없이 활을 잘 쏘는 다른 사람의 예에 따라 동일하게 주둔지에 나가게 함으로써 도내 군사들의 수고를 덜어 주소서.108)

(1)은 호족 골간의 침입을 계기로 명종이 남도의 군졸을 더 선발하여 북도에 赴防시킬 것과 전시에는 북도의 內需私奴와 公私賤까지 종군시킬 것을 지시한 내용이다. (2)는 명종으로부터 (1)의 내용을 지시받은 함경도 관찰사 李夢弼과 북도절도사 李思曾이 본 도에서 실시중인 군사제도의 문제점을 설명한 것인데, 그 해결방안으로 제시한 것이 곧 (3)의 내용이다. (3)에서 특히 주목되는 것은 전시에 한해 북도의 內需司奴와 公私賤을 종군토록 지시한 명종의 견해와는 다르게, 그들을 正軍과 동일하게 부방시키도록 주장한 점이다. 따라서 중종대부터 논의에만 그쳤던 內需司奴와 公私賤의 군역 편입이 이 때부터 법제화되었다. 그러나 천인들의 이와 같은 군역 편입은 신분직역의 관점에서 볼 때 일신양역의 문제를 부분적으로 내포하고 있다.

---

108) 『明宗實錄』卷16, 9年 6月 5日 甲戌.

한편 을묘왜변 때 국가에서는 종군한 자와 군기·군량 수송을 자원한 자에 대해서 군공면천을 제시하였기 때문에 많은 公私賤이 응모하였다. 그러나 종군에서 돌아온 다음 논상하는 과정에서 국가는 군공이 현저한 자만을 종량하였고, 本主들 또한 종군에 응모한 것을 미워하여 재물을 빼앗거나 구타하는 경우까지 있었다.109) 다만 세조대 이후 중단되었던 軍功免賤이 이 시기에 이르러 과도기적 형태로나마 실시될 수 있었던 것은 당시의 사회변동이 직접적 요인이었을 것이다.

그렇다면 을묘왜변 이후 新良人의 신분구조 변동은 어떠하였을까. 다음 세 가지 경우가 일반적이었을 듯하다. 첫째, 양인신분을 획득함과 동시에 奉足과 正兵에 편제되는 경우, 둘째, 試取 가능한 禁軍·定虜衛·甲士 등 諸色軍士에 합격하여 직업군인이 되는 경우, 셋째, 문무과에 응시하여 사족으로 신분상승하는 경우가 예상된다. 당시 규정으로는 生員·進士試에는 良人 출신이라면 누구든 응시할 수 있었기 때문에110) 正兵·奉足·水軍 들도 모두 문무과에 응시할 수가 있었다. 특히 을묘왜변 직후 많은 武人이 필요해짐에 따라 정원을 200명까지 선발함으로써 과거를 통한 신분변동의 여지가 많아졌다.111)

이와 같이 을묘왜변에서 軍功免賤의 법제적 기틀이 마련되고 尼湯介의 난(선조 16)에서는 그 법제화가 완성되었다. 그 구체적인 전개 과정은 앞 절에서 살펴본 것과 같으므로 여기서는 軍功免賤에 대한 지배세력과 국가의 기본 입장을 중심으로 살펴보도록 하겠다.

니탕개가 六鎭을 침입하자 선조는 안변 이북의 서얼과 公私賤을

---

109) 『明宗實錄』 卷19, 10年 閏11月 20日 辛巳.
110) 『明宗實錄』 卷17, 9年 9月 12日 庚戌.
111) 『明宗實錄』 卷20, 11年 1月 12日 壬申.

六鎭의 방어에 참여시켰다. 이 때 자원하여 만 3년이 된 서얼은 허통하고 공사천은 종량하며, 私賤의 경우는 本主에게 公賤으로 代口하거나 관직을 제수하였다. 이 같은 사실은 군역을 통한 공사천의 신분상승을 명종대의 그것과 비교할 때 국가의 역할이 더 증대되었음을 알 수 있다. 특히 서얼허통은 명종대에 "良妾의 자손으로서 良妻를 취하면 孫子代에 허통하고, 賤妾의 자손으로서 良妻를 취하면 曾孫代에 허통한다"112)라고 한 것과 비교할 때 만 3년을 防戍하고 그 대가로 허통이 되었다면 서얼계층의 광범한 신분상승이 이루어졌을 것이다. 한편 군역을 통한 천인의 종량은 명종대의 경우 국가의 보상체계가 미비하였지만 선조대에는 조정의 논의를 통해서 법제화될 수 있었다. 물론 三司를 중심으로 한 동인의 거센 반대가 있었다. 그러나 선조의 절대적 지지를 받는 율곡 이이에 의해서 병제개혁의 일환으로 실시되었다.

그러면 栗谷의 十萬養兵論이 삼사와 홍문관에 의해 배척된 이유는 어디에 있을까. 그것은 당시 동인과 서인 간의 對立政局이 한 원인이라고 생각된다.113) 다시 말해서 1575년의 동서분당 이래 정국운영이 당리당략적 차원에서 이루어졌기 때문에 이 같은 현상이 초래된 것이다. 이 때 선조는 北虜南倭의 군사적 위협으로부터 국가를 보존하기 위해서 율곡의 서얼허통과 軍功免賤에 의한 천인의 신분상승을 허용할 수밖에 없었다. 그러나 율곡 사후 十萬養兵論과 같은 일련의 병제개혁은 동인 측의 반대로 그 실효를 거두지 못하고 임진왜란을 맞았던 것이다. 이와 같은 동서분당의 상반된 역사인식은 퇴계와 율곡의 우주론적 형이상학 내지는 東人의 보수적 정

---

112) 『明宗實錄』 卷15, 8年 10月 9日 壬午.

113) 『宣祖實錄』 卷17, 16年 7月 21日 庚子, "若其許通庶孼 則論珥之意 固不專主於此事 而所謂許通者 亦不同焉 以立賢無方之意 泛然許通 則猶之可也 赴防納粟而許通者 大非王政之體 豈非苟且之甚".

치성격과 西人의 진보적 정치성격의 차별성에 그 본질이 있다고 생각된다.

그렇다면 尼湯介의 난 때 군공면천을 통해 신분상승한 서얼과 공사천의 숫자는 얼마나 되었을까. 현재 이 문제에 대해 직접 언급한 사료가 없기 때문에 실제로 그 정확한 숫자는 알 수 없다. 그러나 중종 13년(1518)의 기록 중에 "六鎭에 거주한 內需司·各司奴婢만도 1천여 명에 이른다"114)라고 한 것이나, 앞서 설명한 바와 같이 正兵으로 선발된 3천 명 중에서 2분의 1을 公私賤으로 보고115) 武才가 없는 納粟免賤者까지 포함한다면 3천 명 이상으로 추정된다.

이와 같이 군역을 통해 양인신분을 획득한 이후 新良人의 신분형태는 『경국대전』을 중심으로 이해할 때 ① 正兵이나 奉足이 되는 경우 ② 試取를 통해서 직업군인이 되는 경우 ③ 경제력을 토대로 헐역에 移屬하거나 閑遊者層이 되는 등 여러 방법이 있었다. 그러나 신분구조 변동의 측면에서 볼 때 성종대 이후에는 실제로 큰 폭의 종량은 실현될 수가 없었다. 당시는 身分職役에 바탕을 둔 『경국대전』의 체제에서 벗어날 수 없었기 때문이다.

그러나 임진왜란 이후부터 중세 신분질서가 동요하는 여러 현상이 발생함으로써 종량의 폭은 크게 확대되었다. 첫째, 국가재정을

---

114) 『中宗實錄』 卷32, 13年 2月 22日 辛卯, "侍讀官柳庸謹曰 咸鏡道軍額雖多 太半爲官人 軍器專不修鍊 六鎭乃國家之藩籬也 而虛疎若此 內需司各司奴 婢居此者 凡一千餘口 臣意以爲充定軍額之闕甚當 其處居民 賤人役輕 良民 役重 故男婚女嫁 必於賤口 以此軍額有縮而無增 六鎭居私賤 亦可充軍額也 六鎭王化隔遠 人心與野人無異 武臣守令欲立其威 以一方爲殺戮之場 野人 與或叛亂 則非六鎭之兵所能當也".

115) 『宣祖實錄』 卷17, 16年 6月 11日 辛酉, "備邊司公事 北方防禦 若至合冰 則 尤緊 當抄諸道精兵 以備不虞 全羅慶尙各八百 忠淸道六百 黃海道五百 開 城府一百 京中二百 勿論出身及兩班公私賤正軍抄擇 皆給保備戰馬待令 京 畿則以根本之地 且無武才 江原道亦方困於漕運及支供 勿抄".

확보하는 수단으로 納粟免賤이 실시되었다. 특히 明나라 원군이 조선에 도착한 선조 26년 1월부터는 많은 군량이 필요하였기 때문에 종량의 범위를 확대할 수밖에 없었다. 둘째, 선조 25년 11월 국가에서는 軍功廳을 설치하여 軍功事目을 정하고 論賞 규정을 완화하였다. 즉, 公私賤은 1級이면 免賤, 2급이면 羽林衛, 3급이면 許通, 4급이면 守門將에 제수되었다.116) 셋째, 보충대와 장용대의 去官 규정이 완화되고 國民皆兵制가 募兵制로, 五衛가 五軍營으로, 留防軍이 束伍軍으로117) 변화되는 등 군제변동으로 인해서 천인들의 신분상승은 더 쉽게 실현될 수 있었다.

---

116) 『宣祖實錄』卷51, 27年 5月 8日 乙酉.
117) 徐台源, 1993, 「束伍軍의 設置意義에 대한 研究」, 『紀全女子專門大學論文集』13.

제5장 武科를 통해 본 賤人의 신분변동

　『經國大典』이 반포된 성종대부터 조선 초기의 개방적 사회체제는 지양되고 양반관료 중심의 폐쇄적 사회체제가 강화되었다. 이에 따라 대내적으로는 良人의 私民化 현상이 확대됨으로써 신분의 양극화 현상이 심화되는 한편으로 軍役人口가 급속히 감소하였으며, 대외적으로는 사대교린에 바탕을 둔 쇄국정책을 실시함으로써 北虜南倭의 침략을 자초하였다. 특히 명종 10년(1555)의 을묘왜변과 선조 16년(1583)의 尼湯介의 난을 계기로 서얼과 공사천의 군역 편입이 실현되었는데, 당시 鎭管制가 制勝方略制로 전환되었던 군사제도의 전술적 변화에서도 양인 인구의 감소 현상을 간취할 수 있다.

　이와 같은 군제변동은 武士를 선발하는 조선 후기 무과에 큰 영향을 미쳤다. 조선 전기의 경우는 庶孼許通까지만 허용되었으나 임진왜란부터는 천인들이 대거 무과에 급제한 사실이 그것이다. 式年武科 실시가 제도적으로 정착된 조선 초기부터 천인들의 무과 응시는 원칙적으로 금지되었다. 그러나 임진왜란으로 군액 징발체계가 붕괴된 상황에서 정부는 필요한 軍兵의 확보를 위해서 천인의 무과 급제를 용인할 수밖에 없었다. 임진왜란이 끝난 광해군대에도 광취 무과를 통해 많은 급제자를 선발하였다. 그 이유는 후금이 서북쪽 국경을 침략할 경우 무과 출신자를 즉시 赴防軍士로 전환할 수 있었기 때문이다. 따라서 賤身分이 불법적으로 무과에 급제할 수 있는 여지가 더욱 많아지게 되었다. 한편 똑같은 북벌체제를 고수하였음에도 불구하고 인조·효종대에는 천인의 무과급제가 억제된 반면, 숙종대에는 활성화되었는데 이 같은 현상은 정치·사회변동에 따른 결과로 보인다.

그 동안 본 장의 주제와 관련한 연구시각은 다음 두 가지로 구분할 수 있다. 하나는 임진왜란 이후 천인의 무과급제가 광범하게 실현되었다는 것이고,[1] 다른 하나는 임진왜란과 양 호란 등 큰 전란에도 불구하고 양반제 사회가 지속됨으로써 천인의 무과급제가 실현되지 않았다는 견해[2]이다.

이 같은 연구경향은 전자의 경우, 양란 이후 사회변동에 기초한 신분변동이 광범하게 실현되었다는 견해는 타당하지만 실증과 역사 해석상의 문제가 있으며, 후자는 양란 이후에도 양반제 사회가 지속되었다는 전제에서 출발하였기 때문에 논증의 오류는 물론 시대 성격의 구명에서도 일방성을 면치 못하였다. 따라서 본 장에서는 이상의 연구경향을 비판적으로 수용하되, 임진왜란 이후 사회변동에 기초한 천인의 신분변동이 무과를 통해서 광범하게 실현되었다는 시각을 견지하였다.

賤人이 武科를 통해 신분상승하는 과정을 다음 세 시기로 나누어 살펴보려고 한다. 첫째는 임진왜란 직후부터 선조대 말까지의 賤人武科 시기이고, 둘째는 전란은 끝났지만 後金의 침략이 예상되었던 광해군대의 廣取武科 시기이며, 셋째는 인조대부터 숙종대까지의 萬科 시기가 그것이다. 무과를 통한 천인의 신분상승 과정을

---

1) 李洪烈, 1964,「萬科設行의 政策史的 推移」,『史學研究』18.
2) 宋俊浩, 1995,「朝鮮後期의 科擧制度」,『國史館論叢』63 ; 沈勝求, 1996,「壬辰倭亂 중 武科及第者의 身分과 特性」,『韓國史研究』92 ; 沈勝求, 1996,「壬亂 중 武科의 運營實態와 機能」,『第39回 全國歷史學大會 發表要旨』.

이상의 세 시기로 나누어 고찰하면 조선 후기 천인의 신분변동의 본질에 어느 정도 접근할 것으로 전망된다.

제1절 賤人武科와 신분변동

　　조선 전기에는 서얼과 공사천의 무과 응시가 원칙적으로 금지되었다. 그러나 세조대의 北征과 이시애의 난 및 선조대의 니탕개의 난을 계기로 허통이 실현되었다. 특히 尼湯介의 난을 계기로 실시된 서얼허통은 당시 급격한 군역인구의 감소 추세에 편승한 천인들의 군역 편제라는 군제변동3) 내지는 北虜南倭의 세력 신장에 따른 국제정세 변동과도 밀접한 관련하에 진행되었다. 한편 栗谷 李珥 등 서인세력이 세조의 민본사상을 계승·발전시킨 정치현상의 일단이라는 관점에서 볼 때, 임진왜란 이후 천인의 무과 참여는 실제로 여기서 그 바탕이 마련된 셈이었다. 따라서 천인의 무과급제를 분석하는 본 절에서는 왜병 首級의 다소에 따라 급제할 수 있는 합법적인 斬級武科와 천인들이 자기 신분을 양인으로 속이면서 급제하는 불법적인 무과급제로 나누어 검토할 것이다.

　　고려 말 添設職을 혁파하고 이어서 조선 초기부터 실시된 무과는 몇 종류가 있다. 3년마다 정기적으로 실시하는 式年武科와 부정기적으로 실시하는 增廣別試·別試·庭試·春塘試·謁聖試·外方別試·重試 등의 별시무과가 그것이다. 별시는 增廣試를 제외하고 그 시험 절차나 내용이 式年試보다 훨씬 간략하고 급제하기가 용이

하다는 특성을 갖고 있다. 또한 식년시와 증광별시가 初試·覆試·
殿試의 세 단계로 구성된 반면, 별시는 초시와 전시만으로도 인원
을 선발할 수 있었다. 정원의 경우도 식년시와 증광시는 각 도에 배
정된 인원을 鄕試를 통해 선발하였지만, 별시는 필요할 때마다 선
발하는 차이점이 있었다. 이 때 별시에는 지역별 초시인 鄕試가 없
었기 때문에 지방인들은 무과에 급제하기가 어려울 수밖에 없었
다.4)

무과의 고시과목은 講書와 武藝 두 가지가 있는데 講書는 覆試
에만 있었다. 따라서 식년시·증광시 이외의 별시에서는 武藝十技
와 講書를 합친 11技 중에서 2~3技를 선택하도록 하였다.5) 여기서
살펴본 조선 전기의 무과는 그 응시절차와 고시과목 등을 고려할
때 소수의 양반신분만 급제할 수 있는 고급 무인관료를 선발하는
국가고시 제도였음을 알 수 있다.

그렇다면 현실적으로 양인의 상층 이상만 급제할 수 있었던 이
같은 무과에 임진왜란 이후 어떤 과정을 통해서 천인들이 대거 급
제할 수 있었으며, 그에 따른 신분변동의 실상은 어떠하였을까. 이
에 대해서는 먼저 왜란으로 국가적 위기에 처한 정부가 위기를 극
복하는 방안으로 무과의 제반 규정을 완화함과 동시에 선발인원을
대폭 증원하였던 사실에서 찾아진다. 다음 사료를 통해서 이러한
사례를 확인할 수 있다.

  (1) 兩司가 아뢰기를, "지금 別試를 실시한 것은 권장하고 장려하
  는 뜻이지만 과거의 규정이 너무 느슨하여 과녁시험에서 화살 열

---

4) 李成茂, 1994,『改正增補 韓國의 科擧制度』, 集文堂 ; 宋俊浩, 1977,「李朝後
   期의 武科의 運營實態에 관하여」,『全北史學』1.
5) 李成茂, 1994, 앞의 책, 236쪽.

대를 쏘아 두 대 이상을 맞힌 사람은 모두 합격되었습니다. 따라서 평소 활도 잡을 줄 모르는 자와 힘없는 늙은이나 약하고 어린 사람도 많이 참여하고 있습니다. 더구나 州鎭의 官屬들은 태반이 참여하였으니, 실용에는 보탬이 없고 관가에 해만 있을 뿐입니다.”6)

⑵ 비변사가 아뢰었다. “군량과 마초를 운반하는 일은 계책이 궁하고 생각이 다하여 조처할 대책이 없습니다. 다만 저번에 무과에 급제한 자들이 거의 4천여 명에 이르는데 이 사람들은 화살 하나를 맞혀 과거에 급제한 자들로서 집에 돌아가 편안히 있습니다.”7)

⑴은 선조와 조정이 7월 초 義州로 피난한 이후 처음 실시한 무과 별시인데, 임진왜란 이전의 式年武科나 別試武科에 비해서 급제기준이 크게 낮아졌음을 말하고 있다. ⑵는 試取 규정이 ⑴의 경우보다 더욱 완화됨에 따라 무과급제자의 증가 현상이 나타나고 있음을 설명한 것이다. ⑴·⑵를 종합해 볼 때 임진왜란을 계기로 급제기준을 ‘10矢 중 2矢’ 내지는 ‘10矢 중 1矢’까지 완화하여 노약자와 신양역천의 官屬까지 급제함으로써 무과의 권위가 크게 실추되었음을 알 수 있다. 그러나 한편으로 많은 하층민이 무과를 통해서 대량으로 신분상승할 수 있었다. 한편 정부가 임진왜란 이후 공사천을 무과에 급제시켜 국가의 공민으로 편입시키려 한 정책은 선조의 다음과 같은 公私賤武科 설치계획을 통해서도 잘 드러난다.

上이 승정원에 전교하기를, “우리 나라는 예로부터 武略과 兵力이 미약하다. 대체로 공사천은 그 수가 軍丁보다 많을 터인데, 이름이 兵籍에 오르지 않았다. 그러나 公賤은 그래도 公家에서 부역하지만 私賤은 有司도 감히 어쩌지 못하여 국내에서 다른 인종이

---

6)『宣祖實錄』卷28, 25年 7月 4日 庚申.
7)『宣祖實錄』卷35, 26年 2月 8日 癸巳.

되었으니, 이는 고금 천하에 없던 일이다. 그러니 공사천의 활용방안을 말하고자 한다. 공사천의 設科는 三醫司의 雜科의 예와 같이 그 액수를 정하고 武材로써 시험하되, 입격한 자는 즉시 良人을 삼아 羽林衛에 예속시킨다. 私賤은 그 주인이 儒生이면 벼슬을 제수하고, 庶孽이면 許通하고, 公賤이면 모두 양인이 되게 한다. 조정의 신하이면 昇職시키고 당상관 이상이라면 국가로부터 후은을 받은 처지인데, 어찌 한두 명의 노복을 따지겠는가. 그러나 별도로 論賞할 것이다. 이와 같이 하면 몇 해 지나지 않아 독려와 권장을 기다리지 않고도 온 나라의 공사천이 모두 무술을 익혀 精兵이 될 것이니 이것은 그 대략이다. 더 자세한 내용은 有司의 事目에 있다. 이 방법이 어떠할지 자세히 상의하여 아뢰라."[8]

위 사료는 선조가 임진왜란을 극복하기 위한 방안으로 공사천무과를 三醫司의 雜科와 똑같이 설치하되, 급제자는 종량과 동시에 正軍에 편입시킬 것이며, 만약 私賤이 군역에 편제되는 대가로 종량하면 그 본주에게는 許通, 免賤, 軍功補官 등의 방법으로 보상한다는 내용이다.

한편 당시에는 공사천의 숫자가 良丁보다 많았음에도 불구하고 그들에게는 군역 의무가 없었기 때문에 北虜南倭의 침입에 효과적으로 대처할 軍兵이 부족하였다. 따라서 당시 진보적이고 개혁적인

---

8) 『宣祖實錄』卷39, 26年 6月 14日 丁酉, "上 敎政院曰 我國自來 武略不競 兵力單弱 蓋公私賤人 其數必過於軍丁 而名不登簽兵之籍 然公賤則猶能役於公家 至於私賤 則有司不敢問 爲國內一種人 此古今天下之所無也 然今無可爲 但予有一言 公私賤設科 如三醫司雜科之例 定其額數 試以武材 其入格者卽爲良 屬羽林衛 私賤則其主儒生則除職 庶孽則許通 公賤並爲良 朝臣則或陞職 堂上以上官 則愛國厚息 豈計其一二奴哉 然別施他賞 如此則不出數年 不待程督 一國公私賤 皆業武爲精兵矣 此其大略 其間曲折 在有司事目中矣 未知如何".

실학사상가들에 의해서 이러한 사실이 여러 번 지적되었다. 그러나 私奴婢와 挾戶階層인 佃戶·雇工·婢夫 등이 군역을 담당하게 되면 일체의 노동력을 그들에게 의존하던 지배계급의 생산관계 또한 파괴될 우려가 있었다. 따라서 세조대 北征과 이시애의 난 및 니탕개의 난 등 국가의 존망과 직결되는 것이 아니면 종량의 폭은 축소될 수밖에 없었다. 이와 같은 상황에서 선조는 우선 '왜군격퇴'를 명분으로 공사천무과의 설치를 표방하였으나 양반계급이 반대를 하고 나섰다. 먼저 비변사가 천인무과 설치의 부당성을 다음과 같이 지적하였다. 첫째, 羽林衛는 禁軍에 속하므로 시취 성적이 우수한 자만 제수하고 그 나머지는 모두 양인으로 삼을 것, 둘째, 本主에게 제수한 관직은 신중히 결정하되, 가능하면 代口免賤을 권장할 것 등이다.

이와 같은 비변사 의견에 대해 선조는 관직의 제수는 물론 혼란이 예상되지만, 천인무과를 계속 실시하기 위해서는 국가재정과 관련된 代口免賤은 적당하지 않다는 견해를 피력하였다. 어쨌든 임진왜란 때문에 양반관료들이 천인무과의 설치에 정면으로 반대할 수 없었다는 사실은 조선 전기와 비교해 볼 때 천인들의 신분적 지위가 상승할 수 있는 여건이 조성된 셈이었다. 또한 조선 성종대 이후 종량과 관련된 納粟免賤이 2~3회 정도에 불과하고 면천된 숫자도 십여 명에 지나지 않았다. 그러나 세조·선조 양대에 실시된 군공면천 등이 모두 전란을 계기로 가능하였음을 고려하면, 임진왜란은 전기의 엄격한 신분질서를 크게 붕괴시킨 요인 내지는 전환점이었다. 무과에 급제한 천인들이 모두 西班職에 제수되지는 않았지만, 紅牌만을 소지하고서도 士族으로 행세할 수가 있었던 사례 또한 이와 같은 선상에서 파악해도 무리가 없을 듯하다.

그러나 선조가 承政院에 公私賤武科 실시를 여러 차례 전교하였음에도 불구하고 실시가 지연되었다. 재차 전교한 다음의 사료에서 천인무과에 대한 선조의 의중을 파악할 수 있다.

⑴ 좌승지 張雲翼에게 전교하기를, "생원·진사의 初試에 武才를 시험 보이는 일과 공사천무과 실시를 무엇 때문에 거행하지 않고 있는가. 지난날처럼 전혀 武備를 잊어버리려 한다면 그만이거니와 만일 무예를 권장하여 방비에 관한 계책을 세우려 한다면 이 규정을 버리고 어떻게 할 수 있겠는가. 이 일은 단연코 거행해야 한다."9)

⑵ 상이 이르기를, "내 생각에도 서얼을 허통시키고, 공사천을 양인이 되게 하면 常人들이 모두 무예를 익히게 될 것이고, 생원·진사시에도 시험을 보이면 양반도 모두 무예를 익힐 것으로 여겨진다. 豊臣秀吉이 죽는다 하더라도 일본은 곧 우리 나라와 영원히 풀 수 없는 원수인데, 이런 때에 어떻게 앞의 규정에만 구애될 수 있겠는가. 듣건대 경상도의 풍속은 누구라도 아들 형제를 두었을 경우 글을 익힌 아들은 마루에 앉히고 무예를 닦은 아들은 마당에 앉혀 노예처럼 여긴다니, 국가에 오늘날과 같은 일이 있게 된 것은 경상도가 誤導한 소치이다. 옛적에 陸象山은 자제들에게 무예를 익히게 했고 王陽明은 말타기와 활쏘기를 잘했다 한다. 우리 나라는 책자만 가지고 자제들을 교육함으로써 文武를 두 갈래로 만들었으니 참으로 할 말이 없다."10)

---

9) 『宣祖實錄』卷43, 26年 10月 13日 癸巳, "傳于左承旨張雲翼曰 生進初試 試武才事及公私賤設科事 何憚而不爲擧行乎 欲如前日專忘武備則已 如欲爲勸武防備之計 則捨此規何以哉 此事斷然行之可也".

10) 『宣祖實錄』卷43, 26年 10月 22日 壬寅, "上曰 予意 庶孼許通 公私賤爲良 則常人皆習武矣 試於生進 則兩班皆習武矣 假使秀吉死 日本乃我國與天地無窮之讎 此時豈可更拘前規乎 聞慶尙道風俗 人有子兄弟 一子能文則坐於堂上 一子業武則坐於庭中 如視奴隸 國家之有今日 慶尙道誤之也 昔陸象山敎子弟習武 王陽明善騎射 我國只持冊子 以敎子弟 岐文武爲二道 甚無謂

사료 ⑴은 당시 양반관료들이 生員·進士初試에서 武才를 試驗한 것과 公私賤武科 실시에 대해 부정적으로 인식하였음을 설명한 내용이다. 한편 ⑵의 내용은 다음 세 가지로 요약할 수 있다. 첫째, 庶孽許通과 공사천무과 실시는 일반 양인과 양반 모두를 대상으로 무재를 습득케 함이 그 목적이다. 둘째, 성리학 중심의 경상도 풍속은 文人만을 숭상하고 武人을 천시한 것으로 이 때문에 오늘날 방어력이 약화되었고, 그 결과 일본군의 침략을 용이케 하였다. 셋째, 조선 성리학이 崇文賤武思想을 배태하여 국가적 위기에 처한 것과는 대조적으로 중국 양명학에서는 무술도 함께 교육하고 있다.

사료 ⑴·⑵를 통해서 볼 때 임진왜란 기간 중 선조가 생원·진사시의 초시에 武才를 시험하고, 공사천무과 실시를 시도한 것은 전란만이 아니고 조선·일본·후금의 세력관계를 통한 모든 국민의 방위의식 고취에 목적이 있었던 것으로 이해된다. 특히 임진왜란 중 선조가 文治主義的 성리학을 강하게 배척한 반면 무예를 기본 소양으로 한 양명학 사상에 경도되고 있는 모습이 주목된다.

당시 양반계급은 선조의 여러 차례에 걸친 전교에도 불구하고 公私賤武科의 실시를 지연한 까닭으로 다음과 같은 이유를 들었다.

公私賤 중에 약간 쓸 만한 자는 모두 면천되었으니, 지금 비록 과거를 실시한다 하더라도 필시 쓸 만한 인재가 없을 것이며, 또 지방 사람들은 모두 과거 보러 오기를 즐겨하지 않으므로 과거에 응하는 자가 반드시 적을 것이니 과거를 실시할 필요가 없다.[11]

그러나 이는 표면적인 이유에 불과할 뿐 본질은 지배계급 중심의

也".
11)『宣祖實錄』卷58, 27年 12月 25日 戊辰.

신분질서 확립에 있었던 것으로 생각된다. 이에 대해 선조는 공사천무과가 正科와는 다른 三醫司와 같은 雜科일 뿐임을 다시 한 번 상기시키면서 공사천 중 우선 공천에게만 무과 응시자격을 주자는 절충안을 제시하였다.12)

그러자 이번에는 鄭鑑 등 太學生이 임진왜란 이후 文廟에 祭享하는 典禮가 한 번도 시행되지 않았다는 사실을 언급하며 "書院을 철폐하고 武學을 설립해야 한다"는 하교 등이 국난을 극복하려는 조처이긴 하지만 만약 공사천무과를 허락한다면 명분이 문란해지고 명분이 문란해지면 후일 亂臣賊子가 반드시 출현할 것13)이라고 주장하였다. 이어 비변사에서도 士論이 이처럼 강경한 이유는 自强할 계책도 없이 中國 조정에 추종하기 때문이라고 하였다. 따라서 이와 같은 현실을 타개하기 위해 문묘의 전례를 거행하고 공사천무과는 取才에 불과하므로 과거라고 호칭할 수 없으며 사람들이 좋아하지 않으니 즉시 중지하라고 하였다.14) 마침내 선조가 비변사 의견을 좋음으로써 2년 이상 논의되었던 賤人武科 실시는 중지되고 말았다.

이 천인무과와 조선 후기 신분제도를 관련시킨 연구는 현재 신분변동론과 신분불변동론이 상호 대립되어 있는 실정이다. 전자는 천인무과가 천인의 신분상승에 크게 기여하였다고 보는 데 반해,15) 후자는 전혀 영향을 받지 않았다고 본다.16) 기본적으로 임진왜란 이후 신분변동론에 동조하는 필자는 다음에서 후자의 시각과는 다

---

12) 『宣祖實錄』 卷64, 28年 7月 15日 丙戌.

13) 『宣祖實錄』 卷66, 28年 8月 25日 乙丑.

14) 『宣祖實錄』 卷66, 28年 8月 10日 庚戌.

15) 平木實, 1982, 『朝鮮後期 奴婢制研究』, 159~164쪽.

16) 沈勝求, 1996, 「壬辰倭亂 중 武科의 運營實態와 機能」, 『第39回 全國歷史學大會 發表要旨』; 宋俊浩, 1992, 「身分制를 통해서 본 朝鮮後期 社會의 性格의 一面」, 『歷史學報』 133.

른 입장에서 논의를 전개하려고 한다.

공사천무과는 선조 26년(1593) 6월에 처음 설치되었으나 동왕 28년(1595) 8월에 폐지됨으로써 한 번도 시행되지 않았다. 그러므로 공사천무과는 출신자가 한 명도 없는 셈이다. 임진왜란 이후 신분변동을 인정하지 않는 연구자들은 이 사실을 그들 이론의 근거로 제시하고 있다. 실제로 위의 사료에만 국한해 보면 천인은 무과에 응시할 수 없기 때문에 임진왜란 중 무과를 통한 천인의 신분상승은 실현될 수가 없다. 그러나 실제는 그렇지 않았다. 다시 말해서 이 기간 중에도 정부의 묵인하에, 한편으로는 응시자의 불법적 수단에 의해서 무과를 통한 천인의 종량은 광범하게 실현되었다.

국가가 천인의 무과급제를 묵인한 사례를 살펴보면, 먼저 피난지에서 실시한 別試武科에 土兵이 대량으로 급제한 사실을 지적할 수 있다. 임진왜란 초기에 관군은 이미 붕괴되었으므로 선조는 義州로 몽진할 수밖에 없었고, 상황에 따라 渡遼까지 결행할 예정이었다. 그러나 일부 대신들의 반대로 중지되었던 사실은 잘 알려진 바와 같다. 그런데 渡遼를 반대했던 당시 대신들의 유일한 해결방안은 흩어진 義州 土兵을 무과로 소집하여 왜군에 대처하는 것이었다. 무과를 통한 土兵의 급제에 대해서는, 선조가 의주에 이르기 직전 평양에서 별시무과를 통해 이미 600명을 선발하였으며17) 의주에서도 무과를 실시한다면 1천여 명의 土兵을 선발할 수 있다는 기록이 확인된다.18) 이 밖에도 "行在所에서 별시무과를 시행하여 江邊

----

17) 『宣祖實錄』 卷26, 25年 5月 29日 戊子, "兵曹啓曰 土兵六百餘名 皆已聚會 明日 當爲別試射矣 不有非常之擧 無以聳動其心 居首者 特許直赴殿試 其次 直赴會試 又其次 馬匹箭竹論賞何如 上從之".

18) 『宣祖實錄』 卷27, 25年 6月 24日 壬子, "且天兵 雖多來 我國 不可無嚮導之軍 此軍聚集 亦急本州土兵 幾一千名 今雖潰散 若以科擧召集 此特一朝之事也 兵曹明日 欲爲試射 …… 答曰知道".

의 土兵과 황해도 병사를 더 뽑는다면 精兵 수천 명을 얻을 수 있을 것이다"[19]라고 한 사실 등에서 무과를 통해 흩어진 土兵을 모으는 것이 곧 전쟁의 승패를 좌우하는 요인이라고 인식하였음을 알 수 있다. 실제로 북쪽지역 土兵의 전투력은 下三道의 土兵이나 다른 지역의 精兵보다 월등하였기 때문에 그들의 무과급제 확률은 매우 높았다. 이 시기 무과의 試取規定이 10矢 중 1～2矢만 명중하여도 모두 급제할 수 있었던 사실을 감안할 때, 무과에 응시한 土兵은 거의 전원 급제하였을 것으로 추정된다. 따라서 이 같은 土兵의 무과급제 현상은 임진왜란 기간(1592～1598) 중 계속되었다.

신분변동론은 이 土兵을 대상으로 실시한 무과급제에서 土兵이 모두 천인신분이거나 또는 천인이 포함되어 있는 경우를 전제할 때만 논리가 성립된다. 그런데 土兵을 양인신분으로 규정한 연구결과[20]에 따르면 지금까지 설명한 土兵의 무과급제는 천인들의 신분상승과 직접 관련이 없다는 결론이 나오게 된다.

그러나 결론적으로 말한다면, 북쪽지방의 토병은 下三道 토병과는 달리 良賤身分이 혼재되어 있었다. 이 같은 현상은 關北·關西 지방의 關防體系가 다른 지역과는 달리 주민 모두가 관방에 참여하는 특수한 관습에 기인한다. 다음 사료에서 私賤들도 토병이 되는 경우를 확인할 수 있다.

이광정이 아뢰기를 "토병이 전무하여 六鎭이 모두 비었으니 公私賤을 土兵으로 充定해야만 버틸 수 있을 것입니다" …… 승훈이

---

19)『宣祖實錄』卷37, 26年 4月 12日 丙申, "上敎大臣曰 …… 但所率軍人及軍糧爲難 行在所卽設別試武擧 江邊土兵 黃海兵 或加抄 可得精兵數千 軍糧則予未知其何以措置也".

20) 李章熙, 1984,「朝鮮前期 土兵에 대하여」,『藍史鄭在覺博士古稀紀念東洋學論叢』, 235쪽.

아뢰기를, "이광정의 말은 육진의 사정을 모르는 것입니다. 북방의 공사천은 三南의 공사천과 같지 않아 호환이 있으면 모두 싸움에 나가니 일종의 토병입니다."21)

위 사료에 따르면 土兵의 신분규정은 두 가지로 나눌 수 있다. 하나는 토병을 良人으로 본 것이고, 다른 하나는 公私賤도 토병으로 간주한 것이다. 여기서 감소된 六鎭의 토병을 공사천으로 充定하자는 전자의 경우는 군역 의무가 없는 공사천을 公民的 존재인 양인으로 편제함으로써 국가재정을 확충하자는 의도가 강하게 내포되어 있다. 북방의 공사천은 하삼도의 공사천과 다르게 토병의 일종이라는 후자의 주장은 국가에 대한 공민적 부담을 지지 않기 위해서 천인신분으로 계속 남아 있되, 관방체계에서 토병의 역할만은 충실히 하겠다는 것으로 해석된다.

특히 이 시기에 兩界지방의 공민적 존재인 양인이 邊將이나 權勢家의 지배하에 들어가 私民으로 변질된 경우가 보편화되었던 사실을 감안할 때, 良人土兵의 신분적 지위가 변화되어 賤人土兵으로 전락되었을 것으로 생각된다. 이와 같은 관점에서 볼 때 임진왜란 중 천인토병으로서 별시무과에 급제하면 그들의 신분은 이미 무인관료로서 양인신분이 되었다.

그렇다면 양계지역을 제외한 하삼도 천인들의 무과급제 현황은 어떠하였을까. 이에 대해서는 임진왜란 중 필요한 軍額의 확보를 위해서 선행한 斬級武科를 조건으로 한 천인들의 불법적 무과급제 현상의 보편화를 지적할 수 있겠다. 이는 한편으로 16세기 후반부

---

21) 『宣祖實錄』 卷165, 36年 8月 24日 丁未, "光庭曰 土兵絶無 六鎭一空 公私賤 充定土兵 然後庶可支持 …… 承勳曰 光庭之言 不知六鎭之情也 北方公私 賤 不類三南之公私賤 如有胡患 率皆赴戰 亦一土兵".

터 대두한 신분변동의 여러 요인과 임진왜란 기간의 국가지배질서
약화 현상에 수반하여 그 범위가 더욱 확대되었을 것으로 생각된다.
다시 말해서 명종대부터는 평민의 서자도 손자대에 이르러 과거에
응시할 수 있었고,22) 선조 16년(1583) 니탕개의 난부터는 庶孽의 法
制的 許通이 마침내 실현되었으며23) 공사천의 허통도 임진왜란 초
기에 斬級을 조건으로 허용되었다는 사실이 그것이다.24)

그러나 三醫司 雜科와 같은 독립된 천인무과의 시행은 양반 지
배계급의 반대와 양천 신분의식의 사회적 관습으로 인해서 2년 반
동안 논의만 하였을 뿐 결국 제도화되지는 못했다. 단 천인무과가
실시되지 않았다 해도 정부가 從軍者를 확보하기 위해 실시한 무과
에서 천인들이 신분을 속이고 급제하면 그들은 양인신분이 되었다.
"勇士를 모집할 때 行在所나 근처에서 朝臣·士族·賤人을 막론
하고 스스로 응모하도록 허락했다"25)고 한 것이 저간의 사정을 잘
설명하고 있다.

천인들의 무과급제 규정이 완화된 것을 제도적 측면에서 살펴보
면, 첫째, 선조 25년(1592) 11월 정부가 마련한 軍功事目 중 노비에
대한 論賞 규정에서 "공사천이 倭兵 3級을 참하면 허통한다"26)고
한 것과, 둘째, 동왕 26년(1593) 9월 선조가 내린 書狀에 "初試에 합

---

22) 『明宗實錄』 卷15, 8年 10月 9日 壬午.

23) 『宣祖實錄』 卷17, 16年 2月 12日 乙未, "兵曹事目 自願赴防六鎭者 滿三年
則庶孽許赴科擧 公私賤從良 私賤則其代以公賤充給 兩司請勿擧行 不允 後
允之".

24) 『宣祖實錄』 卷51, 27年 5月 8日 乙酉, "軍功廳啓曰 公私賤 一級則免賤 二級
則羽林衛 三級則許通 四級則除守門將 已成規例矣 旣已許通而除職 則當與
士族無異 如有斬級 至於十至於二十者 依事目論賞 則雖以私奴之賤 必付東
班正職 然後乃止 官爵之猥濫 莫此爲甚 不但此也 雖才人白丁匠人山尺等賤
數 亦超躐高職 若張吾石乙類是也".

25) 『宣祖實錄』 卷37, 26年 4月 12日 丙申.

26) 『宣祖實錄』 卷51, 27年 5月 7日 甲申.

격하고 전쟁에 나가 首級을 베면 즉시 紅牌를 지급토록 하라"[27]는
것을 들 수 있다.

이는 생원·진사 초시에까지 무예를 시험하려고 한 선조의 무과
우대정책에 기인하는데, 실제로 이 시기에 많은 수의 서얼과 공사천
이 무과에 급제하고 있으며,[28] 이러한 추세는 선조 30년대에도 지
속되었다.

과거를 실시하여 武士를 취하는 목적은 본시 무예에 능한 인재를
얻어 敵을 막으려는 것인데, 근년 이래로 조정의 계책이 전도되어
邊防이 다급하다는 소식만 있으면 별다른 계획도 없이 그저 과거
보이는 것만 상책으로 삼았다. 그리하여 많게는 1천 명을 넘고 적
어도 1백 명을 밑돌지 않았다. 步射는 1백 보 지점의 과녁에서 화
살 다섯 개 중 한 개만 맞힌 자도 취하였고, 騎射는 노둔한 말을 타
고 다섯 개의 화살 중 한 개만 맞혀도 취하였는데, 이와 같은 일이
해를 거르지 않았고, 더러는 한 해에 여러 번 실시되었다. 이 때문
에 무과에 입격하여 홍패를 지닌 자가 부지기수였으므로 皂隷·庖
丁·公私賤 따위가 모두 과거에 올랐다. 본인이 죽으면 더러 그 紅
牌를 다른 사람에게 파는데 홍패를 산 사람이 자기 姓名으로 고쳐
도 판별할 수가 없었다. 鄕曲의 무지하고 우매한 백성은 나도 홍패
가 있으니 곧 귀인이라고 하는가 하면, 심지어 제 父兄에게 거드름
을 피우는 등 못하는 짓이 없었다. 만약 제 아비가 호미를 잡고 밭
을 매면 그 아들이 언덕에 올라 看役하기도 하고, 또는 죽은 아비
가 천인일 경우 무덤에 가서 제사를 올리는 것조차 달갑잖게 여겼
다.

그러니 과거의 폐단이 名器를 문란시킬 뿐 아니라 풍속을 손상

---

27) 『宣祖實錄』 卷42, 26年 9月 8日 己未.
28) 『宣祖實錄』 卷43, 26年 10月 17日 丁酉.

시키기까지 하였다. 무과의 실시가 어찌 이렇게 하기 위한 것이겠
는가? 당시 사람들이 속담을 지어 희롱하기를 "도망간 노비를 찾
으려면 武榜을 뒤지라"고 하였으니 이는 천시해서 한 말이다. 활도
잡을 줄 모르고 글자도 모르는 자들에게 벼슬을 주고 적을 막게 하
였으니 이것이 잘못된 것이 아니겠는가.

이처럼 과거급제가 극도로 천하여 仕路가 매우 넓으니 下賤으로
서 등과한 자가 온갖 계략과 뇌물로 守令·邊將에 임명되었는데,
그 지역의 좋고 나쁨에 따라 값의 고하가 정해지고 낙점받은 날에
는 또 꾸러미를 싸들고 다니며 攀附할 길을 엿보았다. 국법과 풍속
이 난잡하고 혼탁하기가 이처럼 극에 달하였으니, 바로잡고자 하여
도 또한 어쩔 수가 없다. 참으로 한심한 노릇이다.29)

이 사료는 선조 30년(1597) 4월 謁聖殿試의 文武科 唱榜에서 문
과는 9명, 무과는 1,070명이 급제한 사실을 갖고 史臣이 논평한 내
용이다. 여기서 알 수 있는 것처럼 임진왜란 중 천인들이 불법적으
로 무과에 급제한 경우가 많았는데, 일단 홍패를 소지하면 최소한
양인으로 신분상승되거나 또는 홍패를 통해서 수령과 변장 등에 임

---

29)『宣祖實錄』卷87, 30年 4月 19日 己卯, "史臣曰 設科取武士 本欲得弓馬之
才 而禦外侮也 近年來廟筭顚倒 邊上有警急消息 則別無他圖 唯以設科 爲
上策取之 多或過千 少不下百 而步射則揷貫革於百步之地 五矢一中者 以爲
入格而取之 騎射則跨百鞭一步之馬 五矢一中者 亦以爲入格而取之 如是者
殆無虛歲 一歲或累擧焉 以故 捷武科而有紅牌者 其麗不億 皂隸庖丁公私賤
皆得登科 或身死而賣其紅牌於他人 則他人以紅牌中姓名 改其名而自占 亦
莫能辯別 鄕曲無知愚岷 自以爲我有紅牌 乃是貴人 甚者驕其父兄 無所不至
或其父執鋤耘田 而其子登壟看役 或以其亡父爲賤人 不肯上塚致祭 然則科
擧之弊 不但名器紊亂而已也 至於傷風敗俗 武科之設 豈端使然哉 時人作諺
戲之曰 欲得逃奴 當考武榜 蓋賤之也 不能操弓 不知一字 而欲使此輩 當官
禦敵 不其左乎 科第極賤 仕路甚廣 下賤登科者 百計鑽刺 皆以賄賂圖差 守
令邊將 隨其地之美惡 而價有高下 至於受點 亦以包苴而窺覘攀授 國法民風
亂雜淆漓 到此極處 雖欲捄正 亦無奈何 誠可寒心".

명되어 지배계급으로 신분상승할 수 있었다. 여기에서 홍패의 소지가 곧 신분상승과 직결된다는 점에서 천인들의 무과급제는 임진왜란 이후 신분제 동요를 촉진한 직접적 요인이었다고 하겠다.

따라서 부유한 천인들이 신분상승을 전제로 홍패를 구입하였다고 볼 수 있겠는데, 이 같은 신분의 상품화는 임진왜란 중에 실시한 무과를 통해서 더욱 증대하였으며, 이에 따라 천인의 신분상승 폭도 더욱 확대되었을 것으로 이해된다.

이 시기 무과를 통해 천인의 종량이 보편적으로 이루어진 사례는 "도망간 노비를 찾으려면 武榜을 뒤지라"고 한 것이나 천인들의 무과급제가 아주 흔해져 천인으로서 수령과 변장에 임명된 경우가 많았던 사회현상에 대해 "이를 바로잡고자 하여도 어쩔 수가 없다"고 한 데서 더욱 잘 드러난다. 따라서 천인들의 무과급제로 인한 신분제의 동요 현상은 국가의 집권력이 약화된 것과 밀접한 관계가 있다. 이러한 사실은 正言 趙潚의 상소에서 잘 알 수 있다.

난을 겪은 이후로 과거에 나아가는 길이 엉망이 되어 무과의 경우 庶孽·公私賤으로서 허통되기를 기다리지도 않고 외람되게 끼여든 자들을 이루 헤아릴 수 없는데, 대방이 한 번 무너져 바로잡기가 어려우니 참으로 한심스럽습니다. 지금 이후로는 문무과에 응시하는 사람에 대해 京中은 五部에서 하고, 外方의 경우는 본인이 사는 고을과 그 동내 유사 및 유향소에서 하며, 내외로 허물이 없고 분명히 허통된 자인지를 분별하여 小名으로 成冊하고, 漢城府와 각 도의 관찰사에게 보고하여 入門官에게 보내 기록된 이름을 빙고케 해야 합니다. 그리하여 그 책에 이름이 없는 자는 일체 응시하지 못하게 하되, 만약 함부로 이를 어기는 자가 있으면 낱낱이 적발하여 무겁게 치죄해야 합니다.[30]

이 사료는, 천인은 문무과에 응시할 수 없는데도 임진왜란 이후 국가의 행정조직이 붕괴된 틈을 이용해서 서얼과 공사천이 대량으로 무과에 급제한 사실을 전해 준다. 특히 이 시기가 재침략기(1597. 1~1598. 11)로서 무과출신의 赴防軍士가 필요한 상황임에도 불구하고 문무과 응시자의 허통 여부를 서울과 지방에서 철저히 가린 연후에 응시케 하자고 한 것은 당시 왜군의 세력이 경상도에 한정되어 사회가 안정됨으로써 양반들이 그들 중심의 신분질서 확립을 시도한 경우라고 생각된다. 그러나 이러한 지배계급의 봉건적 신분질서 확립의지는 이상론에 불과할 뿐 현실적으로 서얼과 공사천 등 천인들을 군역에 편제하지 않고는 전쟁을 수행할 수 없는 실정이었다. 임진왜란이 끝난 광해군대에도 천인들의 합법적인 무과 급제가 지속된 사실에서 그러한 사실을 확인할 수 있다.

제2절 廣取武科와 신분변동

앞 절에서는 임진왜란 기간 중 천인들이 무과를 통해서 신분상승하는 과정을 검토하였다. 그 결과 조선 전기에는 賤身分의 무과 응시가 원칙적으로 금지되었으나 임진왜란 중에는 1회에 수천 명씩 別試武科 급제자를 냈고 그 중 다수의 공사천이 급제한 사실을 확

---

30) 『宣祖實錄』卷89, 30年 6月 5日 甲子, "正言趙濈來啓曰 …… 經亂以後 赴擧之路混淆 武科則庶孽公私賤 不待許通而濫入者 不可勝紀 大防一壞 難以校正 誠可寒心 請自今以後 文武科應赴人 京中則五部 外方則所居官與各其洞內 有司留鄕所 辨別內外無咎及分明許通者 所名成冊 報漢城府 各道觀察使使送于入門官 憑考錄名 而成冊名無人 一切勿爲許赴 如有冒濫者 ——摘發從重治罪".

인하였다. 본 절에서는 전란이 끝나고 사회가 안정됨으로써 상대적으로 임진왜란 기간보다 신분변동 요인이 축소될 것으로 전망되는 광해군대에 있어서 廣取武科를 통한 천인의 신분변동 관계가 어떠하였는지를 살펴보려고 한다.

결론부터 말한다면, 천인들의 무과급제는 광해군대에도 선조대와 마찬가지로 변함없이 지속되었다. 광해군대에 이르러 사회가 안정되었음에도 불구하고 이처럼 賤人의 良人化 폭이 축소되지 않은 이유는 어디에 있을까. 그것은 다음과 같은 몇 가지 사실 때문이 아닌가 한다.

첫째, 이 시기에 여진족을 통일한 後金의 세력이 급팽창하여[31] 국경을 방어할 赴防軍士가 필요하였고, 이에 따라 천인들이 무과에 급제할 수 있는 여지가 상대적으로 높아졌다. 둘째, 임진왜란 직후부터 계속된 사회현상인데, 五衛의 군사제가 붕괴됨으로써 양반계급과 부유한 양인 상층이 군역에서 면제되거나 혹은 군역을 회피하는 현상이 확대되었다. 그 결과 군병의 총 숫자는 임진왜란 이전과 비교할 때 9분의 1에 불과하였으므로[32] 천인의 양인화를 확대하기 위한 다양한 방법이 모색되었다. 셋째, 광해군대에 실시된 일련의 종량 정책은 광해군과 北人政權의 개방적인 신분정책에 그 바탕을 두고 있다.

따라서 광해군 8년(1616) 12월 廣取武科 실시 이전의 종량 정책 중 선조대의 그것과 구별되는 것은 다음 두 가지로 요약할 수 있다. 하나는 양계지방의 內奴와 公私賤이 보충대와 장용대의 거관을 통

---

31) 『光海君日記』 卷128, 10年 5月 5日 壬辰.
32) 『光海君日記』 卷125, 10年 3月 1日 庚申, "兵曹軍數桀聞 平時則騎步兵元數 十八萬 而通計奉足 幾至五十萬 今則兵屋六萬 其中多有絕戶流亡者 除各色 軍訓鍊都監哨軍戶奉足 並萬餘名外視 平時不及九分之一 良民逃役之弊 據 此可知".

해서 종량한 것이고,33) 다른 하나는 도망한 私賤이 內需司에 투속한 다음 내수사의 권력을 이용해서 從良하는 것이다.

그러나 군역 편입을 조건으로 한 公賤의 종량은 문제가 없었지만, 私賤은 사유재산으로 간주되었기 때문에 本主에게 공천으로 代口하거나 관직을 제수해야 하는 등 국가재정 내지는 관직의 질서확립 차원에서 문제가 되었다. 또한 이미 종량한 私賤이 본주와의 신분적 주종관계를 쉽게 청산하지 못한 것34)도 광해군 8년(1616)부터 강화되기 시작한 淸의 침략에 효과적으로 대처할 수 없는 요인이었다. 한편 임진왜란부터 광해군 초기까지 무과출신자의 총 숫자는 2만 8천여 명에 달했다. 따라서 광해군은 그들을 赴防軍士로 선발해서 서북쪽에 배치토록 지시하였다. 이에 대해 備邊司는 "임진왜란 이후의 무과급제자는 실제로 많지만, 年老하거나 사망한 자를 제외하고 대부분 양계지방으로 들여보냈는데, 그 가운데는 編將이나 裨將의 이름을 걸고 제 집에서 편히 지낸 자도 또한 많다"35)고 하였다.

이와 같이 광해군 전기는 무과급제에 대해 정부와 급제자가 상호 다르게 인식한 과도기였다고 생각된다. 즉, 정부가 임진왜란 이후의 무과급제를 부방군사의 확보 수단으로 인식한 반면, 무과출신자들은 官職과 官品을 제수받아 신분상승하는 수단으로 보았다. 따라서 당시 무과출신자들은 紅牌를 소지한 순간부터 赴防을 기피할 여러 방법을 모색하였다. 이 방법으로서는 첫째, 서울과 경기지역의 무과출신자들은 赴防이 제외되었으므로 지방응시자가 武科榜目의 거주지 난에 서울로 표기하거나36) 둘째, 軍官·千摠·把摠·哨官 등의

---

33) 壯勇隊 去官을 통한 從良은 李弘斗, 1996, 「壯勇隊를 통한 朝鮮時代 賤人의 身分變動」, 『實學思想研究』 8 참조.
34) 『光海君日記』 卷125, 30年 4月 19日 己卯.
35) 『光海君日記』 卷143, 11年 8月 24日 甲戌.

군직에 제수되어 부방을 모면하고, 셋째, 本邑의 吏胥와 결탁하여 노쇠하거나 병들었다고 핑계한 다음 북도의 添防과 赴防을 면제받는[37] 방법 등이 있었다.

이상에서 살펴본 일련의 사실을 통해서 정부의 기본 입장과는 다르게 출신자 대부분은 실제로 부방에서 면제되고 있음을 알 수 있겠다. 따라서 이 같은 무과급제자들의 부방 면제는 광해군대부터 강화된 후금의 군사적 압력에 직면해서 개선되어야 할 시급한 문제였다. 이에 당시 정부가 내놓은 대비책이 곧 광해군 12년(1629)에 실시된 廣取武科[38]와 광해군 초기부터 준비한 號牌法이다.[39] 특히 호패법은 실시되기 직전에 폐지되었기 때문에 정부는 광취무과에 더 많은 비중을 둘 수밖에 없었다. 이와 같은 사실을 반영한 광취무과 실시의 전제조건은 다음 두 가지로 요약할 수 있다. 하나는 서북쪽의 부방을 모든 무과급제자들이 반드시 거쳐야 하는 役으로 삼는 것이고,[40] 다른 하나는 1만 명의 무사를 급제시키는 것이었다.[41]

그런데 광취무과는 소수의 정원만 선발하는 式年武科나 增廣別試와는 달리 한 번에 1만 명씩 선발함으로써 나타날 수밖에 없는 시행상의 문제점을 갖고 있었다. 먼저 公私賤과 鄕吏 등이 응시함으로써 신분의 하향적 지원현상이 나타난 것이고, 다음으로 試取 규정을 크게 완화한 것이 그것이다. 전자에 관해서는 후술하기로 하고 여기서는 시취규정이 완화된 문제만을 간단히 살펴보도록 하

---

36) 이같이 당시의 武科榜目은 허위로 기재한 사실이 많았다. 따라서 무과방목에 기록된 사실을 연구 자료로 쓸 경우에는 사료비판에 신중을 기해야 할 것이다.

37) 『光海君日記』 卷9, 卽位年 10月 21日 乙亥.

38) 『光海君日記』 卷148, 12年 1月 2日 辛巳.

39) 『光海君日記』 卷35, 2年 11월 11日 壬子.

40) 『光海君日記』 卷173, 14年 1月 22日 戊午.

41) 『光海君日記』 卷146, 11年 11月 8日 丁亥.

겠다.

광해군대의 무과 시취규정은 전체적으로 볼 때 응시자격에는 변화가 없었다. 그러나 급제인원과 응시절차 및 시험과목에서는 많은 변화가 있었던 듯하다. 먼저 급제인원의 경우 "式年試나 增廣試에는 원래 정해진 숫자가 있기 때문에 한 사람이라도 더 뽑거나 덜 뽑을 수가 없었다. 그런데 광해군 10년(1618) 增廣武科에서 初試入格者 300여 명 모두를 급제시킨 다음"[42] 곧바로 直赴會試한 것[43]에서 당시 급제인원의 변화 내용을 알 수 있다. 다음으로 응시절차의 변화는, 식년시나 증광시뿐 아니라 모든 별시의 殿試 응시자도 모두 서울에 모여 등위를 결정하였는데 양계지방에서는 武科 殿試까지 承旨가 대행하여 실시하고 현지에서 곧 放榜한 경우도 있었다.[44] 마지막으로 시험과목의 축소와 합격기준의 완화 문제이다. 종래의 경우는 鐵箭이나 木箭 모두가 '3矢 중 1矢' 이상이어야만 급제하였는데, 광해군대에 실시한 武科에서는 미리 정한 많은 숫자를 채우기 위해서 六兩箭으로 1백 보 이상에서 쏘는 步射와 騎射에서 한 가지만 통과하면 모두 합격시켰다.[45]

이상에서 살펴본 광해군대의 무과 시취규정 완화는 1만 명 이상의 급제자를 선발하기 위해 정부가 능동적으로 취한 조처였음을 알 수 있다. 따라서 급제자의 신분의 하향 추세는 불가피한 현상이었다. 이 같은 현상에 대해 당시 양반계급은 천인들의 무과급제를 적극 저지하였지만, 천인으로서 무과에 급제하여 일단 紅牌를 소지하면 品官이 되어 사회적 지위가 상승될 뿐 아니라 赴防도 면제될 여지가 많았기 때문에 천인들의 무과응시는 점차 확대될 수밖에 없었

---

42) 『光海君日記』 卷126, 10年 4月 8日 丁酉.
43) 『光海君日記』 卷131, 10年 8月 5日 辛酉.
44) 『光海君日記』 卷153, 12年 6月 14日 庚申.
45) 『光海君日記』 卷146, 11年 11月 18日 丁酉.

다.

그렇다면 양인 이상이어야만 응시할 수 있었던 당시 무과에 실제로 얼마만큼의 천인들이 급제할 수 있었을까. 다음 사료에서 그 해답의 실마리를 찾을 수 있다.

⑴ 司諫 鄭道가 아뢰기를, "이번 廣取의 거조는 실로 성상께서 서쪽 변방을 우려하신 데서 나온 것이니, 마땅히 용감한 군사들을 뽑아서 防戍하는 데 그 목적이 있습니다. 그런데 私情을 행하여 대신 쏘게 하여 장사와 약질을 분간하지 않았고 사정을 써서 함부로 등록시켜 천민과 서얼이 많이 차지하였습니다. 이것으로 말미암아 기강이 더욱 훼손되었고 명분이 이 때문에 더욱 문란해졌으니 신은 삼가 민망하고 통탄스럽습니다."[46)]

⑵ 집의 崔濩가 아뢰기를 "…… 근년에 오면서 나라에 기강이 없고 사람들이 법을 무서워하지 않아 함부로 응시하고 염치를 무릅쓰고 입격한 사례가 이 과거에서 더욱 심했습니다. 대신 쏘아 합격한 자들이 자못 많아 오늘 떨어진 자들이 내일 官服을 갈아입고 들어와 쏘기도 하고, 다음 날 떨어진 자가 또 그 다음 날에 名號를 고쳐 쓰고 들어가 쏘기도 하는 등 지우고 다시 쓴 단자도 많았습니다. 뿐만 아니라 외방의 驛卒·私賤·雜類 등이 자기 身役을 숨기고 保人이라고 쓰지만 그 진위를 가릴 수가 없습니다. 심지어는 무뢰배들이 온갖 방법을 써서 자신의 점수를 따져 보아 參榜하기에 부족하면 선생에게 부탁하여 마침내 높은 점수의 擧子를 떨어뜨리기도 하고, 혹은 錄名官과 공모하여 應參한 단자를 빼 버리는 등 여러 가지 괴이한 일들이 참으로 많습니다."[47)]

---

46)『光海君日記』卷148, 12年 1月 2日 辛巳, "司諫鄭道啓曰 今此廣取之擧 實出於聖上西顧之憂 當選熊羆之士 以備防戍之用 而行私代射 壯弱不分 用情冒錄 賤孽居多 紀綱由是而益毀 名分職此而愈紊 臣竊悶痛".
47)『光海君日記』卷148, 12年 1月 2日 辛巳, "執義崔濩啓曰 …… 近年以來 國

위 사료는 천인은 원칙적으로 무과에 응시할 수 없으나 광해군 11년(1619) 12월에 실시한 광취무과에서 허통되지 않는 천인과 서얼로서 무과에 급제한 자가 많았던 사실을 설명하고 있다. 특히 ⑴에서는 천인들의 무과급제 현상이 보편화됨으로써 사회기강이 문란해졌을 뿐 아니라 상하존비적 명분이 와해된 현실을 말하고 있다. ⑵에서는 廣取武科의 기본적 성격으로서, 무과응시자가 불법으로 응시함에 따른 급제자의 신분하강 현상과, 驛卒・私賤・雜類 등 有役者가 급제하였지만 정부가 그 진위를 가릴 수 없다는 두 가지 사실을 지적하고 있다. 특히 후자와 같은 현실에서 천인들의 무과급제의 폭이 더욱 확대되었으며, 그 결과 무과를 통한 천인들의 신분상승이 지속적으로 실현되었다고 생각된다.

다음으로 천인들은 어떻게 자기 신분을 속이면서 무과에 응시할 수 있었을까. 그 구체적인 방법에 관해서 살펴보기로 하겠다.

司憲府가 아뢰기를 "…… 지금 廣取武科에서 京外의 수를 모두 계산한다면 일만여 명에 이릅니다. 그런데 함부로 기록하여 參榜한 자들이 간사하고 은밀한 술책으로 눈을 어지럽게 하고 참된 것을 혼란시켜 어떤 사람은 保人이라 칭하기도 하고, 어떤 사람은 禁軍이라 일컫기도 하며, 어떤 사람은 資級을 써넣기도 하고, 어떤 사람은 校儒라고도 하여 귀신같이 출입하고 있어 그 단서를 알 길이 없습니다. 그러니 비록 밝은 지혜가 있더라도 환하게 살필 수가 없으며, 試所에서는 적발하기가 어렵습니다."[48]

無紀綱 人不畏法 奸濫冒占 此科尤甚 代射得中 頗多其類 或今日見屈者 明日變着冠 腹而入射 或明日見屈者 又明日改書名號而入射 塗擦單字 厥數亦多 外方驛卒私賤雜類 或隱役名 書以保人 眞僞眩亂 莫能摘發 甚至無類之徒 百端用術 計其分數 不足參榜 則或請囑先生 遂停優書之擧子 或同謀錄名官 拔去應參單字 種種可怪之事".
48) 『光海君日記』卷148, 12年 1月 11日 庚寅.

위 사료는 천인들이 무과에 응시할 때 자기 役名을 속인 여러 형태를 설명한 것이다. 즉, 천인 신분의 응시자들 모두가 保人·禁軍·資級·校儒 등 良身分 이상에 투속하였음을 말하고 있다. 保人은 正軍을 보좌하는 데 불과하지만, 그들이 보인일 경우 한편으로 양인이라는 사실이 입증되기 때문에 비록 士族의 자제라도 직이 없을 때는 보인이라고 표기하는 것이 조선 전기부터의 관례였다. 그런데 임진왜란 이후 천인들의 신분상승이 보편화됨으로써 양인 상층이나 士族들만이 참여할 수 있는 禁軍·資級·校儒 등에까지도 천인들의 투속하고 있음을 알 수 있다. 이 같은 사실은 광해군대에 이르러 천인의 사회신분이 상승되었음을 반영한다.

한편 천인의 양신분 투속에 의한 무과 참여에 대해 試所에서 적발할 수 없었던 것이 당시의 실정이었다면, 이 문제에 대한 정부와 지배계급의 입장은 어떤 것이었을까. 먼저 廣取武科를 통한 천인들의 仕路許通은 당시 양반지배계급의 입장에서 볼 때 삼강오륜의 도덕질서를 붕괴시키는 요인으로 인식되었기 때문에 이를 적극 저지하려 하였다. 司憲府의 다음 상소에 그 같은 사실이 구체적으로 드러나고 있다.

司憲府에서 아뢰기를, "…… 해조로 하여금 八道 감사에게 행회하여 初試人이 사는 각 고을의 수령을 엄하게 신칙해서 각 擧子의 용모·나이·役名·四祖 및 거주하는 마을이름과 과거에 응시할 때 시골에 있었는지 서울에 올라갔었는지의 여부에 대해 수령이 친히 검열하고 모든 고을에 직접 물은 뒤에 成冊하여 그 사람의 이름을 기록해서 올려 보내도록 하고 殿試 때 성책의 내용에 따라 擧子에게 사실 여부를 알아본 다음 과거시험에 응시토록 허락해서 대신 쏘거나 함부로 기록하는 일을 막게 하소서."[49]

위의 사료는 양반들이 천인들의 무과응시를 원천적으로 봉쇄하기 위한 방법을 제시한 것이다. 다시 말해서 試所에는 천인들이 신분을 속이고 응시하는 것을 막을 수 있는 제도적 장치가 없기 때문에 初試人이 사는 고을에서 擧子의 용모·나이·役名·四祖 및 거주지 등을 책으로 만들어 중앙에 보고하되, 그 사실 여부를 守令과 鄕所의 色吏에게 책임지도록 하며, 殿試 때는 본 고을에서 작성한 成冊의 내용을 바탕으로 擧子의 본인 여부를 확인하여 시험장에 들여보냄으로써 활쏘기의 대리시험까지 방지할 수 있다는 것이다. 만약 紅牌를 받고 御賜花를 내린 뒤일지라도 本主가 文券을 가지고 사실임을 辨訟해 오면 즉시 科名을 깎게 하고 背主律로 논하여 처단하도록 건의하였다.

공사천과 서얼로서 무과에 급제한 자를 조사하여 도태시키는 일에 대한 이러한 대간의 상소 외에, 광해군 역시 이 문제에 대해 별도의 전교를 내렸다. 廣取武科를 실시하기 두 달 전 8천 명의 정원을 예정한 상황에서 공사천과 內需司奴婢의 등록을 일체 불허하였던 것이 그것이다.50) 그러나 정원이 1만 명으로 최종 확정된 단계에서도 정부는 급제한 공사천을 과감하게 도태시키지는 않았다.

당시 허통되지 않는 三醫司·別破陣·忠贊衛 등의 급제에 대해 각 관청의 行首有司를 불러 전교에 따라 핵실토록 계유하였으나 삼의사는 겨우 한두 명의 贖身되지 못한 자를 책임막이로 써 올렸을 뿐이고, 別破陣과 忠贊衛는 끝내 現告하지 않았다. 이로써 미루어 보면 경우는 조금 다르다 하더라도 급제한 천인들의 罷榜 역시 쉽게 실현될 수 없었다.

또한 이 시기에 廣取武科의 初試와 殿試 때 활쏘기를 대리로 하

---

49) 『光海君日記』 卷148, 12年 10月 11日 庚寅.
50) 『光海君日記』 卷145, 11年 10月 25日 甲戌.

였다가 현장에서 붙잡힌 자도 많았다. 그러나 1년 동안 가두기만 하였을 뿐 법에 따른 조처를 취하지 않았음은 물론이다.[51] 지방의 擧子가 榜目의 주거지를 서울로 기재하여 防戍를 모면한 경우도 많아서 五部의 관원들이 여러 방면으로 검색하였지만, 그들을 찾을 수가 없었다.[52] 이 같은 사실을 고려할 때 설혹 천인 급제자들의 신분이 드러났다고 하더라도 그들을 罷榜시키지는 않았다고 할 수 있다. 왜냐하면 광해군의 광취무과는 처음부터 부방군사를 얻을 목적으로 실시되었기 때문이다.

요약하면 광해군의 개방적인 신분정책을 배경으로 무과에 급제한 천인들의 신분적 지위가 상승되었으며, 또한 천인으로서 보충대와 장용대의 거관을 통하거나 혹은 納粟·軍功免賤者가 광취무과에 급제함으로써 良人으로서의 신분이 더욱 확고해졌다고 해석할 수 있겠다. 임진왜란 이후 무과를 통한 천인들의 이러한 신분상승은 결국 조선 후기 신분직역의 변동을 초래함으로써 중세적 신분질서를 해체하는 요인으로 작용하였다.

제3절 萬科를 통한 신분변동

조선 후기 신분제에서 광해군대는 진보적 경향이 매우 강한 시기로 평가되고 있다. 이러한 현상은 당시 진보적 정치세력인 北人의 대두, 양명학 수용, 親後金政策 등 일련의 사실과 밀접한 관련이 있으며, 그 결과 賤人의 종량이 큰 폭으로 확대되었다. 그러나 광해군

---

51) 『光海君日記』 卷160, 13年 1月 30日 壬寅.
52) 『光海君日記』 卷168, 13年 8月 11日 庚辰.

의 친후금정책을 반정의 명분으로 삼았던 인조정권에서는 성리학적 명분론을 지배이념으로 표방한 결과 신분의 개방성은 폐쇄적 성향으로 전환되었으며, 이에 따라 천인의 良人化도 대폭 축소되었다. 따라서 임진왜란 이후의 신분변동을 주장하는 학자들도 인조·효종 양대의 이 같은 신분제의 보수화 현상을 지적하고 있으며[53] 사회변동론에 동조하지 않는 연구자들은 위의 사실을 사회불변동의 이론적 기초로 원용하고 있는 실정이다.[54]

따라서 본 절에서는 북벌론에 적극적이었던 인조·효종·숙종대의 세 왕조에서 실시한 천인들의 무과급제 현황을 살피고, 이 시기 賤人의 신분변동 추이를 살펴보려고 한다.

병자호란을 중심으로 인조대를 전·후반기로 나눌 때, 전반기는 反正功臣勢力이 정국을 주도한 관계로 특히 신분제의 보수화 경향이 심화된 시기였다. 따라서 병자호란 이전의 경우는 천인들의 무과 참여가 실현되지 않았을 뿐만 아니라 從軍·軍器·軍糧의 수송에 의한 軍功免賤과 公私賤·內奴가 보충대와 장용대를 거관함으로써 종량되는 현상은 전반적으로 억제되었다.

이를 보다 구체적으로 살펴보면, 李适의 亂과 정묘호란이 발생한 인조 초기는 정치적 격변기였음에도 불구하고 천인의 무과급제가

---

53) 金容燮, 1963, 「朝鮮後期에 있어서의 身分制의 動搖와 農地所有 - 尙州量案 硏究의 一端 -」, 『史學硏究』 15/1970, 『朝鮮後期農業史硏究(1)』, 一潮閣.
54) 임진왜란 이후 신분하강 현상 내지는 보수화 현상이 오히려 지배적이었다는 견해에 대해서는 다음 글을 참조할 것. 金仁杰, 1987, 「朝鮮後期 身分史 硏究現況」, 近代史硏究會 編, 『韓國中世社會 解體期의 諸問題(下)』; 韓永愚, 1985, 「美國內 韓國身分史料 및 朝鮮時代身分史 硏究動向에 대한 연구」, 『韓國史論』 13, 서울대 국사학과 ; 崔永浩, 1984, 「幼學·學生·校生考 - 17세기 身分構造의 변화에 대하여 -」, 『歷史學報』 101 ; 韓榮國, 1977·78, 「朝鮮中葉의 奴婢結婚 樣態 - 1609년의 蔚山府 戶籍에 나타난 事例를 중심으로 -」(上·下), 『역사학보』 75·76合.

실현되지 않았다. "계해년(인조 원년, 1623)에는 擧義科 실시를 논의하는 데 그쳤을 뿐이고, 갑자년(인조 2년, 1624)에는 扈從科를 실시하려다가 그만두었다"[55]는 기록이 이를 잘 반영한다. 이는 임진왜란 이후 선조·광해군대에는 東亞三國의 국제질서의 변화와 사회변동의 추세에 상응하여 보다 개방적인 신분정책이 실시된 데 비해, 인조반정 이후부터는 주자학적 명분론에 기초한 상하적 신분질서가 강화되었기 때문이다.

인조반정에서 천인의 양인화가 실시되지 않음으로써 이괄의 난에서는 인조의 어가를 扈從할 천인이 한 사람도 자원하지 않았다. 그것은 두말 할 것도 없이 정치적 격변기에 시행되었던 천인의 종량이 인조대에는 전혀 실시되지 않았기 때문이다. 따라서 정부는 어가를 호위할 군사를 확보할 목적으로 천인무과와 관련된 두 가지 조처를 취하였다. 하나는 광해군 재위기간에 천인으로서 불법으로 종량되어 무과에 급제하였거나 禁軍이 되었다가 반정 이후 還賤된 자 및 무과에 급제하였다가 품계를 낮춘 자들에 대해서 그들이 스스로 응모하면 본래의 임명장을 돌려준 사실이다. 다른 하나는 庶孼의 장정이 자기 비용으로 열 달 분의 식량을 갖고 호위하거나 또는 연로한 자와 허약한 자가 쌀 10석을 바치면 許通하였다.[56]

이상에서 살펴본 것처럼 인조반정·이괄의 난·정묘호란 때에 무과급제를 통한 천인의 신분상승은 실현되지 않았다. 다만 扈衛軍士 확보책의 일환으로 반정 이후 환천된 賤신분의 무과급제자에게 본직을 돌려주거나 軍糧受納을 조건으로 서얼을 허통하였을 뿐이다.

이제 병자호란 이후 천인의 무과급제 현황을 검토하기로 한다.

---

55) 『仁祖實錄』卷34, 15年 5月 18日 乙酉.
56) 『仁祖實錄』卷4, 2年 2月 7日 辛卯.

다음 사료는 병자호란 시기에 있어서 천인들의 무과급제와 관련한 천인의 신분상승은 보여주고 있다.

　⑴ 우부승지 金堉이 아뢰기를, "山城武科에는 아버지와 아들 또는 종과 주인이 같은 榜目에 든 자도 있으니, 미리 査問하여 아들 또는 종은 다음 방목에 응하게 하는 것이 마땅하겠습니다."[57]
　⑵ 무과출신 6천 5백여 인 중에서 訓鍊都監의 砲手가 그 반을 차지하였다. 編伍에 그대로 예속되어 있는 것을 억울하게 여겨 면하게 하여 주기를 상소하여 청하는 자까지 있으므로 조정이 드디어 7局을 두어 구별하고 포수로서 출신한 자를 局出身이라고 칭하고 局長을 두어 거느리게 하였다.[58]

⑴은 병자호란 이후 실시한 山城武科에서 사노비가 本主와 함께 무과에 응시하고 있음을 설명한 것이다. 산성무과는 남한산성에서 인조를 호종한 자만을 대상으로 실시한 무과였기 때문에 천인들의 보편적 무과응시라고는 할 수 없다. 그러나 다음 두 가지 요인을 바탕으로 천인들이 신분상승을 실현하였다는 점에서 역사적 의의를 갖고 있다. 하나는 지금까지 임금을 扈從한 공로로 관직이나 상을 받는 경우는 있었지만 과거급제에 이른 예는 없었던 것이고, 다른 하나는 산성에서 무과를 실시한 것이 아니라 還都한 10여 개월 후 질서가 안정된 상태에서 실시하였다는 점이다.[59] 따라서 병자호란 이후는 인조대 전반기의 보수적 신분체계와는 다른 현상이 나타난다는 점에서 주목된다.

---

57) 『仁祖實錄』 卷35, 15年 9月 19日 甲申, "右副承旨金堉曰 山城武科 或有父子奴主同榜者 預先査問 使子若奴 以應後榜爲當".
58) 『仁祖實錄』 卷35, 15年 10月 209日 甲寅.
59) 『仁祖實錄』 卷34, 15年 5月 18日 乙酉.

⑵는 산성무과 급제자가 6천 5백여 명인데 그 중 훈련도감의 포수가 절반을 차지한다는 내용이다. 앞의 산성무과 방목에서 천인들이 本州와 함께 무과에 응시한 사실을 확인한 榜이 있는데, 그들 대부분이 훈련도감에 입속하였음은 잘 알려진 바이다. 훈련도감에 대해서는 다음과 같은 사실을 염두에 둘 필요가 있다. 먼저 설치의 선구가 되는 砲手 200명과 預差 50명을 閑良과 公私賤에서 抄擇하였고, 公私賤武科로 입격한 자를 射手에 편입하자는 제의를 선조가 허락하였으며, 훈련도감 설치 이후의 구성원이 위로는 儒生·閑良·庶孽로부터 아래로는 公私賤·僧侶·兒童까지 분포되어 있었으나 가장 많았던 것은 양인과 공사노비였다는 점[60] 등이다.

병자호란은 인조가 三田渡에서 淸 太宗에게 군신관계를 맹약한 굴욕적인 전란이다. 따라서 병자호란부터 崇明反淸思想을 정치이념으로 한 反正功臣 세력이 약화되고 반주자학적 實利論과 사회변동에 부응한 현실적 체제개혁론이 전개되면서[61] 천인들이 무과에 응시할 수 있는 여건이 조성되었다고 생각된다. 이는 천인 포수가 무과에 급제함으로써 이전과는 다른 신분적 대우를 요구한 사실에서 확인할 수가 있다. 위의 사료 중 "조정이 드디어 7局을 두어 구별하고 포수로서 출신한 자를 국출신이라 칭하고 국장을 두어 거느리게 하였다"고 한 것이 그것이다.

위 사료 ⑴·⑵를 종합해 볼 때 병자호란 이후 실시한 산성무과에서 천인들의 무과급제의 폭은 상당히 확대되었는데, 이 같은 현상은 당시 斥和派가 정계에서 배제되고 主和派가 정국을 주도함으로써 반주자학적 실리론이 대두하는 정치적 변동과 무관하지 않다고 생각된다. 따라서 이는 인조대 후반기의 신분제 동요 현상이 반영

---

60) 車文燮, 1973, 「宣祖朝의 訓鍊都監」, 『朝鮮時代軍制研究』, 단국대출판부.
61) 李銀順, 1988, 『朝鮮後期黨爭史研究』, 一潮閣.

된 결과였다.

한편 산성무과를 통해 천인의 종량이 확대되자, 이 때문에 신분질서 내지 풍속이 무너진다는 명분을 들어 양반들이 강하게 반발하였다. 산성무과 실시와 관련이 있는 반정공신을 배척한다거나 무과 출신 砲手의 대부분이 公私奴婢의 代射로 급제하였다는 지적[62] 등은 이 같은 맥락에서 나온 것들이다. 그러나 당시 청나라가 1만 명의 援軍을 요청해 왔고 정부도 청나라 원군에 참여한 자들을 위안시키는 방안으로 武科를 실시하였기 때문에 양반들의 반발은 이내 둔화되었던 듯하다. 다만 官屬과 驛卒의 무과응시가 이전보다는 제한되었던 것으로 이해된다.[63]

그러면 父王(인조)의 숭명반청사상을 계승·발전시킨 위에 8년 동안의 심양생활을 토대로 재위기간 중 북벌론을 주장한 孝宗은 무과를 통한 천인의 신분상승을 어떻게 인식하였을까. 결론적으로 말해서 효종대의 무과를 통한 천인의 종량은 선조·광해군·인조대와 비교해서 그 폭이 축소되었다. 특히 이 문제를 인조대의 여러 정책과 관련하여 살펴보면 다음과 같다.

광해군의 친후금정책과 西宮유폐를 반정의 명분으로 삼았던 인조대의 북벌론은 양 호란과 삼전도 항복 등으로 반청적 정치세력이 와해되고 民生의 피폐가 심화됨으로써 북벌을 실천에 옮길 수가 없었다. 그렇다고 이 같은 이유 때문에 무과를 통한 천인들의 신분상승 욕구를 통제정책만으로 일관할 수는 없었다. 따라서 효종은 즉위 초부터 북벌론에 호의적인 우암 송시열 등 山黨을 중심으로 국내 정치세력을 정비하고, 북벌계획을 하나씩 실천해 나갔다. 즉, 앞에서 설명한 바 국내 정치세력을 재편성함과 동시에 군비를 확충하

---

62) 『仁祖實錄』 卷36, 16年 5月 16日 戊寅.
63) 『仁祖實錄』 卷37, 16年 7月 29日 庚寅.

고 奴婢推刷를 단행하였다.

효종의 이러한 일련의 정치과정을 進步와 保守의 측면을 기준으로 해서 본다면, 앞의 시대에 비해 보수적 성격이 강화되었다고 평가할 수 있다. 이 같은 보수적 정치성격은 무과를 통한 천인의 신분 상승에도 반영되어 종량의 폭이 현저하게 축소되었다. 이는 『조선왕조실록』이나 『비변사등록』에 천인으로서 무과에 급제한 사례가 드물게 나타난다는 점, 納粟免賤 이후 무과에 급제한 珍島의 죄인 李天鷗의 환천은 억울한 것이라고 영의정 金堉이 상소하였지만 孝宗이 끝내 이것을 허락하지 않았던 것,[64] 무과 활쏘기 시험에서 代射한 자에게 丈 1百에 처한 뒤 水軍에 충정하였던 사례[65] 등에서 구체적으로 확인된다.

다음은 재위기간 중 西人과 南人, 老·小論의 당쟁이 심화되고 북벌체제를 견지한 肅宗代에 있어서 무과를 통한 천인의 종량에 관해서 살펴보도록 하겠다.

먼저 禮訟을 매개로 한 서인과 남인의 정치적 대립관계에서 볼 때, 顯宗代 말 甲寅禮訟에서 서인이 패배한 이후 숙종 초까지 실제로 남인이 정국을 주도하였다.[66] 국왕이 바뀌는 이러한 정치변동에도 불구하고 남인세력이 계속 정국을 주도할 수 있었던 이유는 어디에 있을까. 그것은 남인의 왕권중심적 정치이념이 숙종의 북벌체제 유지에 필수적이었기 때문이다. 숙종은 禮의 원칙을 왕실에 대해서 수평적으로 적용하는 주자학의 서인보다는 六經五學에 바탕을 두고 王統을 중시하는 남인[67]을 선호하였던 것이다. 숙종의 이러한 북벌론적인 일련의 정치과정은 신권에 대한 왕권우위체제의

---

64) 『孝宗實錄』 卷6, 2年 5月 21日 丁酉.
65) 『備邊司謄錄』 16冊, 孝宗 4年 10月 31日.
66) 李丙燾, 1987, 『韓國儒學史』, 亞細亞文化社, 308~311쪽.
67) 李銀順, 1988, 앞의 책.

구축에 그 목적이 있었다.

숙종은 처음부터 북벌에 뜻을 두고 있었으므로 즉위와 동시에 남인의 북벌론자인 尹鑴를 중용하였는데68) 윤휴는 定員이 없는 무과의 일종인 萬科를 새로 창설하여 庶孽과 公私賤의 무과급제를 확대시켰다. 다음 사료에서 이 같은 사실을 확인할 수 있다.

(1) 毛衣匠 등이 상언하여 武科에 참여할 것을 청하였으나 병조에서 시행하지 말도록 계청하였다. 이 때 조정의 기강이 문란하여 工匠·賤隷가 恩賞을 祈請하지 아니함이 없었는데, 전일에 없던 만과를 창설하자 혼잡과 뒤섞임이 심하여 宦者까지도 함부로 赴擧하였다. 이 때문에 匠人의 무리도 감히 청한 것이었다.69)

(2) 이조판서 尹鑴가 아뢰기를, "무릇 서얼은 허통한 후 과거에 응시토록 事目에 정해져 있는데 이번 武科 初試에는 허통하지 않은 서얼들이 많이 급제하였습니다. 만약 殿試 후 조사해서 뽑아 버리면 이는 널리 선발하는 뜻이 아니니, 榜을 내기 전에 帖을 받게 하는 것이 편리할 듯합니다" 하였고, 영의정 許積이 아뢰기를, "쌀을 납부한 후에 허통하는 것은 한때의 임시방편에서 나왔지만, 바치는 쌀의 숫자가 너무 많기 때문에 시골의 가난한 백성들 중 帖을

---

68) 尹鑴의 北伐論 주장은 당시 청나라가 내전 때문에 사회혼란이 가속되었던 사실에 근거를 두고 있다. 다음 사료에서 그 같은 사실을 알 수 있다. 『肅宗實錄』 卷6, 3年 8月 28日, "청나라 사람들은 吳三桂와 서로 버티고 있는 지 여러 해가 되어 天下가 둘로 나뉘고 전쟁으로 어지러워서 나라 안이 쇠진하여 군사와 백성이 근심하며 원망하고 있습니다. 우리 나라 전성기의 군사가 정예하니, 이러한 때를 당하여 大義를 내세우고 大衆을 거느려서 허술함을 틈타 곧바로 공격하게 되면 이는 청나라가 멸망하는 날이 될 것입니다. 따라서 청 나라는 우리 나라가 거칠게 할까를 두려워할 텐데 어찌 감히 조선을 업신여길 수 있겠습니까".

69) 『肅宗實錄』 卷4, 元年 10月 19日 癸酉, "毛衣匠等上言 請赴武科兵曹 啓請 勿施 時 朝綱紊亂 工匠賤隷 無不祈請恩賞 而創設無前之萬科 紛糅莫甚 至 於宦者 亦有冒赴者 故匠手輩 亦敢請也".

받지 못한 자가 많습니다. 윤휴가 지난번 변통해 값을 감해 주어야 한다고 말하였으나 臣 등이 미처 결정하지 못했습니다. 지금 허통되지 않았는데도 과거에 응시한 자는 본래 禁法을 범한 것이지만 이번 과거는 격식을 어기고 금법을 범한 무리를 일체 불문에 붙였고, 그의 父祖의 관작을 거짓으로 쓴 자 역시 빼 버리지 않았는데, 유독 이 일만 금법을 범한 것으로 논한다면 실로 공평하지 못합니다. 마땅히 윤휴가 아뢴 것으로 쌀을 바치고 帖을 받게 해야 마땅한데 다만 바쳐야 할 쌀의 石數를 헤아려 감하지 않을 수 없습니다. 이는 신 등이 상의하여 의논해 정한 후 다시 아뢰겠습니다" 하니, 상이 이르기를 "아뢴 대로 하라" 하였다.[70]

(1)은 숙종대에 실시한 萬科에서 內侍·工匠·賤隷가 함부로 응시하였다는 내용이고, (2)는 당시 만과에서 응시자격이 없는 자들과 父祖의 관작을 허위로 기재한 자들을 모두 합격시켰기 때문에 허통되지 않고 급제한 응시자를 역시 쌀을 받고 帖을 주어야 한다는 내용이다. 동왕 2년 1월에는 북벌에 참여할 급제자 1만 8천여 명을 선발한 만과에서 신분의 급제조건을 완화시킨 결과 다수의 천인들이 합격하였다. 이 같은 萬科는 계획단계부터 윤휴의 견해가 반영된 것으로 볼 수 있는데, 兵車의 제작이나 萬科 殿試를 鄕試로 대체한 것, 활쏘기 시험에서 代射를 허용한 것 등은 모두 그의 건의로 실현

---

70) 『備邊司謄錄』32冊, 肅宗 2年 2月 9日, "吏曹判書尹鑴所啓 凡庶孽許通後赴擧 乃是事目 而今番武科初試 未許通庶孽 亦多入格云 若於殿試後 査出拔去 則似非廣取之意 須於未放榜前 使之受帖 似爲便當矣 領議政許曰 必今納米而後 許通者 初出於一時權宜 而納米之數太多 故鄕曲貧窮之人 不能備給出帖者多矣 尹鑴 頃言似當變通減價云 臣等未遑定奪矣 卽今未許通 而赴擧者 固爲犯禁 而第今科 則凡違格犯禁之類 一切不問 至於其父祖官爵僞書者 亦不拔去 獨於此事 論以犯禁 則實爲不均 似當依尹鑴所達 使之納米受帖矣 但所納石數 不可不量減 此則臣等 商與議定後 當更啓達矣 上曰 依爲之".

된 것들이다.71)

그런데 이들 급제자의 신분적 지위에 대해서는 정부(국왕)를 포함한 지배계급과 출신자의 인식이 서로 달랐다. 즉, 임진왜란 이후 傭兵制的 성격이 지배적이었던 상황에서 국가재정이 부족한 정부는 1만 8천여 명의 무과출신자를 赴防軍士로 편제코자 한 반면, 출신자의 입장은 부방의 면제는 물론 무과를 통한 신분상승에 그 목적이 있었다. 다음 사료에서 이 같은 사실을 확인할 수 있다.

⑴ 대사헌 尹鑴가 상소하기를, "萬科에 뽑힌 무사를 府營에 편입하여 隊伍에 편제함으로써 그들이 분노하는 마음을 일으키게 되고, 都案廳의 일은 크게 民間의 원망을 가져오게 되며, 모든 軍門의 屯田은 국가는 군색해지면서 간계만 자라나게 만들었으니 廟堂에 물어보아 변통할 바를 생각하시기 바랍니다."72)

⑵ 상소하기를, "…… 萬科를 보임은 사람들의 마음을 위로하여 기쁘게 하기 위한 것인데, 防戍 면제에 대한 쌀의 징수를 너무 가혹하게 하고, 軍裝과 戰馬도 日新하도록 책임지우므로 수령과 병사가 순찰 검열하고는 그만 책벌을 가하니 원망하는 소리가 길마다 깔리게 되었습니다."73)

사료 ⑴은 만과 출신자를 통섭하기 위해서 隊伍에 편제한 다음 正軍과 똑같은 군역을 지도록 하였다는 내용이고, ⑵는 출신자가 防戍를 면제받으려면 그 대가로 쌀 5석을 납부해야 하며 거기에다 軍裝과 戰馬를 자비로 갖추어야 하는 폐단을 말한 내용이다. 만과에 급제한 자는 군역 면제나 신분상승에 그 목적이 있었으나 현실

---

71)『肅宗實錄』卷5, 2年 1月 11日 甲午.
72)『肅宗實錄』卷6, 3年 2月 15日 壬戌.
73)『肅宗實錄』卷6, 3年 1月 22日 己亥.

은 '出身作隊'나 '監·兵營에서의 훈련'이 아니면 군장비를 구입하는 등 재정적 부담을 져야 했다. 숙종과 영의정 許積이 출신자의 赴防에 적극적이었던 반면, 윤휴는 끝까지 만과 설치 때의 기본정신에 충실하였다. 윤휴의 이 같은 民本思想[74]이 甲寅禮訟 이후 남인이 정국을 주도할 수 있는 바탕이었다면, 허적의 反民本思想은 민심을 이반하는 결정적 요인이었다고 생각된다.

그렇다면 숙종대에 실시된 만과를 통해서 급제자들의 신분적 지위는 실제로 얼마만큼 상승하였을까. 다음 사료를 통해서 이를 살펴보자.

(1) 만과의 폐단은 진실로 난처합니다. 良人은 사대부로 자처하려 하고, 사대부는 비록 재주가 없는 사람이라고 하더라도 모든 벼슬을 하려고 하니, 이 폐단을 이루 말할 수 있겠습니까.[75]

(2) 하교하기를, "한 번 만과를 설치한 후로부터 양인 출신들이 교만하고 橫暴한 태도로 소요를 부리고 있다 하므로 내가 심히 미워한다. 죄를 범한 자는 秋曹로 하여금 囚禁하여 다스리라고 일찍이 하교하였으나, 이제 大司憲의 疏辭를 보고 나도 또한 다시 생각하니, 이미 출신한 뒤에는 조정에서 대우함도 한량과 다름이 없은즉, 많은 武夫가 반드시 원한을 부르고 마음으로 쓸쓸한 탄식이 있을 것이다."[76]

사료 (1)은 만과에 급제함으로써 양인들은 사대부로 자처하고 士族일 경우는 관직을 受職코자 하는 당시 사회현상을 설명한 것이

---

74) 尹鑴의 北伐論과 民本思想에 관해서는 다음 글을 참조할 것. 韓㳓劤, 1961·1965,「白湖 尹鑴 研究」(1·2·3),『歷史學報』15·16·19.
75)『肅宗實錄』卷6, 3年 1月 22日 己亥.
76)『肅宗實錄』卷7, 4年 5月 11日 庚戌.

며, ⑵는 정부가 만과 출신자들에 대해 閑良으로 대우하고 있음을 말한 내용이다. ⑴·⑵를 종합해 볼 때 당시 양인들은 만과를 통해서 사족으로 신분상승하였고, 이러한 사실은 정부와 양반들에 의해서 보편적으로 받아들여졌다. 이와 같은 이유로 양인들은 무과에 급제하기를 열망하였으며, 만약 政府나 試官 등의 편파적인 행위로 그들의 의지가 무산될 경우는 반정부 시위도 서슴지 않았다.77) 위 사료에서 "만과를 설치한 이후부터 양인 출신들이 교만하고 횡포한 태도로 소요를 부리고 있다"고 한 것이 이를 입증한다.

만과를 통해서 良身分 내의 계층이동이 보편적으로 이루어졌다면, 만과를 통한 천인들의 신분상승은 어느 정도 실현되었을까. 이 문제에 대해서는, 『숙종실록』에 지금까지의 견해와 다른 양상을 보이는 기록이 있어 해결의 실마리를 찾을 수 있을 듯하다.

다시 말해서 선조·광해군·인조대에는 천인들이 불법적으로 무과에 응시한 사례가 대단히 많았으나, 숙종대에는 1만 8천여 명의 합격자를 낸 만과 이외에는 천인들의 불법적 무과응시 사례가 거의 나타나지 않고 있다. 이것을 외형만으로 볼 경우 숙종대에는 천인들이 전혀 무과에 응시하지 않았다는 증거가 될 수도 있다. 그러나 이것이야말로 천인들의 무과응시가 보편화됨으로써 나타난 현상이 아닌가 한다. 당시 무과에 "사대부의 자제로 참여한 자는 10여 명에 불과하였다"78)는 기록과 다음 몇 가지 사실에서 그 근거를 찾을 수 있다.

첫째, 만과 급제자가 8도에서 18,200명이었는데, 혹은 여섯 아들이 登科한 경우도 있고 혹은 祖·子·孫이 같이 등과한 경우도 있

---

77) 경상도 昌原縣 增廣武科의 試所에서 擧子들이 都廳이 私情을 썼다는 이유로 科場에 들어서자 일제히 일어나 난동을 부렸는데, 혹은 불을 지르기도 하고 혹은 돌을 던지기도 하였다(『肅宗實錄』卷13, 8年 6月 20日).

78) 『備邊司謄錄』40冊, 肅宗 12年 閏4月 23日.

었으며, 나이 차이가 60세나 되는 자도 같이 등과함으로써79) 만과
의 응시조건이 많이 하향되었다.
  둘째, 良賤신분 중에서 무예에 능한 자는 국가에서 실시한 試取
를 통해 신분상승하였다.

  ⑴ 제주의 어사에게 무예로 합격할 경우 양인은 給科하고, 公私
  賤은 免賤하거나 賞을 주며 …… 船軍도 재주를 시험하여 권장 격
  려하고 효행과 절의가 있는 사람을 찾아서 포상하라고 명하였다.80)
  ⑵ 試才御史 黃玧을 강화도에 파견하여 군민들의 무예를 시험하
  게 하였다. 임금이 여러 가지 재주로 합격한 分數의 다과로써 殿試
  에 直赴하였으며, 공사천의 경우는 면천하였고, 더러는 쌀과 베를
  상으로 주었는데 恩典이 너무 지나쳤다.81)

  사료 ⑴·⑵는 국가에서 실시한 무예시험에 양인과 천인이 합격
할 경우 양인은 殿試에 直赴되고, 천인은 免賤되었던 사실을 설명
한 내용이다. 공사천이 단지 武才만 갖고 면천된 사례는 전 시대에
서는 결코 찾아볼 수 없다. 그렇다면 이 같은 현상은 어떤 요인 때
문에 발생하였을까. 그것은 숙종이 북벌체제를 원만히 수행할 수
있는 대내적 여건을 조성하려고 한 것과 관계가 있지만, 보다 본질
적인 것은 임진왜란 이후 五衛와 鎭管制가 五軍營과 營將制로 전
환된 군제변동에 기인한다. 다시 말해서 조선 전기의 騎·步兵은
조선 후기에 이르러 身布만 내는 軍兵으로 전락하고, 外方의 戰卒
은 給保의 혜택도 없는 束伍軍에만 의존하는82) 군사체계로 변동한

---

79)『肅宗實錄』卷5, 2年 3月 4日 丙戌.
80)『肅宗實錄』卷8, 5年 10月 13日 甲戌.
81)『肅宗實錄』卷12, 7年 10月 27日 丙午.
82)『肅宗實錄』卷17, 12年 5月 3日 丙戌.

것이다. 이 같은 군제변동의 바탕 위에 숙종은 무예만을 기준으로 천인들을 종량한 다음 그들을 군역에 편제함으로써 양인 인구와 국가재정을 동시에 확보하였던 것이다.

셋째, 숙종 10년(1684) 양인 인구를 확보하기 위해서 奴婢從母法을 실시하였다. 주지하듯이 노비종모법은 현종 10년(1669) 최초로 실시되었으나 숙종 원년 許積 등의 남인세력에 의해서 일시 폐지되었다. 그런데 숙종 10년 서인이 정국을 주도하면서 다시 실시하게 되었다.[83] 특히 영조 6년(1730) 우의정 趙文命이 "만약 기유년(숙종 10)에 이 법을 실시한 뒤 다시 혁파하지 않았다면 국가에서 확보할 수 있는 良丁이 수십만에 이르렀을 것이다"[84]라고 평가한 사실에서, 노비종모법이 양역 인구를 확대하는 결정적 계기가 되었음을 알 수 있다. 이상 숙종대의 일련의 역사적 사실을 통해서 무과를 통한 천인의 신분상승이 이 시기에 보편화되었음을 확인하였다.

---

83) 全炯澤, 1989, 『朝鮮後期 奴婢身分研究』, 一潮閣, 210~219쪽.
84) 『承政院日記』711冊, 英祖 3年 1月 22日條.

제6장 束伍軍을 통한 賤人의 신분변동

속오군에 대해서는 신분사의 영역보다는 군제사 연구에 더욱 중요한 분야로 이해되고 있다. 그러므로 이 분야에 대한 연구는 주로 軍事制度의 측면에서 이루어져 왔으며, 이러한 경향은 지금도 크게 달라진 것으로 생각되지 않는다. 한편 임진왜란은 『경국대전』체제를 변화시킨 전환점이었다. 이 점에서 조선 후기의 軍制도 예외일 수 없었다. 조선 전기 중앙의 五衛와 지방의 鎭管制가 붕괴되고, 訓鍊都監과 營將制 하의 속오군의 창설이 그것이다. 이 때 속오군에 편제된 신분계층은 公私賤이 주류를 이루었으며, 이는 조선 전기 양인계층의 역할에 대응된다는 점에서 주목된다.

그렇다면 임진왜란 이후 賤人들이 속오군을 통해서 從良되었음에도 불구하고 이에 대한 연구가 부진하였던 이유는 어디에 있을까. 그것은 軍制變動과 관련한 조선 후기 사료가 너무 방대하여 군제사와 연계된 체계적인 신분사 연구가 이루어질 수 없었기 때문이다. 주지하듯이 군역을 통한 천인의 신분상승은 조선 전기의 경우 補充軍과 壯勇隊의 去官으로 이루어졌으며, 이시애의 난과 尼湯介의 난 때에는 軍功論賞에 의해서 이루어졌다. 임진왜란 이후에는 納粟免賤과 武科及第를 통해서도 많은 수가 종량하였다. 그럼에도 불구하고 신분사적 究明이 없었던 관계로 속오군을 통한 신분상승은 당시의 농업과 상품경제의 축적된 경제력에 의한 納粟授職을 이용한 것이 그 주류인 것처럼 인식되었다.

그 동안 속오군에 대해서는 많은 연구가 진행되었다. 그러나 이러한 연구는 모두 군제사를 중심으로 한 것이기 때문에 속오군의 성격 규정에서 일방성을 면하기 어려웠다. 여기서는 先學의 연구업적을 비판적으로 수용하되, 속오군을 조선 후기 신분제의 붕괴와 관련해서 논의를 전개하려고 한다.[1] 논의를 전개함에 있어 필자는 특히 다음 사항에 유의하고자 한다.

첫째, 임진왜란 직후 軍士의 징발체계가 붕괴된 상황에서 公私賤과 內奴가 속오군을 통해 종량되는 과정을 광해군대까지 살펴보고, 둘째, 營將制의 설치와 속오군과의 관계를 인조·효종·숙종대의 束伍軍給保·給復을 중심으로 살펴보며, 셋째, 영조대 이후 속오군의 奴軍化를 당시 중세 신분질서가 해체되는 사실과 관련하여 고찰하려고 한다.

제1절 壬辰倭亂과 束伍軍

中宗代에 放軍收布制가 법제화됨으로써 軍額이 점차 감소하기 시작하였다. 그 결과 명종 10년(1555) 을묘왜변에서는 鎭管制가 制勝方略制로 전환되는 전술상의 변화가 있게 되었다. 그러나 효과적

---

1) 束伍軍에 관한 논고는 다음 글을 참조할 것. 車文燮, 1973, 「束伍軍研究」, 『朝鮮時代軍制研究』, 단국대출판부 ; 李謙周, 1970, 「朝鮮後期 束伍軍 - 그 성립을 중심으로 - 」, 서울대 석사학위논문 ; 尹用出, 1989, 「壬辰倭亂時期 軍役制의 動搖와 改編」, 『釜山史學』 13 ; 張弼基, 1990, 「17세기 전반기 束伍軍의 성격과 위상」, 『史學研究』 42, 한국사학회 ; 徐台源, 1993, 「束伍軍의 設置意義에 대한 연구」, 『紀全女子專門大學論文集』 13.

인 전술을 수행하기 위해서는 실제 전투에서 최소한의 군병이 필요
하였기 때문에 당시 정부는 公私賤을 軍役에 편제하는 수밖에 없
었다. 선조 16년(1583) 니탕개의 난 때 공사천이 군역을 담당한 대
가로 합법적인 양인화가 실현되었음은 전술한 바와 같다.[2]

　이러한 공사천의 군역 편입 현상은 임진왜란으로 군액징발체계
가 붕괴된 상황에서 더욱 확대되었는데, 특히 임진왜란 중 군사활동
을 활발하게 전개한 의병의 구성원 가운데 공사천이 많았던 사실,[3]
훈련도감 창설기에 많은 공사천이 입속한 사실,[4] 束伍軍이 兩班·
常人·賤民의 신분 구별 없이 한 대오에 편제하였던 사례[5] 등에서
이와 같은 사실이 확인된다. 임진왜란 이후 군제변동의 특색은 두
가지로 요약할 수 있겠다. 하나는 군령에 대한 지휘체계 변동의 확
립이고, 다른 하나는 군역을 편성하는 데 신분적 요인이 약화된 사
실이다. 특히 임진왜란 중 정부는 후자의 내용을 포함하여 軍功을
세운 자나 국가에 곡식을 바친 자 이외에도 조그만 공로까지 爵賞
으로 보답하였기 때문에 천인들의 광범한 신분상승이 실현되었다.

　본 절에서는 임진왜란부터 광해군대까지 천인이 속오군을 통해
서 종량하는 과정을 살펴보되, 그것을 사회변동과 관련하여 고찰하
려고 한다. 속오군에 관해서는 일찍이 車文燮에 의해서 전반적으로
검토된 바가 있기 때문에[6] 여기서는 그 범주를 천인의 신분변동에
한정시키도록 하겠다.

　조선의 군사제도는 임진왜란을 계기로 하여 재정비·재편성되기

---

2) 本書 4장 軍功論賞을 통한 賤人의 신분변동 참조.
3) 『宣祖實錄』 卷35, 26年 2月 26日 辛亥.
4) 『宣祖實錄』 卷113, 32年 5月 20日 丁卯, “訓鍊都監啓曰 …… 史臣曰 編名砲
　　殺之伍 自非市人 率多叛主之奴 往在癸甲年間 爭相應募者 只爲厚其廩也
　　及至軍儲虛竭 未給月米 則安得不接跡而逃去乎”.
5) 『宣祖實錄』 卷94, 30年 11月 16日 癸卯.
6) 車文燮, 1973, 「束伍軍研究」, 『朝鮮時代軍制史研究』, 단국대출판부.

시작하였다. 즉, 砲·殺·射手의 三手兵을 중심으로 하는 명나라 장군 戚繼光의 紀效新書法을 도입하여 중앙에서는 훈련도감을 창설하고, 지방에서는 양인과 천인의 혼성군인 속오군을 조직하였다.[7] 그러나 군령체계는 制勝方略制가 큰 변동없이 임진왜란 이후에도 지속되었던 것으로 생각된다.

그렇다면 속오군의 조직은 실제로 공사천의 신분상승에 어떻게 작용하였을까. 속오군 성립 이전에는 공사천이 補充隊와 壯勇隊에서 일정 기간을 복무하면 去官과 동시에 종량되었고, 從軍하거나 軍器·軍糧을 수송할 경우에도 軍功을 통해 종량하였음은 앞에서 고찰한 바와 같다. 한편 임진왜란 중에 정부가 부족한 군사를 확충하는 방안으로 納粟策과 軍功에 따른 종량 규정을 완화하였기 때문에 良人化의 폭은 더욱 확대되었다. 그러나 속오군이 조직되면서부터 공사천도 군역을 지게 되어 속오군에 입속한 공사천에게는 一身兩役의 폐단이 가중될 수밖에 없었다. 다음의 사료에서 이와 같은 사실을 확인할 수 있다.

(1) 훈련도감이 아뢰기를, "애당초 도감이 軍兵을 모집할 때에는 …… 役의 유무와 공사천을 막론하고 모두 취합하였는데, 지금은 사세가 그 때와 달라져 인민들이 모두 자활의 길을 찾게 되었고, 奴僕을 잃은 양반들은 혹 추심하려 하나 추심하지 못하고 있습니다. 국가가 비록 장정을 뽑는 데 급급하여 이러한 일을 거행하였으나, 편리를 따라 조치하여 인정을 곡진히 따라 주는 거조 또한 참작하지 않을 수 없습니다. 그러나 국고가 탕갈되었으므로 官家로부터 보상해 줄 길이 없습니다. 다만 그 노복이 入屬하여 才器를 이루어 免賤된 자의 경우는, 주인의 성명을 기록하여 簿記를 만들

---

7) 車文燮, 1996, 「朝鮮後期의 軍制와 國防」, 『第26回 東洋學學術會議 講演鈔』, 단국대 동양학연구소.

어서, 입속하여 면천된 숫자가 많은 자를 살펴 그 주인에게 파격적
으로 벼슬을 제수하거나 혹은 田結과 雜役을 견감하고 戶役을 면
제해 주면 주인의 마음이 좀 위로될 수 있을 것입니다. ……" 하니
상이 이르기를, "그 주인에게 상을 내리는 것은 당연히 할 일이다.
아뢴 대로 하라"고 하였다.[8]

(2) 장령 宋駿이 아뢰기를, "…… 삼가 듣건대, 도내의 砲手·殺
手 중에는 各司奴子 중에서 뽑혀 간 사람이 많이 있는데, 이미 赴
防시키고 나서는 또 身貢을 징수하기 때문에 원망이 매우 많다고
합니다. 이들을 모두 본도로 하여금 사실을 조사하여 조처하게 함
이 마땅할 듯합니다."[9]

(3) 사간원이 아뢰기를, "…… 軍籍은 난리를 겪은 이래 병조에서
한 차례 軍戶를 만든 뒤로는 점검하지 않았습니다. 따라서 元籍에
서 빠진 사람이 많을 뿐만 아니라 免賤·免鄕·免役 등의 숫자도
매우 많습니다. 초록한 것에 따라 선정했더라면 별도로 閑丁을 모
으지 않아도 빠져 버린 戶數를 충당할 수 있었을 것인데, …… 이
것을 생각하지 않고 급할 때를 만나 근거 없는 束伍軍에게만 책임
을 지워 防戰하는 것도 이들에게서 뽑고 使役하는 것도 이들에게
서 뽑는가 하면 심지어는 중국군을 뒷바라지하는 일까지 이들에게
책임을 지우고 있습니다. 이리하여 이 달에 한 번 징병하고, 다음
달에 또 한 번 징병하니 그 형세가 끝내는 潰散하는 데 이르는 것

---

8) 『宣祖實錄』 卷72, 29年 2月 23日 庚申, "訓鍊都監啓曰 當初都監收募軍兵也
　　…… 勿論有無役公私賤 並爲牧聚 今者事勢 漸與其時有異 人民皆得自活之
　　路 而兩班之失其奴僕者 或有欲推而不能得焉 國家雖急於簽丁 而創爲此擧
　　其隨便區處 曲循人情之擧, 亦不可不料理也 國儲蕩竭 自官家無償給之路
　　但其奴僕入屬 而成材免賤者 輒錄其主姓名 以爲簿記 觀其入屬免賤數多者
　　其主或破格別爲除職 或以田結雜役蠲免復戶 則其主之心 庶可小慰 …… 上
　　曰 賞其主 在所當爲 依所啓爲之".
9) 『宣祖實錄』 卷96, 31年 1月 21日 丁未, "掌令宋駿啓曰 …… 且伏聞道內砲殺
　　手 多有各司奴子中被抄之人 旣令赴防 又徵身貢 以此怨咨甚多云 並令本道
　　查覈處置 以爲宜當".

은 이상할 것이 없습니다."10)

⑴은 훈련도감이 군병을 모집할 당시 공사천이 입속하여 면천되면 그 本主에게 관직을 제수하거나 田結·雜役·戶役을 면제하였다는 내용이고, ⑵는 各司奴婢가 砲手·殺手에 뽑혀 赴防하였음에도 불구하고 身貢을 징수함으로써 一身兩役의 폐단이 있음을 말한 것이며, ⑶은 임진왜란이 발생한 6~7년 사이에 대부분의 군사를 잃었으나 충당하지 않았기 때문에 전투와 使役 등을 오직 속오군에게 의존할 수밖에 없었던 당시의 실정을 말한 것이다. 여기서 천인들은 점차 속오군 입속이 의무화되었지만 一身兩役의 폐단만 더해질 뿐 천인의 신분변동에는 어떤 본질적 변화가 수반되지 않았음을 알 수 있다. 이 같은 현상은 천인들이 속오군에 편제되는 대가로 賤籍이 없어지지 않았다는 사실에서 더욱 명백히 드러난다.

그렇다면 임진왜란 기간 중 천인이 속오군에 편제되었음에도 불구하고 곧바로 良人으로 신분상승할 수 없었던 이유는 무엇 때문일까. 그 역사적 배경과 관련하여 살펴보면 다음 세 가지 요인 때문이 아닌가 한다. 첫째, 임진왜란 중에도 보충대와 장용대의 거관을 통한 종량과 군공면천 등의 제도적 종량이 실시되고 있었던 점, 둘째, 임진왜란 이후 정부가 赴防軍士를 확보하기 위하여 賤人의 무과 응시를 묵인함으로써 다수의 천인들이 무과에 급제하여 신분상승할 수 있었던 점, 셋째, 임진왜란 이후부터는 納粟에 의한 천인의 종량이 조선 전기에 비하여 크게 확대 실시되었던 사례 등이다.

이들 몇 가지 요인이 복합적으로 작용하여 천인의 종량은 더욱 확대되었다. 한편으로 조선 후기 국방체계의 특수성과 관련하여 볼 때 속오군의 奴軍的 성격 또한 더욱 강화되었다. 다시 말해서 정부

---

10) 『宣祖實錄』 卷96, 31年 1月 26日 壬子.

는 위에서 살펴본 몇 가지 요인을 통하여 종량의 폭은 확대시키되, 속오군을 正軍·三手兵과 함께 三大兵種으로 고착화시킴으로써11) 실제로는 軍役을 담당하는 公民의 숫자를 증가시키는 효과를 얻을 수 있었다. 속오군에 편제된 공사천에게는 一身兩役의 폐단이 상당히 컸던 것도 사실이지만, 다른 한편으로 공사천이 속오군에 편제됨으로써 사회적 지위가 향상되었던 것으로 보인다. 다음의 사료가 그 같은 사실을 잘 설명하고 있다.

⑴ 병조가 아뢰기를, "우리 나라 군병의 軍役은 다른 사람에 비하여 더욱 고달프기 때문에 국가에서 법제를 설립하여 한 사람이 군사로 되면 奉足 몇 사람을 주어 돕게 하였습니다. …… 그런데 속오군을 보면 그렇지 않습니다. 안으로는 奉足의 보조는 없고 밖으로는 本役의 고통을 겪고 있습니다. …… 그 중에서 간혹 公私賤과 여러 匠人 및 正軍 등이 있는데, 그들은 한편으로는 本役에 응하면서 한편으로는 속오군에 소속된 자도 있습니다. 그런데도 속오군을 고통스럽게 여기지 않고 있는데 이것은 각기 그 본 고을에서 간혹 잘 돌보아 주어 얼마간 雜役을 덜어 주기 때문입니다. 그래서 그들도 또한 나라에 변란이 생기면 우리들이 응당 戰守에 쓰여질 것이라고 생각하고 있습니다."12)

⑵ 李德馨이 아뢰기를, "당초에는 시정배들을 겨우 모아서 훈련하였기 때문에 그 때는 모두들 城門을 나가기도 전에 흩어져 버릴 것이라고 말하였습니다. 그러나 束伍法의 성과는 실로 우연한 것

---

11) 『宣祖實錄』 卷216, 40年 9月 25日 乙卯.
12) 『宣祖實錄』 卷94, 30年 11月 21日 戊申, "兵曹啓曰 我國軍兵之役 比他人尤苦 故國家設法立制 一人爲兵 給幇貼數人 以爲之助 …… 今束伍則不然 內無幇貼之助 外則本役之苦 …… 其中或有公私賤雜匠及正軍等 一邊應其本役 一邊來隷束伍 而猶不以束伍爲苦者 各其本官 或加優恤 略除雜役 其心亦以爲 國家有事 則吾等當爲戰守之用".

이 아니어서 남방과 북방을 방어하는 데서 여러 번 그 효과를 보았던 것입니다. 지금은 속오법을 적용한 지가 이미 오래 되었으니 그 중에는 역시 정예한 군사가 없지 않을 것입니다."13)

(1)은 공사천의 속오군이 一身兩役의 폐단에도 불구하고 속오군에 소속되는 것을 괴롭게 여기지 않았다는 내용이고, (2)는 임진왜란 이후부터 중앙의 훈련도감과 지방의 속오군에게 적용시킨 속오법의 우수성을 말한 것이다. 위 사료 중 공사천이 본 고을의 배려와 잡역의 감면 때문에 속오군에 편제되는 것을 괴롭게 여기지 않았다는 지적은 천인의 신분적 지위향상과 관련하여 볼 때 주목되는 대목이다. 즉, 私賤이 속오군에서 훈련하는 기간 동안은 本主의 간섭에서 벗어났을 뿐만 아니라 公民的 역할을 수행한 결과 本主에 대한 국가의 영향력도 증대하였다. 이에 따라 私賤에 대한 사회적 인식이 향상되었을 것으로 생각된다.

그러면 당시 속오군의 편제 현황은 어떠하였을까. 그것은 경기·황해·평안·함경도의 四道都體察使인 柳成龍이 이 지역에서부터 鎭管束伍法을 맨 처음 적용하였으므로 이 곳의 속오군 조직은 선조 29년(1596) 5월까지 거의 완료되었다.14) 특히 경기도는 동왕 30년까지 軍士의 束伍를 마쳐 品官으로 把摠을 삼았는데, 파총의 권한이 수령보다 더 컸다고 한다.15) 하삼도와 육진을 제외한 속오군 역시 선조 40년(1607) 이전에 그 조직이 거의 완료된 듯하다. 당시 도내 군사가 正軍 이외에 束伍軍과 三手軍이 있었다16)고 한 데서

---

13) 『宣祖實錄』 卷133, 34年 1月 17日 丙辰, "德馨曰 當初市井油滑之徒 僅聚鍊習 而其時 皆以爲未出國門 先爲潰散 束伍之功 實非偶然 南北防禦 屢見其效 今則束伍已久 其中亦不無精銳者".

14) 車文燮, 1973, 앞의 책, 189쪽.

15) 『宣祖實錄』 卷84, 30年 1月 27日 戊午.

그 같은 사실을 확인할 수 있다.

특히 당시 吉州 이북의 속오군은 雇工들이 주류를 이루었는데, 공사천을 모집하여 속오군에 편제한 후 그들을 土兵化하자는 견해가 제시되었다. 그 이점으로는 南軍이 赴防할 때 드는 騎兵의 말값과 治裝 비용 및 식량을 土兵에게 지급한다면 南軍은 멀리 赴防한다는 원망이 없을 것이고, 여러 고을은 맞이하고 보내는 폐단이 없을 것이며, 각 도는 군사를 징발하는 소요가 없을 뿐 아니라 土兵 역시 衣食과 戰馬를 갖출 수 있다는 것을 들었다. 공사천의 土兵化가 실제로 실현되었는지의 여부는 사료에서 확인할 수 없다. 그러나 광해군대에 이르러 후금의 군사력이 더욱 증대되었던 상황과 관련해 볼 때 그 실현 가능성은 매우 높았을 것으로 판단된다. 따라서 土兵이 된 公私賤의 신분적 위상도 더욱 향상되었을 것이다.

다음은 광해군대에 이르러 지방군제로서 속오군의 성격은 어떠하였는가에 대해서 고찰하려고 한다. 주지하듯이 광해군 초에 여진족의 후예인 후금은 대륙을 평정한 군사력을 앞세워 명나라와 조선에 군사적 압력을 가해 왔다. 이 때 광해군은 대외적으로 친후금정책을 견지하고 대내적으로 양계지방의 공사천을 속오군에 편제함으로써 군사력 증가에 역점을 두었다. 특히 후금의 군사적 압력에 대처하기 위해서 內奴를 속오군에 편제하고 그 대가로 천인을 종량하는 적극적인 良人化 정책을 취하였다. 다음 사료에서 이와 같은 사실을 확인할 수 있다.

  (1) 교리 崔起南이 상소하기를, "…… 근래 북도의 방어에 南關의 兵卒을 데려다 쓰는가 하면 심지어는 여러 도의 병사들까지 보충하고 있으므로 집을 떠나 추위와 더위에 허덕이고 있습니다. 그런

---

16) 『宣祖實錄』 卷216, 40年 9月 25日 乙卯.

데 본 도의 內需司奴는 아주 가까운 곳에서 편안히 앉아 있으므로
남관의 병사와 여러 도의 병졸이 갈수록 분통을 터뜨리고 원망하
고 있습니다. 그러니 內奴 가운데 안변 이북에 있는 자들은 모두
속오군에 선발될 수 있도록 허용하여 南北의 방비에 도움이 되어
야 할 것입니다.”17)

⑵ 司諫院이 아뢰기를, “지금 서북 두 변방의 일은 예측할 수 없
는 근심이 조석에 닥쳤는데도 병력이 고단하고 약하여 鎭堡의 官
員만이 앉아서 빈 城을 지키면서 구차하게 무사하기만을 바라고
있습니다. …… 비록 남방에서 조달해 보내는 군대가 있고 新出身
들이 入防하는 일이 있기는 하지만, 결국 얼마 되지 않은 수인데다
가 水土에 익숙하지 못하므로 실용에는 도움이 없고 소요스런 폐
단만 있을 뿐이니 본 도의 장정을 모두 군대로 뽑아 隊伍를 만들고
이어 전투를 익히도록 하여 반드시 지킬 계획을 하는 것만 못합니
다. 이것이 이른바 1만 명의 군대를 징집하는 것이 수천 명의 군대
를 모집하는 것만 못하다는 것입니다. 함경도에는 이미 御史를 보
내어 私賤을 찾아내도록 하였습니다. 그러나 內需司의 奴婢가 가
장 많고 실한데도 국가에서는 私人으로 취급하여 調用을 허락하지
않고 있습니다.”18)

⑴은 북도의 防戍로 인해서 다른 도 兵士들의 고충이 많은데, 그

---

17) 『光海君日記』 卷11, 卽位年 12月 20日 癸酉, “校理崔起南上疏日 …… 且近
　　來北道防戍 調用南關之卒 至於諸道之兵 莫不添入 靡室靡家 載罹寒署 而
　　本道內需司之奴 則安坐於咫尺之地 南關之卒 諸道之兵 憤怨益深 至於解體
　　內奴之在安邊以北者所當並許選抄束伍 以爲南北備禦之助也”.
18) 『光海君日記』 卷13, 元年 2月 28日 庚辰, “司諫院 啓日 目今西北兩邊之事
　　朝夕可慮 而兵力單弱 鎭堡之官 坐守空城 …… 雖有南方調送之軍 新出身
　　入防之事 終是零星 且不習水土 無補於實用 只有騷擾之弊 莫若菜簽本道丁
　　壯 作爲隊伍 仍加陣習 以爲必守之計 此古人所謂徵兵滿萬 不如召募數千
　　咸鏡道則私賤 已遣御史刷出矣 內需寺奴婢 最爲富實 而國家親爲私人 不許
　　調用”.

들 대신에 안변 이북 內奴들을 속오군에 편제하여 방수에 참여시키
자는 내용이다. ⑵는 서북의 방수를 위해서 남방의 赴防軍士와 新
出身이 있지만 실용에 도움이 없으므로 차라리 함경도의 공사천을
군역에 편입시켜 방수케 하자는 내용이다. 그런데 私賤이 속오군에
입속하면 本州에게 公賤으로 대신 지급하면 되었다. 그러나 內需司
奴가 속오군에 편제되어 종량될 경우는 왕실재산이 축소되기 때문
에 이는 쉽게 허용되지 않았다. 內需司 역시 광해군의 이 같은 의중
을 간파하였기 때문에 속오군의 대오에 편성되기보다는 納布하기
를 요청하였다.19) 그러나 이 문제는 광해군 원년(1609) 10월 이전에
內奴와 公私賤의 군역 편입이 허용됨으로써 일단락되었다.20) 그렇
다면 당시 속오군에 편제된 內需司奴의 총 숫자는 얼마나 되며 그
군사력은 어느 정도였을까.

먼저 속오군에 편제된 당시 내노의 숫자는 1천 2백여 명이었지
만21) 그 전투력은 상당한 수준이었던 것으로 생각된다. 광해군 2년
(1610) 張晚이 "육진의 公私賤으로 구성된 軍兵 1천 2백여 명은 南
關의 군사 1만 명보다 우수하다"22)고 한 것이나 인조 원년(1623) 李
元翼이 "공사천 중에서 募兵한 1천여 명은 오합지졸 1만여 명보다
우수하다"23)고 한 사료 등에서 이 같은 사실을 확인할 수 있다.

---

19)『光海君日記』卷14, 元年 3月 3日 甲申.
20)『光海君日記』卷35, 2年 11月 18日 己未.
21)『光海君日記』卷21, 元年 10月 16日 甲子, "本道內奴公私賤 旣許以簽丁調
　　用 則其中健兒 豈無精銳出入者乎 以此操練 各取其長技 而用適其方 則何
　　城不守 何敵不克 將此事意 另爲商確 明諭監兵使處 使之盡心體行(事 言于
　　備邊司)".
22) 당시 각 兵種 간의 군사적 우열에 대한 일반적 평가는 다음과 같다.『光海君
　　日記』卷35, 2年 11月 18日 己未, "北軍은 南關의 군사에 비해서 매우 精强
　　한데, 六鎭의 군사가 明川·鏡城보다 우수하고, 명천·경성이 남관보다 우수
　　하고, 남관이 下三道보다 우수하다."
23)『仁祖實錄』卷39, 3年 3月 21日 辛酉.

한편 양계지역을 제외한 각 도의 속오군은 一身兩役의 폐단에서 좀처럼 벗어나지 못하였다.[24] 즉, "속오군을 설치한 목적은 훈련시켜서 다급할 때 쓰려는 것인데, 中軍 이하 諸將들이 훈련시킬 의사는 없고 수탈과 학대를 일삼고 있으며, 결원을 충당할 때와 陣法 훈련이나 재능을 시험할 때 역시 뇌물의 다소로 조정하였다. 뿐만 아니라 집을 짓거나 농사짓는 일과 온갖 일들을 家奴나 다름없이 하였다."[25] 속오군을 침탈하는 현상은 上番軍士의 경우도 마찬가지였는데, 그것은 국가의 군사제도와 밀접한 관련이 있다. 이에 대한 저간의 사정은 다음 기록을 통해서 알 수 있다.

國朝에서는 당나라 府兵制의 군사제도에 따라 六軍을 설치하였는데, 上番軍은 궁궐을 호위하는 데 불과하고, 各司에 파견하는 것도 위급한 사태에 대비하기 위해서였다. 그런데 兵制가 해이해진 뒤부터 병조와 都摠府 서리들이 모두 上番軍을 침탈하여 자신들을 살찌우고, 各司에 파견된 군사들도 서리들의 침탈을 받았다. 관원들은 이들을 노복으로 삼아 밤낮없이 부리니, 군인들이 원망하고 도망하는 것은 모두 이 때문이다.[26]

이처럼 당시 속오군이 침탈받은 사실은 전국적으로 보편화된 현상이었다. 이는 속오군의 군령 계통이 體察使－監兵使(巡察使)－鎭管節制使－同僉都尉－哨官－旗隊摠으로 편제된 것과도 관련이 있지만, 실제는 속오군 군영의 모든 책임을 수령 등 지방관에게 겸직케 한 데서 온 구조적인 것이었다. 그러나 六鎭을 제외한 양계지역의 속오군 운영은 諸道와 다른 양상으로 전개되었다. 즉, 양계지

---

24) 車文燮, 1973, 앞의 책, 195쪽.
25)『光海君日記』卷39, 3年 3月 21日 辛酉.
26)『光海君日記』卷50, 4年 2月 2日 丁卯.

역의 공사천이 군역에 편제되면 그 대가로 종량되어 일신양역의 폐
단에서 벗어날 수 있었다. 이 같은 현상은 제3장에서도 언급하였지
만 광해군대에 이르러 제도화되었다. 다음 사료는 이것을 구체적으
로 설명하고 있다.

비변사가 회계하기를, "우리 나라에서 양인과 천인의 명분은 엄
격히 구분되어 있습니다. 그런데 전에 北道의 軍籍에 결원이 있는
것으로 인하여 특별히 御史를 보내 私賤들을 모아 正軍에 편성하
고 양인의 신분을 허가하였으므로 그들은 科擧나 벼슬길이 모두
허락되었습니다. 그러나 이는 실상 조종조부터 금석처럼 지켜 오던
법이 아니라 대간에서 거론한 것은 참으로 일리가 있습니다. 外方
의 公私賤 중에서 선발하여 防戍에 보낸 자를 壯勇隊라고 호칭하
고 土兵과 구분하였으니 지금도 관례에 따라 이 군대를 장용대라
고 일컫고 있습니다. …… 지금은 私賤 가운데서 나이 15세 이상
된 건장한 자를 뽑아 모두 군안에 채워넣고 戶保를 문서로 작성한
다음 역적의 노비와 교환하여 本主에게 지급하니 군안에 충당된
천인들은 매년의 防戍가 正軍과 전혀 다름이 없습니다. 이 법이 폐
단은 있지만, 실행된 지 이미 오래 되어 반드시 군공을 세운 뒤에
양인이 되도록 허가한다면 이들의 실망이 클 것입니다."[27]

위 사료는 함경도의 私賤들이 군역에 편제된 대가로 종량되어 양

---

27) 『光海君日記』 卷80, 6年 7月 16日 丙寅, "備邊司回啓曰 國家良賤 各分確然
  項綠北道軍籍欠缺 別遣御史刷括私賤 以爲正軍 遂許從良 其於科擧仕路 無
  所不通 實非 祖宗金石之典 臺諫所論 誠有意見 在外公私賤 抄赴防戍者 名
  之曰壯勇隊 以別土兵 則今亦依此例 此軍稱之以壯勇隊 …… 今則私賤年十
  五以上 徒丁抄出 盡充軍案 戶保成籍 以逆律奴婢相換 定給於本主 每年防
  戍 一如正軍 此法雖弊 行之已久 若必待有軍功然後 方許爲良 則此者之缺
  望深矣".

인이 됨으로써 仕路가 트였음을 말한 내용이다. 양계지역에서 공사
천이 군역을 통해 종량되는 제도는 일찍이 세조대부터 있어 왔다.
세조 5년(1459)에 설치된 賤人兵種의 壯勇隊가 그것인데, 그들은
試取를 통해서 선발되고 일정 기간을 근무하면 종량되었다. 장용대
를 통한 천인의 종량은 특히 임진왜란 기간 중에 크게 확대되었지
만, 전란이 끝난 광해군대에도 장용대는 여전히 종량의 관문적 역할
을 수행하였다. "15세 이상 된 건장한 私賤은 모두 軍案에 넣고 本
主에게는 역적의 노비를 대신 지급한 후 종량과 동시에 변방의 防
戍에 보낸다"는 것에서 그러한 사실을 알 수 있는데, 이와 같은 현
상은 한편으로 조선 전기의 엄격했던 신분질서가 임진왜란 이후 크
게 동요됨에 따라 나타난 결과가 아닌가 한다.

한편 군역을 통한 천인의 신분상승은 중세 신분질서를 붕괴시킨
다고 인식되었으므로 지배계층의 거센 반발에 직면하였다. 그러나
이 시기의 양계지역은 후금의 군사력과 대치하는 특수한 상황에 놓
여 있었기 때문에 속오군을 통한 천인의 종량은 다른 지역보다 일
찍이 실현될 수 있었다. 양계지역의 이러한 지역적 특수성은 조선
후기 지방군제사 내지 신분사에서 볼 때 주목되는 현상이다.

그런데 앞에서 언급한 바와 같이 그 동안 속오군의 폐단은 수령
등 지방관에게 속오군의 全責을 지운 데서 일어난 것이었다. 즉, 신
역의 유무와는 관계없이 조력을 감당할 수 있는지의 여부로 조직된
속오군은 양반과 유생의 경우, 토목의 役事와 상번하여 赴役軍의
일을 감당하지 못했기 때문에 속오군의 폐단을 지적하는 경향이 많
았다. 다음의 예는 경기 이북지역에 해당되지만, 속오군의 장점에
대해 설명한 경우이다.

⑴ 효전이 아뢰기를, "전에 신이 永柔縣令을 지냈으므로 평안도

의 군병에 대해서 익히 알고 있습니다. 평양 여러 고을의 속오군은 매우 정예하고, 수도 2만 5천여 명을 밑돌지 않는데, 이 군사들은 집을 드나들 듯이 늘 강변으로 방수를 나가 변경의 방수에 익숙하니 급한 변란이 일어났을 때에 쓸 수 있습니다.

근자에 중국에서 군사를 징발한다는 소문이 들리는데, 만약 마지 못하여 군사를 보낼 경우 신의 망령된 생각으로는 평안도 속오군 1만 명을 보내고 나머지 1만 명으로 본도를 방어하게 하면, 일이 매우 타당하리라 여깁니다. 다른 도의 군사는 서쪽 변방의 상황을 잘 알지 못하여 방수에 대해서는 더욱 생소하므로 하루 아침에 몰아 보낸다면, 반드시 놀라 마치 死地에 들어가는 것처럼 여겨 해만 있고 이익이 없을 것입니다.”28)

(2) 비변사가 아뢰기를, “…… 속오군은 설치된 지가 이미 오래 되었습니다. 이제 듣건대 각 도의 백성들이 속오군이 되는 것을 편하게 여기고, 選鋒이 되는 것을 매우 괴롭게 여긴다고 하니, 이는 필시 습관이 되어서 그러할 것입니다. 결원된 숫자가 너무 많아 모두 채워넣을 수 없으니 선봉을 파해 버리고, 속오군의 결원된 숫자에 채워넣어 위급한 사태가 발생했을 때 불러다 사용토록 한다면, 이는 이전과 서로 다를 것이 없을 것입니다.”29)

사료 (1)은 평안도 속오군의 우수성을 설명한 내용이고, (2)는 청나라가 요양을 점거하자 조선에서도 하삼도의 군병을 西路에 배치하려는 상황에서 각 도의 백성들이 속오군에 편제되는 것을 오히려 편하게 여겼다는 내용이다. 평안도 속오군의 조직화는 선조 28년 (1595) 10월부터 柳成龍이 경기·황해·평안·함경도의 四道都體察使에 임명됨으로써 급속도로 진전되었다.30) 따라서 당시 경기 이

---

28)『光海君日記』卷80, 6年 7月 17日 丁卯.
29)『光海君日記』卷169, 13年 9月 5日 癸卯.
30) 車文燮, 1973, 앞의 책, 186~190쪽.

북 속오군에서는 하삼도처럼 一身兩役을 포함한 수령 중심의 폐단만이 지배적인 현상이었던 것은 아니라고 생각된다.

평안도 속오군의 우수성은 청나라를 치기 위해서 명나라가 구원병을 요청하자 이들을 중심으로 구원병을 조직했던 데서도 분명히 드러난다. 한편 관서지방의 속오군이 청나라 정벌에 동원될 경우 본도 병력의 증강계책으로 하삼도의 商人·兩班·朝官·閑良 등을 선발하여 대기토록 하였다.[31] 이러한 양반계급의 군역 편제는 양천신분의 불평등체계를 어느 정도 완화시켰을 것으로 생각한다.

이 시기 속오군의 우수성은 "京江에 거주하는 백성들은 공사천을 불문하고 그 중에 장실한 자를 뽑아서 束伍軍이라고 이름하고, 선척은 크고 작음을 막론하고 모아서 선단을 만들었다"[32]라고 한 기록이나 "江華 속오군이 水軍의 훈련 절차를 잘 알고 있다"[33]고 한 기록을 통해서도 확인된다. 특히 여기에서는 창설 당시 步軍 중심의 속오군 기능이 점차 水軍의 영역까지 확대되고 있음을 알 수 있다.

제2절 營將制와 束伍軍

앞 절에서는 임진왜란 이후의 군제변동으로 천인이 朝官·兩班 등과 함께 속오군에 편제되었으며 이에 따라 신분의 혼효 현상이 확대되었음을 살펴보았다. 특히 광해군대에 양계지역의 內奴와 公私賤이 변방의 방수에 참여하는 대가로 종량되었는데, 이 같은 사

---

31) 『光海君日記』卷127, 10年 閏4月 17日 乙亥.
32) 『光海君日記』卷24, 2年 1月 17日 甲午.
33) 『光海君日記』卷144, 11年 9月 23日 壬寅.

실은 비록 특수지역에 국한된 현상이지만 필자는 이를 賤人이 軍役을 통해서 신분상승하는 사례로 평가하였다.

　여기에서는 북벌체제 시기인 인조·효종·숙종대의 속오군은 천인의 종량 현상이 지배적인가, 아니면 국가재정의 확보 차원인 一身兩役이 가중되는 현상에 불과한 것인가를 중심으로 살펴보려고 한다. 먼저 광해군의 친후금정책은 『春秋』의 尊王攘夷的 正統論과 朱子學的 忠孝思想을 정치이념으로 한 仁祖정권에 의해서 숭명반청정책으로 전환되었는데, 이와 같은 명분론적 정치성향은 신분제에도 그대로 반영되었다. 反正에 따라 양반계급의 권익이 확대됨으로써 양인의 私民化가 심화된 것이 그것이다. 따라서 내노와 공사천의 군역을 통한 신분상승이 억제되었음은 물론이다. 이러한 사실을 확인하기 위해 먼저 內奴의 속오군 편입에 대한 다음 사료를 살펴보자.

　⑴ 李貴가 아뢰기를, “內奴는 대부분 광해군 때 주인을 배반하고 投托한 자들이라 그 주인이 지금에 와서는 반드시 죽일 것이니, 그대로 속오군을 만드는 것이 좋겠습니다” 하니, 상이 “주인을 배반한 종을 그 주인이 죽인들 무슨 상관이겠는가. 경의 말이 잘못이다”고 하였다.34)

　⑵ 도원수 李弘胄가 치계하기를, “內奴 3분의 1에게 身貢을 면해 주고 隊伍를 편성하라고 이미 계하하셨습니다. 그런데 兩西의 군안을 조사해 보건대 황해도의 경우 防戍하게 되어 있는 군사의 수가 1만 명도 채 못 되는데 4회로 나누어 番을 서게 되니, 여러 鎭에서 파수하는 상태가 엉성합니다. 이에 반해 內奴의 경우는 매년 변방에 방수하러 나가는 고생도 없고 또 감당하기 어려운 신역도 없

---

34) 『仁祖實錄』 卷1, 元年 3月 20日 庚戌.

습니다. 전투를 수행할 만한 인원이 적지 않은데 그들 중 3분의 1
만 대오를 편성한다면 수가 얼마 되지 않습니다."35)

  ⑶ 승지 崔惠吉이 아뢰기를, "內奴를 隊伍에 편입시켜 조련하는
것은 실로 위급할 때 쓰려고 한 것입니다. 그런데 지금 조석으로
변란에 대비하는 때를 당하여 속오군의 몸으로 西邊의 역사를 홀
로 모면한다면, 허명무실할 뿐만 아니라 본 도의 軍政도 반드시 고
르지 못하다는 불평이 있을 것이니 公私賤과 그 役을 같이하게 하
소서."36)

  ⑴은 반정공신 李貴가 광해군 때 內需司에 투속한 私賤들을 모
두 本主에게 돌려줄 바에야 차라리 속오군에 편제하도록 제안하자
인조가 그것을 거절한 내용이고, ⑵는 도원수 李弘胄가 兩西의 軍
政을 감안할 때 황해도 內奴 중 3분의 1 이상을 군역에 편제하도록
상소한 것이며, ⑶은 속오군에 편제된 內奴·公私賤·正軍 중에서
내노만이 서방의 防戍에서 면제된다면 그것은 공평하지 않다는 내
용이다.

  인조는 유사시가 아니면 內奴를 서쪽의 방수에 보내지 않는다는
당초의 事目을 근거로 內奴의 束伍軍化에 반대하고 있다. 그러나
실제 이유는 내노가 군역에 편제될 경우 신공이 면제됨으로써 왕실
재정이 축소되기 때문이었다. 한편 인조의 私奴婢에 대한 인식도
내노의 그것과 크게 다를 바가 없다. 평안 병사 南以興이 一身兩役
에 있는 私奴의 신공을 금지토록 건의하자 인조가 사대부는 녹봉에
만 의지하기 때문에 그렇게 할 수 없다고 반대한 예37)가 그것이다.
또한 속오군 중에서 私賤의 비율이 감소한 것38)이나 防戍에 참여

---

35)『仁祖實錄』卷7, 2年 9月 4日 乙卯.
36)『仁祖實錄』卷28, 11年 3月 19日 庚戌.
37)『仁祖實錄』卷9, 3年 5月 17日 甲子.

한 私賤의 身貢을 本主가 독촉해도 국가의 공권력이 미치지 못했던 것도 크게 보면 내노·공사천의 속오군 편입에 대한 인조의 소극적인 태도를 반영한 것이라고 하겠다.

한편 당시 속오군은 다음 몇 가지 사실을 근거로 할 때 지방군으로서의 기틀이 잡혀가고 있었던 것으로 보인다. 첫째, 李貴가 城 가운데 큰 軍營을 설치하고 변방에 변란이 있으면 그 군대를 이끌고 출정한 명 태조의 전례를 원용하여 경기 속오군을 경성의 방위용으로 쓰자고 건의한 것,[39] 둘째, 경기 속오군이 正軍보다 3배 정도 많았던 것,[40] 셋째, 지역의 특성에 따라서 속오군을 운영할 경우 정예화된 군졸이 될 수 있었던 것,[41] 넷째, 禮葬都監이 강화 속오군 1천명을 10여 일 동안 산소의 赴役軍으로 차출하자는 건의를 인조가 반대하였던 사례[42] 등이 그것이다.

속오군에 대한 이 같은 인식의 변화는 이괄의 난과 후금의 침략으로 지방군을 더욱 강화해야 할 필요를 절실히 느끼고 있었기 때문이며,[43] 그러한 결과가 營將制度의 성립을 보게 하였다.[44] 당시 兵判 李延龜가 진술한 營將節目[45]은 종래 수령 중심의 폐단을 감

---

38) 『仁祖實錄』卷22, 8年 1月 27日 丁未.

39) 『仁祖實錄』卷2, 元年 7月 15日 癸卯.

40) 摠戎使 李曙가 경기 군사를 점열한 뒤에 복명하였다. 長湍에 소속된 여섯 고을은 正軍이 565명, 束伍軍이 1,541명, 別隊馬軍이 315명이고, 楊州에 소속된 일곱 고을은 正軍이 308명, 束伍軍이 1,292명 別隊馬軍이 184명이었다 (『仁祖實錄』卷7, 11月 9日 己未).

41) 陽川·金浦·通津·豐德·仁川·富平 등의 속오군은 모두 舟楫에 익숙한 사람들이라 남한산성에 쓰면 조련하지 않은 군병이 되지만 江都에 쓴다면 정예군이었다(『仁祖實錄』卷15, 5年 1月 25日 癸巳).

42) 『仁祖實錄』卷12, 4年 3月 28日 辛未.

43) 車文燮, 1973, 앞의 책, 197쪽.

44) 車文燮, 1973, 위의 책 ; 許善道, 1992,「朝鮮時代 營將制」,『韓國學論叢』14 ; 徐台源, 1993,「營將制의 設置와 運營」,『實學思想研究』4, 毋岳實學會.

45) 『仁祖實錄』卷16, 5年 4月 20日 丙辰.

안하여 훈련을 담당한 영장의 操鍊權과 수령의 행정권을 二元化한 것이 특색인데, 훈련대상자인 속오군의 給復에 관한 문제를 賤人의 신분상승과 관련하여 살펴보면 다음과 같다.

⑴ 비변사에서 병조판서 李延龜가 조목별로 진술한 영장절목을 가지고 말하기를, "…… 軍兵에 있어서는 속오군의 原案 중에 노쇠한 군사는 제거하고 장정만을 가려 뽑고, 그 중에 기예가 성취되어 번번이 1등인 자에게는 田稅를 제외한 1結을 給復하며, 노쇠한 군병은 따로 한 부대를 만들어 軍糧을 돕거나 장비를 마련하여 공급하게 한다."46)

⑵ 비변사가 아뢰기를, "…… 속오군에 편제된 군병들이 기예를 익히지 않고 무기가 정예롭지 못한 것은 湖右만 그러할 뿐 아니라 곳곳이 그러합니다. 군병에 이르러서는 공사천이 반반인데 그들에게는 본래의 身役 이외에 연습을 해야 하는 고통이 겹쳤기 때문에 도망하여 흩어질 폐단은 사세로 보아 필연적인 것이니 보호하고 구휼하는 방책을 강구하지 않을 수 없습니다. …… 그런데 給復하려면 八道에 편성된 속오군이 거의 십만에 이르고 있는데, 한 사람에게 수십 負씩 주더라도 수만 결이 됩니다. 이것을 제외하면 해조의 경비를 어떻게 조달하여 쓸 수 있겠습니까. 당초 營將事目 안에 반드시 才藝를 완전히 익힌 뒤에야 계문하여 給復하게 한다고 한 것은 이 때문일 것입니다. 그러니 우선 사목에 따라 시행하는 것이 의당하겠습니다. ……" 하니 상이 따랐다.47)

---

46) 『仁祖實錄』 卷16, 5年 4月 20日 丙辰.

47) 『仁祖實錄』 卷18, 6年 2月 28日 庚申, "備局啓曰 …… 編伍軍兵技藝之不習 軍器之不精 非獨湖右爲然 在在如此 至於軍兵則公私賤相半 其中本後之外 兼有鍊習之苦 逃散之弊 勢所必至 護恤之策 靡不講究 …… 且欲給復 則八 道編伍 幾至十萬 雖人給數十負 除此數萬田結 則該曹經費 亦何以支用 當 初營將事目中 必有成才然後 啓聞給復者 盖以此也 姑依事目施行爲當 …… 上從之".

(3) 비변사에서 아뢰기를, "北路의 私賤들 중 男丁은 定軍하여 入防시키고 여인들에게 身貢을 거두어서 군량에 보충해 온 지가 이미 오래 되었습니다. 그런데 그 사이에 또한 本主들이 침학함으로부터 생기는 원망은 과연 御史가 아뢴 바와 같으니 변통해야 될 것입니다. 本道에서 장정을 뽑아 인원 수를 채우게 하는 동시에 그들의 어미·처·자매 중 한 사람을 奉足으로 삼되, 어미·처·자매가 없는 경우에는 노약자를 한 사람씩 지급하여 奉足으로 삼아 지탱해 나갈 기반을 마련하게 하소서."[48]

위 사료 (1)은 영장절목에 규정된 속오군의 給復規定인데, 그 조건은 '技藝가 성취되어 1등인 자'에 한해서 급복한다는 내용이고, (2)는 국가재정이 부족한 관계로 일신양역의 속오군에게 급복할 수 없음을 설명한 것이며, (3)은 양계지방의 私賤 중 군역에 편제된 자에게 봉족을 지급하자는 내용이다. 인조는 "이와 같이 변통한다면 반드시 군졸도 줄고 군량도 모자랄 것이니 우선 옛날대로 시행하되, 本主가 身貢을 받아내는 폐단을 엄금하라"[49]고 지시하였다. 따라서 營將制의 성립과 동시에 법제화된 속오군의 給復 문제는 인조의 지시와 국가재정 때문에 전국적으로 실시될 수 없었다. 그러나 인조 8년(1630) 8월 비변사가 "속오군 가운데 正軍과 司僕諸員은 當番을 감하고, 砲保와 公賤은 1년 동안의 身役을 감하고, 私賤은 2년을 기한으로 戶役을 감해 주는 것이 마땅합니다"[50]라고 건의하자

---

48) 『仁祖實錄』 卷22, 8年 2月 4日 甲寅, "備局啓曰 北路私賤 男丁則定軍入防 女人則收貢補餉 其來已久 而其間亦未免本主之侵責 渠輩偏苦之怨 果如御史所啓 不可不變通 宜令本道 簽抄丁壯實數 各其母妻姉妹中 除一人以爲奉足 而若無母妻姉妹者 則除出老弱之不合於戰陣者 各給一人 稱以奉足 以爲支保之地".
49) 『仁祖實錄』 卷23, 8年 8月 24日 辛未.
50) 『仁祖實錄』 卷34, 15年 2月 15日 乙酉.

인조가 이를 따름으로써 속오군의 급복은 전국적으로 실시되기에 이르렀다. 이에 따라 속오군에 편제된 공사천도 급복됨으로써 경제적인 혜택뿐만 아니라 사회적 인식도 개선되었다.

그런데 속오군의 훈련과 밀접한 관계에 있었던 영장제는 지방수령들의 반발과 재정적인 뒷받침의 미흡, 능력있는 武臣의 부족이라는 문제점을 노정시켰다. 거기에 이괄의 난을 계기로 守禦·摠戎廳 등 왕경 중심의 軍事體制가 강화됨으로써 속오군체제는 그 운영이 원활할 수가 없었다.[51] 따라서 병자호란 직후 청나라의 내정간섭이 증대되자 영장제는 혁파되기에 이르렀고[52] 속오군에 편제된 공사천의 신분적 지위 향상은 억제되었을 것으로 생각된다.

그렇다면 인조의 崇明反淸 정치사상을 계승하고 북벌론을 전개한 효종은 속오군의 給保·給復 문제에 대하여 어떤 입장이었을까. 효종은 속오군의 급보 문제를 조처하기에 앞서 당시 속오군이 수령과 토호에게 신분적으로 예속되어 있던 상태를 변화시키기 위해서 동왕 5년(1654) 3월 營將事目을 제정하였다. 영장사목에서 규정한 내용은 종래 속오군에 대한 守令과 士族의 권한을 약화시키는 것이었다. 즉, 속오군을 營將이 총괄하되, 실무행정은 時任座首와 實兵房에게 주어졌던 것이다.[53] 이에 따라 속오군의 신분적 지위는 더욱 확고해졌는데, 이와 같은 현상은 공사천이 군역을 담당한 대가로 국가가 공권력을 통해 본주들의 사적 재산권을 약화시킨 결과라고 해석할 수 있겠다. 이러한 정지작업을 거친 후 효종은 같은 해 9월 속오군의 給保節目을 제정하였는데 그 내용을 요약하면 다음과 같다.

---

51) 車文燮, 1973, 앞의 책, 198쪽.
52) 『仁祖實錄』卷34, 15年 2月 15日 乙酉.
53) 『備邊司謄錄』17冊, 孝宗 5年 3月 16日.

⑴ 속오군에게는 족속이나 혹은 이웃마을의 공사천과 군역의 무리로써 각기 1인씩을 奉足으로 지정하되, 正軍에 비할 바가 아니니 나이가 많더라도 농사 지을 수 있는 자는 모두 充定하고, 나이가 60이 되면 다른 사람을 대신 충정할 수 있다. 봉족 등에게 도와주는 粮資의 수를 정하지 않으면 지나치게 침해하는 폐단이 없지 않을 것이니 매 1년에 粮米 7斗를 마련해 資裝을 보태게 해서 봉족이 가벼운 것을 알게 하여 자원해서 들어와 소속되는 길을 열게 한다.

⑵ 宮家와 사대부를 막론하고 한 고을의 儒品·奴僕까지 모두 충정하되, 勢家에 들어가 한유한 자가 많을 것이니, …… 그들은 각 면의 里正·勸農·色掌 등으로 번갈아 차정할 것이며, 속오군 가운데 결원이 있으면 이 무리로써 충정하되, 끝내 누락할 수 없음을 알게 한다.54)

위 사료는 효종 5년 8월 경상도에서 처음으로 실시된55) 속오군의 給保節目 중 천인 속오군의 신분지위 향상과 관련된 부분만 발췌한 것이다. 당시 속오군은 "雜役을 면제하고 保人을 지급한다는 규정이 없었기 때문에 아침에 편성해도 저녁에 흩어져 버렸다."56) 그러므로 속오군의 給保法 실시 목적은 속오군이 겪는 一身兩役의 문제를 해결하는 데 있었을 뿐만 아니라 효종의 군비확충책과도 직접

---

54) 『備邊司謄錄』 17冊, 孝宗 5年 9月 29日, "一 束伍軍等 或以族屬 或以隣里 公私賤軍保之類自望各一人 定奉足爲乎矣 非如正軍之比 年雖裏暮 而未滿 六十 可以作裳者 則竝皆充定 年滿六十後 代定事 一 奉足等助給粮資之數 若不定式 則不無濫數侵責之契 每一年 粮米七斗備給 以補資禁 使知其奉足 之輕歇 以開自願入屬之路事 一 勿論宮家士大夫一鄕儒品奴僕 竝皆充定 而 豪勢家戶下入樓之輩 充甚閑遊 …… 各其面里正勸農色掌等 輪回差定爲旀 束伍軍中有闕 則又以此類充定 俾知其終不得落漏事".
55) 『孝宗實錄』 卷12, 5年 6月 14日 壬申.
56) 『孝宗實錄』 卷12, 5年 6月 14日 壬申.

관계가 있었다. 다시 말해서 속오군에게 지워진 일신양역의 문제를 해결하지 않고는 북벌을 위한 군비확충은 그 실효를 거둘 수가 없었던 것이다. 전술한 바 영장제의 復設 역시 일신양역의 폐단을 개선하기 위한 것이었음은 이미 살펴본 바와 같다. 따라서 사료 (1)·(2)와 관련하여 속오군의 급보 문제에서는 다음 두 가지 사실이 주목된다. 하나는 당시 경상도 속오군에게 보인이 지급됨에 따라 천인 속오군에게도 보인이 지급되었다는 사실이고, 다른 하나는 궁가와 사대부 등 양반신분도 보인에 편제된 것이다. 여기서 양반이 戶首인 천인 속오군의 보인이 되었던 경우를 생각할 때, 이것으로 말미암아 천인과 양반 간의 상하적 신분의식은 상당히 완화되었을 것으로 생각된다.

효종이 군비확충의 일환으로 실시한 이러한 속오군의 급보는 양반인 本主가 私賤 속오군의 보인이 되었을 경우 상하관계가 역전됨으로써[57] 조정관료와 양반들이 크게 반발하였다.[58] 그러나 효종은 이를 끝내 허락하지 않았을 뿐만 아니라 오히려 동왕 7년(1656) 9월 삼남지방을 대상으로 속오군의 급복을 단행하였다. 그 구체적인 사실은 다음과 같다.

(1) 비변사의 單啓目에, "경상·전라·충청 삼도의 속오군을 매년 9월부터 다음 해 2월까지 6개월 동안 매월 한 번씩 영장이 해당 고을을 돌며 試射와 試防을 할 경우 군병들이 스스로 식량을 싸 짊어지고 관문에 집결하는 과정에 그간의 고생은 말할 것도 없거니와, 그 중에 身役이 있는 자에게는 혹은 收布의 역이 있거나 혹은 身貢의 역이 있어서 다방면으로 침해를 받게 되니 그 형세를 결코

---

57) 徐台源, 1993, 앞의 논문.
58) 『孝宗實錄』 卷13, 5年 11月 11日 丁酉 ; 卷16, 7年 2月 27日 丙子.

감당할 수 없습니다. 때문에 상께서 군민의 고생을 특별히 생각하신 나머지, 公賤 및 여러 員役·餘丁·匠人·唱準·雇工·院奴 등의 경우는 身貢·身役·價布를 전량 감면하여 주고 騎兵·步兵 및 諸色의 保人·私奴·內奴 등의 경우는 자기 田稅 외의 復戶 50卜씩 주어서 별도의 구호 근거로 삼으라고 하신 것입니다. 그러므로 자기의 田結 유무를 막론하고 각자의 소원에 따라 復戶를 주었으며, 전세 이외에 貢物價 이하 갖가지 잡역도 일체 감면해 주어 명목만 있고 실속은 없는 폐단이 없도록 하였습니다."59)

(2) 아뢰기를 "三南의 감사가 모두 속오군 給復은 편리하지 않다는 뜻으로 아뢰었습니다. 조정에서는 삼도에서 군병을 여섯 달이나 열병한 수고를 생각하여 구휼의 은전을 베풀고자 합니다. 寺奴에게는 身貢을 감하고 各邑의 有役者는 납부해야 할 布를 감하여 주는데, 騎兵·步兵 및 私賤에게는 달리 베푸는 일이 없습니다. 각기 復戶 50卜을 주는 것은 조정의 특혜인데 道臣 등의 馳啓를 계속 접해 보니 이것은 모두가 유명무실하고 행하는 데 있어서 불편하다고 합니다. 軍의 정상으로도 즐거워하지 않는 이유가 진실로 그 말과 같으므로 도로 없애야 하겠습니다. 이미 병신년(효종 7년, 1656) 가을부터 급복을 시행해 왔다면, 기타 身貢을 감하고 역을 감하는 따위도 병신년부터 시행해야 하고 지금에 이르러 다시 없애는 것은 사리에 부당한 것입니다. 우선 금년 가을까지 한정하여 전과 같이 하도록 분부하시고, 給復과 布를 감하는 것은 가을 뒤에

---

59) 『備邊司謄錄』18冊, 孝宗 7年 9月 2日, "備邊司單啓目 慶尙全南忠淸三道束伍軍 每年自九月至二月六朔良中 每朔一番式 營將巡歷該邑 試射試放 則軍兵等私自裹粮聚會官門之際 其間苦狀 已不足說 而其中有身役者 則或有收布之役 或有身貢之納 被侵多歧 其勢決不可堪 故自上軫念軍民之苦狀 公賤及諸員餘丁 匠人唱准雇工院奴等 則全減身貢身役價布 騎步兵及諸色保人私奴內奴等 則各給稅外復戶五十卜 以爲別樣存恤之地敎是白去乎 無論自己田結有無 各從所願給復 而田稅之外貢物價以下 種種雜役 一切蠲免 俾無有其名而無其實之弊爲白乎矣".

다시 의논하겠습니다.……" 하니, 아뢴 대로 하라고 답하였다.60)

사료 ⑴은 하삼도 속오군에 대한 각 신분계층의 給復 범위를 설명한 것이다. 여기서 속오군의 급복을 천인의 경우에만 한정해 볼 때 公賤과 院奴는 身貢·身役이 전부 감면된 반면, 私奴와 內奴는 復戶 50卜만 주어졌을 뿐이다.61) ⑵는 下三道의 감사가 속오군의 급복을 혁파하자는 것에 대해 조정대신들이 오히려 반대한 내용이다. 당초 하삼도 私賤 속오군에게 지급된 전결 50卜은 寺奴의 免貢과는 비교할 수가 없다. 그럼에도 불구하고 당시 지배계급이 속오군의 급복에 대해 이처럼 민감한 반응을 보인 것은 무엇 때문이었을까. 이는 私奴가 군역을 담당한 것에 대한 국가와 본주 간의 대립을 반영한 경우가 되겠다. 따라서 "가을 후에 다시 의논하여 처리하도록 한다"고 하였던 속오군의 급복 혁파 문제는 "軍情과 守令이 반대한다"62)는 사실을 근거로 속오군 급복을 계속 실시할 수 있었다.

그러므로 속오군 급복이 계속 실시된 이면에는 국가가 奴主와 奴와의 관계를 약화시키면서 賤人의 지배권을 신장시키려 한 의도가 들어 있었고, 이를 통해서도 당시 천인들의 사회·경제적 처지 내지 사회적 인식이 완화될 수 있었던 일단을 간취할 수 있다.

---

60) 『備邊司謄錄』19冊, 孝宗 8年 2月 5日, "啓曰 三南監司 皆以束伍給復難使之意啓聞矣 朝廷軫念三道軍兵六朔試閱之勞 欲施優恤之典 寺奴則減其身貢 各色有役之類 則竝減應納之布 而唯騎步兵及私賤 則他無可施之事 各給復五十卜 此是朝家之特惠 而續接道臣等馳啓 皆言其有名無實 行之不便 軍情亦不爲悅之由 誠若此言 卽爲還罷 旣令自丙申秋等給復 其他減貢減役之類 亦以丙申年條施行 到今旋罷 事理不當 姑限今秋 依前令付 仍爲給復減布 秋後更議".

61) 『備邊司謄錄』卷7, 孝宗 7年 9月 20日.

62) 『備邊司謄錄』卷7, 孝宗 8年 10月 3日.

한편 효종 이후의 속오군에 대해서는 영장제가 제대로 운영되지 못하고, 王京 중심의 군사체제를 지향하고 국가재정의 補塡을 위한 收米·收布法이 일반화됨으로써 거의 그 구실을 다하지 못한 것으로 이해되고 있다.63) 그렇다면 이와 관련하여 현종과 숙종대에 있어서 속오군의 給復·給保 문제는 어떠하였을까. 다음 사료에서 이에 관한 구체적인 사실을 알 수 있다.

⑴ 좌의정 元斗杓가 아뢰기를, "하삼도의 속오군이 계속된 흉년으로 操鍊하지 못하기 때문에 전에 給復하는 일을 잠시 중지하였습니다" 하니, 上이 給復을 정지한 해를 묻자 원두표가 경자년(현종 1년, 1660)부터라고 하자 상이 그렇다면 금년부터 급복하라고 지시하였다.64)

⑵ 병조의 계사에 "지난달 27일의 주강 입시 때에 무신 金世器가 아뢰기를, '…… 대체로 束伍法은 경상도는 奉足 3명을 지급하고, 전라도는 復戶 半結을 지급합니다.' 전라도 속오군의 총수는 2만 3천 1명으로서 각각 복호 50卜을 지급하면 그 수는 자그마치 1만 1천 5백 결이니 50복을 복호로 지급하는 것이 비록 적은 것 같으나 합하여 계산하면 조정에서 잃는 바가 적지 않습니다. 그러나 그들도 복호의 지급을 원하지 않고 영남의 경우와 같이 각각 세 명의 봉족을 받으려 하니 원하는 바에 의하여 시행하면 편리할 듯합니다. …… 金世器가 '保人을 지급하고 復戶는 지급하지 말라'고 한 것은 소견이 없다고 할 수 없습니다. 그러나 다만 3만의 속오군에게 9만여 명의 보인을 지급하려고 할 때 소요스런 폐단이 클 것입니다. 더구나 이 문제는 일찍이 영남에서 실시하였다가 폐단만 있

---

63) 車文燮, 1973, 앞의 책, 199~200쪽.
64) 『備邊司謄錄』22冊, 顯宗 3年 8月 10日, "左議政元斗杓所啓 下三道束伍軍 連以凶年不爲操鍊 故給復事 姑停矣 上曰 給復自何年停止乎 元斗杓曰 自 庚子歲停之耳 上曰 然則自今年給復 可也".

고 실이 없어서 폐지한 지 오래입니다. 지금 또 호남에서 실시하기 어려우니 덮어두는 것이 어떻겠습니까" 하니 윤허한다고 답하였다.65)

⑶ 閔維重이 또 말하기를, "호남의 속오군으로서 스스로 鳥銃을 갖춘 자에게 復戶 1結을 주고, 조총이 없는 자에게는 50負를 주고 있었습니다. 그런데 경술년(현종 11년, 1670)의 裁減 때에 조총을 스스로 갖춘 자는 50負로 감하였고, 조총이 없는 자는 재감하였습니다. 당초에 조총이 희귀하였으므로 백성을 모집하여 복호를 주어서 스스로 갖추게 하였던 것이나, 지금은 京外에서 打造하기 때문에 넉넉히 나누어 줄 수 있습니다. 그러니 복호하는 규정을 모두 혁파하는 것이 마땅할 듯합니다" 하니 임금이 그대로 따랐다. 이 뒤에 閔維重이 호서에도 이 규정이 있다 하므로 또 혁파하였다.66)

⑴은 계속된 흉년으로 현종 1년(1660) 속오군의 급복을 중지하였다가 동왕 3년(1662)에 다시 전국적으로 실시하였다는 내용이다. 그런데 속오군 급복이 중지된 와중에도 재해가 심한 지역의 군병과 각 관에서 속오군의 급복을 장계하면 급복의 혜택을 주었다. 이에 따라 동왕 1년 2월에 私奴 1,043명이 급복되었고,67) 10월에도 988명

---

65)『備邊司謄錄』31冊, 肅宗 1年 12月 4日, "啓曰 兵曹啓辭 今十一月二十七日 晝講入侍時 武臣金世器所啓 …… 大抵束伍之法 慶尙道則給奉足三名 全羅道則給復半結 全羅一道束伍都數二萬三千一名 各給復五十卜則給數之多一萬一千五百給也 五十卜給復 雖似零星 而都合計之 則朝家所失不少 渠輩則且不願給復 欲如嶺南之各受三名奉足 依願施之 則似合便當 …… 金世器之請給保而勿給復者 不可謂無所見 而但三萬束伍之三保九萬餘名 搜括充定之際 民間騷擾之弊 有不可勝言者 況此事曾試之嶺南 而以其有弊無實之故 停罷已久 今難又施之於湖南 置之何如 答曰允".

66)『肅宗實錄』卷14, 9年 1月 10日 壬子, "閔維重等 又以爲湖南束伍 自備鳥銃者 給復一結 無銃者給五十負 而庚戌裁減時 自備者減五十負 無銃者除減矣 蓋當初因鳥銃之稀貴 募令給復自備 而今則京外所打造者 足可以分給 給復之規 宜一切革罷 上 從之 是後 維重以湖西 亦有此規 又自罷之".

이 급복의 혜택을 받았다.68) 여기서 주목되는 점은 지배계급의 계속된 반대에도 불구하고 私賤 속오군의 급복이 현종 재위기간 중에 계속 실시되었다는 사실이다. 따라서 속오군의 급복이 실시된 기간에는 私奴의 사회적 지위가 향상되었을 것으로 보인다.

⑵는 復戶 50負씩 주어지는 호남의 속오군에게도 영남의 경우와 같이 봉족 3명을 지급해 줄 것을 상소한 내용이다. 속오군 1명당 復戶는 50부에 지나지 않았다. 그러나 전라도 속오군 모두에게 지급하면 3만 2천 결로서 전라도 전결 총수의 4분의 1에 해당되었다. 한편 3만 명에 대한 奉足 3명은 9만여 명이 되니 이 역시 가능한 일이 아니었다. 그러나 속오군의 급복은 숙종 초에도 폐지되지 않고 계속 실시될 수 있었다.

⑶은 호남과 호서 속오군에게 지급되었던 복호를 혁파하였다는 내용이다. 이로써 천인 속오군이 받는 일신양역의 폐단을 개선할 목적으로 효종이 영장제와 함께 처음 실시하였던 속오군의 급복은 폐지되고 말았다. 이에 따라 영장제와 속오군의 성격이 변화되었음은 물론 천인 속오군의 신분적 지위도 변동하는 계기가 되었다. 이에 관해서는 다음 절에서 살펴보도록 하겠다.

제3절 束伍軍의 변천

인조 5년 속오군의 習陣·操鍊을 목적으로 창설된 營將制는 군사권과 행정권의 대립으로 인해서 인조 당대에는 큰 성과가 없었다.

---

67) 『備邊司謄錄』20冊, 顯宗 1年 2月 18日.
68) 『備邊司謄錄』20冊, 顯宗 1年 10月 19日.

그러나 효종대에는 강력한 왕권과 북벌을 위한 군비확충의 일환으로 영장제가 확대 실시되었다. 이 과정에서 속오군에게 給保·給復함으로써 一身兩役의 폐단을 어느 정도 줄일 수 있었다. 현종대에도 이와 같은 현상은 크게 달라지지 않았다. 속오군의 급보·급복이 폐지되지 않았을 뿐만 아니라 말기에는 兼營將制가 전국적으로 실시된 것은 이를 말해 준다.[69]

그러나 속오군의 강·약과 밀접한 관계를 갖는 영장제의 군사적 기능은 숙종 10년(1669)을 전후해서 약화되기 시작하였다. 그 이유는 다음 세 가지로 요약할 수 있다. 첫째, 조선 후기 軍制가 王京 중심의 五軍營制로 재편되기 시작함으로써 속오군은 그 구실을 다할 수 없게 되었다.[70] 둘째, 양계지역이 갖는 관방의 특수성으로 인해서 속오군이 폐지되고 五衛가 복설되었다. 셋째, 속오군의 收米·收布法이 보편화된 결과 부유한 양인이 점차 군역에서 제외됨으로써 속오군은 奴軍化되었다.[71]

· 한편 영장제를 폐지해야 한다는 주장은 현종대에도 계속되었다. 諸道 영장의 1년 供饋가 너무 많기 때문에 흉년이 들어 巡歷하고 조련하는 등의 일을 모두 정지하면 영장이란 전혀 할 일이 없었기 때문이다.[72] 그러나 영장제는 월봉만 주었을 뿐 혁파되지는 않았다.[73] 동왕 6년(1665)부터 수령의 討捕使 기능을 영장이 대행하고[74] 하삼도의 경우 試才하는 일까지 전례대로 담당함으로써[75] 영장이 속오군을 계속 조련할 수 있었다. 이처럼 영장제의 실시 여부

---

69) 車文燮, 1973, 앞의 책, 248쪽.
70) 車文燮, 1973, 위의 책, 198쪽.
71) 車文燮, 1973, 위의 책, 199쪽.
72) 『備邊司謄錄』20冊, 顯宗 1年 9月 29日.
73) 『顯宗實錄』卷4, 2年 閏7月 14日.
74) 『備邊司謄錄』25冊, 顯宗 6年 11月 2日.
75) 『備邊司謄錄』33冊, 肅宗 3年 1月 7日.

가 속오군 운영에 영향을 주었지만, 다른 한편 양계지역의 兼營將
制의 혁파 문제는 속오군의 존립과 직접 관련되었다. 다음 사료에
서 이와 같은 사실을 알 수 있다.

⑴ 병조판서 金錫胄가 말하기를, "西路에서 營將制를 시행하였
습니다. 淸北의 여러 郡은 제일 먼저 對敵하는 지방이니, 군병은
모두 營將의 소속이 됩니다. 그러므로 信地를 지키는 수령에게는
한결같이 거느린 것이 없습니다. ……" 하니, 權大運이 말하기를,
"청북뿐만 아니라 北路의 六鎭 앞에 있으면 각자가 統兵하여 성에
들어와 보수하여야 합니다. 대개 육진은 강을 따라서 바둑돌같이
건너편에 벌여 놓았으니 모두가 이것은 敵境인 까닭입니다. 그러
나 지난해 영장을 창설한 이래로 六鎭의 군병은 모두 영장의 소속
이 되었으니, 信地를 포기하고 한 곳에 모여 급하게 적을 만나면
지킬 城이 없습니다. 그러니 六鎭의 營將은 속히 혁파하지 않을 수
없으며 각자가 보수하는 곳으로 삼도록 할 것입니다" 하니, 임금이
말하기를, "육진의 영장은 도로 혁파하도록 하고, 淸北의 일은 備
局으로부터 平安 兵使에 문의하여 장구하게 변통하도록 하라" 하
였다.76)

⑵ 좌의정 閔鼎重이 말하기를, "함경감사 尹塔가 오위를 혁파한
일로써 狀聞하기를, '오위는 바로 국조의 옛 제도인데, 金汝水가
北兵使가 되어 처음으로 혁파하였으나 변방의 늙은 장교들은 지금
까지 그릇되었다고 합니다' 하였으니 오위를 다시 설치하지 않을

---

76) 『肅宗實錄』卷7, 4年 9月 8日 丙午, "兵曹判書金錫胄言 又曰 西路自行營將
之法 淸北諸郡 俱是首先當敵之地 軍兵皆爲營將所屬 勒守信地之守令 則一
無所領 …… 權大運曰 不特淸北北路六鎭 在前各自統兵 入城保守 蓋六鎭
循江 碁布越邊 俱是敵境故也 自頃年創設營將以來 六鎭軍兵 竝爲營將所屬
據棄信地 團聚一處 遇警之日 無以守成 六鎭營將 不可不速罷 而使爲各自
保守之地矣 上曰 六鎭營將 使之還罷 淸北事 自備局問議於平安兵使 從長
變通".

수 없습니다. 그런데 束伍는 雇工·海夫들까지도 모두 充定하므로, 원망하는 말이 떠들썩하니, 혁파하지 않을 수 없습니다" 하니 임금이 그대로 따랐다.[77]

(3) 武臣 朴星錫이 아뢰기를, "강변의 여러 고을은 관서의 요충지인데 그 설치한 鎭守의 방법이 매우 허술합니다. 전부터 昌城府使가 좌영장을 겸하여 삭주·창성·벽동 등 세 고을의 군병을 거느리게 하고 滿浦僉使는 우영장을 겸임하여 이산·위원·강계 등 세 고을의 군병을 거느리게 하는데 평상시에 별도로 단속해 모여 防戍하는 일이 없기 때문에 허다한 軍卒들이 수백 리 되는 깊은 산 외딴 골짜기에 흩어져 있어 혹 뜻밖의 근심이 있게 되면 창졸간에 모아서 막게 하더라도 미치지 못할 형세입니다. …… 신의 천박한 소견으로는 영장이 겸대해 거느리는 일을 혁파하고 별도로 독립된 邑鎭을 설치하는 규정을 두어 각 鎭의 수령에게 그 경내의 군병을 거느리게 해서 연변의 요충지를 나누어 지키게 하되, 고을이 피폐하고 군병이 적은 곳은 경계가 서로 가까운 內鎭에 있는 군병을 편리한 대로 보태 주어야 합니다."[78]

(4) 비변사에서 아뢰기를, "…… 江邊의 邑鎭을 모두 독립된 鎭으로 하게 하였으니 속오군 제도는 마땅히 혁파해야 하는데, 속오군이 없이 영장을 두는 것은 근거가 없을 듯합니다. 그러나 만약 호령할 主將이 없으면 軍政이 허술해질까 걱정이니 영장이란 이름을 그대로 두고 호령할 권한을 빌려주는 것이 편리합니다. …… 강변의 좌·우 영장을 혁파하는 한 가지 일은 마땅히 본도 감사와 兵使가 조만간 巡歷하여 보고한 후를 기다려야 완전히 정해질 수 있습니다" 하니, 알았다고 전교하였다.[79]

---

77) 『肅宗實錄』卷11, 7年 1月 16日 庚午, "左議政閔鼎重言 咸鏡監司尹堦 以請罷五衛事狀聞 五衛 乃國朝舊制 金汝水爲北兵使始罷之 邊上老校 至今爲非五衛不可不復設 以束伍則雇工海夫 亦皆充定 怨言喧籍 不可不革罷 上 從之".

78) 『備邊司謄錄』40冊, 肅宗 12年 5月 16日.

위의 (1)은 숙종 4년(1678) 평안도 지방에서 영장제를 처음으로 실시함과 동시에 六鎭에서는 영장제를 혁파하였다는 내용이다. 병자호란 직후 혁파되었던 영장제는 효종 5년(1654) 복설되었다. 그런데 이 때 복설된 영장은 충청·전라·경상도의 삼남 16營에만 파견되고 막상 북정에 대비해 가장 필요한 서북지방에는 실시되지 않았다. 양서(평안·황해도)지방뿐 아니라 인조 때 실시되었던 강원도와 함경도에도 파견되지 않았다. 당시 청나라와의 관계에 비추어 北伐은 차치하고 영장제와 같이 의심을 살 만한 적극적인 군비증강을 정면으로 실시할 수 없었던 국제정세로 말미암은 듯하다.80) 양계지방의 영장제 실시에 관한 이와 같은 인식은 대체로 타당한 견해라고 생각된다. 그러나 더 본질적인 이유는 이 곳 지형의 특수성과 관련된 전술적인 문제 때문이 아닌가 한다. 즉, 이 곳은 조선 초기부터 각 鎭堡 단위로 방어체계를 구축하였기 때문에 한 곳에 대오를 집결하는 제승방략제는 큰 실효를 거둘 수가 없었다. 따라서 武將專任營將制의 혁파는 수령이 영장을 겸하는 겸영장제로 환원하였음을 뜻한다.

(2)는 함경도와 육진에서 속오군을 혁파하고 오위제도를 복설한 내용이다. 북도의 오위는 金汝水가 北兵使로 있을 때 혁파하였다. 그 후 柳悲然이 兵使가 되어 복설하기를 계청하였지만 실현되지 않았다.81) 그런데 숙종 7년(1666) 1월 閔鼎重이 육진의 속오군을 혁파하고 오위의 편제를 복설하도록 주장하자, 숙종이 이를 허락하

---

79)『備邊司謄錄』40冊, 肅宗 12年 6月 10日, "司啓 …… 江邊邑鎭 旣令皆作獨鎭 則束伍之制自當革罷 無束伍而置營將 似無所據 而若以號令無主 軍政疎虞爲慮 則仍存營將之名 以假號令之權 亦合便宜 …… 江邊左右營將革罷一事 當待本道監兵使早晩巡審啓聞後 可以完定 傳曰 知道".
80) 許善道, 1992, 앞의 논문, 10~11쪽.
81)『備邊司謄錄』38冊, 肅宗 10年 10月 9日.

였다. 임진왜란 이후 柳成龍이 束伍法으로 각 도의 군사를 훈련시
켰다. 그러나 육진의 형편이 다른 도와 같지 않음을 알고 오위만은
고치지 않았는데 그 뒤에 金汝水가 북도병사가 되어 영장제를 설치
하고 육진과 각 鎭堡 및 무인 출신자들을 모두 속오군에 편입시켜
이를 영장에게 예속시켰다. 따라서 府使·僉使·萬戶 등은 그들이
영솔하던 군졸을 잃어버리고, 육진의 정세는 차츰 허술하게 되었
다.82)

여기서 육진의 五衛編制가 속오군으로 전환됨으로써 나타난 변
화는 다음 두 가지로 요약된다. 하나는 진관제83)가 제승방략제로
바뀌는 전술적인 변화이고, 다른 하나는 오위에서는 驛卒·營屬·
土奴·雇工 등이 군병 역할을 하였지만, 속오군에서는 이들이 관방
에서 제외되었다는 사실이다. 특히 土奴와 雇工이 군역에서 이탈함
으로써 군사력이 크게 약화되었다고 생각된다. 이와 같은 일련의
과정을 통해서 北道에서 五衛의 편제가 복설되는 배경을 살펴보았
다. 이후부터 각 읍의 수령이 영장을 겸하는 兼營將制가 보편화되
었다. 따라서 다시 군역을 통해 公私賤과 內奴 및 身良役賤 계층의
신분적 지위 내지는 사회적 지위가 상승할 수 있는 계기가 마련되
었다.

그렇다면 북도에서 속오군제가 혁파됨으로써 천인의 신분상승이
더욱 용이하였던 경우는 속오군을 통한 신분상승을 살피는 본고의
주제와 일면 배치되는데, 이와 같은 현상은 어떻게 해석할 수 있을

---

82) 『萬機要覽』 軍政編1, 五衛 附北道衛制.
83) 『萬機要覽』 軍政編1, 五衛 附北道衛制, “五衛는 前衛가 적의 침공을 받으면
　　곧 左·右 兩衛가 병졸을 출동시켜 구원할 수 있으며, 左衛가 적의 침공을
　　받으면 前·後의 兩衛가 또한 병졸을 출동시켜 구원할 수 있으며, 中衛가 적
　　의 침공을 받으면 곧 前·後·左·右의 4위가 모두 구원할 수 있으며, 後衛
　　나 右衛까지도 모두 이렇게 할 수 있다.”

까. 속오군의 奴軍化 현상은 결론적으로 말해서 당시의 사회·경제적 요인보다는 군제변동에서 그 원인을 찾을 수 있다. 즉, 숙종대 이후 속오군의 노군화가 빠르게 진행된 원인으로는 첫째, 북도에서 오위의 편제가 복설됨과 동시에 겸영장제가 보편화된 점, 둘째 속오군의 收米·收布法이 보편화된 점,84) 셋째 훈련도감·어영청·금위영 등 3군문의 군졸이 정예화됨으로써 속오군과 차별성이 심화된 것85) 등을 지적할 수 있다.

⑶은 무신 朴星錫이 관서지방에서 실시하고 있는 겸영장제의 문제점을 지적한 내용이다. 즉, 수령이 영장을 겸하는 동시에 여러 邑鎭을 거느리는 겸영장제는 평상시에 모여 조련하는 일이 없을 뿐만 아니라 군졸들이 수백 리 되는 곳에 흩어져 있으므로 유사시에 즉각 대응할 수 없었다. 그러므로 겸영장제를 혁파하고 독립된 邑鎭을 설치하되, 각 鎭의 수령에게 군병을 거느리게 하자는 것이었다. 만약 이것이 실행된다면, 조선 전기 鎭管制 하의 關防과 동일한 성격을 갖게 된다.

⑷는 강변의 邑鎭이 모두 독립된 鎭이 되었기 때문에 속오법을 마땅히 혁파해야 하며, 또한 영장제도 실시할 수 없다는 내용이다. 이것은 ⑶에서 좌·우 영장을 혁파하고 강변 각 고을을 독립된 진으로 만들자는 주장이 실제로 실현되고 있는 증거가 되겠다.

효종이 왕권강화의 한 방안으로 실시한 武人 중심의 영장제는 현종 이후 서서히 무너지기 시작하여 영조 때의『續大典』성립 당시에는 영장의 수령겸직이 법제화되었다.86) 이후 겸임영장제는 治兵的 임무보다는 治盜的 임무가 더 큰 兼討捕使의 존재로 변하게 되

---

84) 車文燮, 1973,「束伍軍研究」,『朝鮮時代 軍制研究』, 단국대출판부.
85) 車文燮, 1973, 위의 책, 198쪽 ;『備邊司謄錄』48冊, 肅宗 20年 9月 2日.
86) 車文燮, 1973,「朝鮮後期의 營將」,『朝鮮時代 軍制研究』, 단국대출판부.

는데,[87] 이는 한편으로 영조대 이후 속오군의 奴軍化가 심화된 것과 밀접한 관계가 있다. 다시 말해서 속오군의 奴軍的 성격의 강화를 당시 천인의 군역을 통한 신분상승의 억제 현상과 동일한 것으로는 볼 수 없는 것이다. 왜냐하면 奴軍化한 속오군은 정예한 오군영보다 그 군사력이 훨씬 열세였다는 데 더 큰 이유가 있기 때문이다.

---

87) 徐台源, 1993, 앞의 논문.

결 론

본 연구는 조선시대 천인이 從良을 전제로 군역에서 去官하거나 軍功과 試取, 武科及第를 통해 신분상승하는 일련의 과정을 여섯 장으로 나누어 고찰하였다. 제1장은 본 연구의 이론적 틀에 해당하는 부분으로서 천인의 신분상승과 관련되는 여러 문제를 다루었으며, 제2장은 천인이나 身良役賤이 補充軍의 거관을 통해서, 제3장은 公私賤이 試取로 壯勇隊에 편제된 다음 거관함으로써 종량하는 내용이다. 제4장에서는 천인이 군공을 세우면 그 대가로 신분상승하는 문제를, 제5장과 6장에서는 무과급제와 束伍軍 편제를 통해 신분상승하는 내용을 중심으로 하였다.

주지하듯이 조선시대 성인남자는 軍役과 身役(職役) 등 '國役'을 부담하는 것을 원칙으로 하였다. 이 때 문무관료는 그들의 관직이 곧 군역에 해당되었고, 신양역천과 천인은 신역이 있었기 때문에 군역에서 면제되었다. 그러나 試取를 통해 군직을 갖는 천인도 있었다. 이와 같이 조선왕조는 신분직역제를 바탕으로 국가가 성립되고 유지된 사회로서 각 신분 간에는 권리와 의무에 따른 직역의 차등이 존재하였으며, 그것은 法制를 통해 제도화되었다.

그 동안 職役에 따른 신분구분은 양반·중인·평민·천민으로 나누는 양반제론과 양인과 천인으로 구분하는 양천제론이 있었다. 특히 천인의 신분상승과 관련해 볼 때 양천제가 양반제보다 그 폭이 더 크다고 인식하였지만 양천제 역시 양인신분 내에서의 계층이동에만 주력하였고, 천인의 종량에 관해서는 구체적인 연구가 없는 실정이다. 따라서 지금까지는 각 신분 내에서의 계층이동만 가능할 뿐 천인의 신분상승은 거의 불가능한 것으로 이해할 수밖에 없었다. 그러나 천인의 종량은 조선시대 전 시기를 통해서 억제되지만은 않았으며 각 시대의 특성과 관련하여 상호 다르게 나타났다. 즉, 같은 職役이라 하더라도 왕권과 신권의 대립 갈등에 따른 정치변동 내지는 사회변동에 따라서 신분이동의 개방성과 폐쇄성, 역동성과 정체성의 폭과 범위에 차이가 있었다. 이것이 곧 신분변동의 역동적 관계인데 만약 이와 같은 사실이 사료를 통해서 구체적으로 입증된다면 조선시대 사회성격을 새롭게 규정할 수 있을 것이다.

이제 각 장에서 연구한 내용을 요약·정리하여 결론에 대신하고자 한다. 먼저 기존의 연구업적을 검토하고 보완함으로써 다음과 같은 결론에 도달하였다.

첫째, 조선 초기를 그 전후 시기와 비교하여 천인종량의 폭과 범위가 가장 컸던 시기로 평가하였다. 조선왕조는 개국과 동시에 身良役賤層을 창출하고 補充軍과 壯勇隊의 去官 내지는 軍功論賞을 통해 광범한 천인의 종량을 실현하였다. 그럼에도 불구하고, 지금까지는 양반제론이 우세한 결과 직역을 신분과 동일한 것으로 해석하거나 良身分 내에서의 계층이동만 가능할 뿐 천인의 신분상승은 불가능한 것으로 인식하였다.

특히 科擧를 통한 신분이동에 대하여, 종래에는 조선사회가 엄격한 세습적 신분사회였으므로 良人은 과거에 나갈 수 없고 양반들만 응시하였다고 생각했는데, 근래에 이르러 양인들도 과거에 응시하였다는 주장이 나왔다. 그러나 조선 전기의 경우 과거를 통한 신분상승은 良身分 내의 계층이동을 입증하는 데는 적절하지만 천인의 신분상승을 설명하기에는 적당하지 않다고 생각한다. 따라서 필자는 조선 초기의 천인이 제도적 종량을 통해 新良人에 편제되는 과정을 법제적 측면에 중점을 두어 살펴보았다.

둘째, 임진왜란 이후 신분하강 현상이 보편화되었다는 와그너(E. W. Wagner)와 韓榮國의 역사해석에 의문을 제기하였다. 이와 같은 견해는 일찍이 한영우가 주장하였다. 그는 임진왜란 이후의 신분제 동요를 조선 전기의 비합리적·혈연적 요인에 의해 저해된 데 대한 반발로서 인식하였다. 그러나 이러한 주장은 임진왜란 이후 법제를 통해 이루어진 천인의 종량을 간과한 데서 나온 것이었다. 한편 와그너가 신분하강 현상의 근거로 제시한 北部戶籍은 1663년(현종 4)에 제작된 것으로서 임진왜란과는 무려 70여 년의 시차가 난다. 따라서 이와 같은 사료를 통해 17세기의 신분하강 현상을 전국적인 것으로 평가한 것은 타당하지 않다고 하겠다. 그것은 당시 노비인구가 서울로 집중하였던 특수성을 감안하지 않았기 때문이다. 또한 한영국은 16~17세기에 良賤交婚이 널리 행해진 결과 公私賤이 良人을 침식하여 노비인구가 증대하였다고 해석하였다. 그의 견해는 임진왜란 이후 신분하강 현상에 동조하는 여러 연구자의 이론적 근거가 되고 있다. 그러나 이러한 견해 역시 조선 초기부터 영조 7년(1731) 奴婢從母法이 실시되기 이전까지의 광범한 천인의 良人化를 간과한 데서 나온 것이다.

補充軍은 태종 15년(1415)에 양인확대정책의 일환으로 처음 설치되었다. 그 동안 양반제론자들은 보충군의 설치 목적이 양반의 특권을 보장하는 데 있다고 해석함으로써 조선 초기를 양반제 사회로 규정하는 이론적 근거로 삼았다. 그러나 지금까지의 연구를 통해서 보충군의 입속은 '大小人員'의 婢妾 자손에게만 국한된 것이 아니고 천인과 身良役賤에게 종량의 통로 역할을 하였음이 확인되었다.

보충군의 변동 추이를 세 단계로 구분하면 다음과 같다. 첫번째 단계는 태종 15년(1415)부터 예종 1년(1469)까지로서 양인확대정책을 지향했던 시기이다. 이 기간 중 良賤不明者의 신분 귀속에 관한 노비쟁송은 첨예한 사회문제였다. 태조는 이들을 양인인 身良役賤으로 편제하여 司宰監 水軍에 소속시켰다. 태종 역시 태조의 양인확대정책을 계승하였지만 한편으로 독자적인 종량정책을 추진하였다. 奴娶良女 소생과 大小人員의 自己婢妾 소생, 他人婢妾 소생을 사재감 수군에 소속시켰을 뿐만 아니라 良夫의 公私婢 소생을 종량하는 從父法을 실시하였다. 실제로 태종은 당시 양천불명자 1만여 명을 보충군에 입속시켜 종량하였다. 한편 세종은 도망한 보충군에 대해 還賤하는 법을 제정함으로써 양인확대정책은 일시적으로 축소되었다. 그러나 세조는 종부법을 확대 실시함으로써 더 많은 공민을 확보하였는데 군공논상과 장용대 설치를 통해서도 이러한 사실이 확인된다.

두번째 단계는 성종 즉위년(1469)부터 임진왜란 이전으로 王權과 臣權이 갈등관계에 있었던 시기이다. 성종 초기에는 垂簾聽政과 院相制의 실시로 왕권이 약화됨에 따라 良人婢妾 소생의 보충대 입속이 금지되었다. 이 같은 사실은 『경국대전』에서 '及良人' 三字의 삭제 여부에 관한 일련의 논의 과정에서 확인할 수 있다. 다시 말해서 성종대에는 '及良人' 三字의 첨입 기간이 1년에 불과하였던 반면, 중종대에는 10여 년 간 실시되었으므로 이 기간에는 종량된 천인의 숫자가 더 많았다고 하겠다.

세번째 단계는 임진왜란 이후 숙종대까지로서, 신분제 동요와 밀접한 관계를 갖는 시기이다. 중종 38년(1543) '及良民' 三字가 『대전속록』에 첨입됨으로써 양인비첩 소생은 합법적으로 종량될 수 있었다. 그러나 성리학이 토착화되는 선조 초에는 종모법과 종부법이

동시에 적용되었으므로 양인의 숫자는 크게 증가하지 않았다. 따라서 조선성리학의 토착화는 奴婢世傳法을 확고히 하는 계기가 될 수 있었다. 그러나 임진왜란 이후 다수의 천인이 군역에 편제됨으로써 광범한 신분상승이 실현된 결과 중세 신분질서가 동요하는 계기가 되었다.

壯勇衛는 지금까지 천인병종으로 이해하였다. 그러나 시대에 따라 장용위는 그 성격이 여러 번 변동하였다. 즉, 창설 당시의 장용대는 천인병종이었지만 양반지배체제가 강화된 성종 6년(1475)부터 장용위로 개칭됨과 동시에 良人兵種으로 전환되었다. 임진왜란 이후 군제변동에 따라 장용위는 또다시 公私賤과 內奴가 壯勇隊 去官을 통해서 종량되는 천인병종의 壯勇隊 기능을 담당하였다. 세조 5년 창설 당시의 장용대는 왕권 우위의 六曹直啓體制를 실현하는 군사적 토대로 기능하는 한편, 庶孼과 公私賤 등이 장용대 거관을 통해 종량하는 통로 역할도 수행하였다. 한편 창설 당시의 장용대는 서울과 양계지방의 천인에 한정되었으나 1년 뒤부터 그 선발지역은 下三道까지 확대되었다. 특히 세조 13년(1467) 평안도 吉州에서 이시애의 난이 발생했을 때는 장용대의 군사적 활약이 컸다. 이에 따라 장용대의 사회적 지위가 상승하였을 뿐 아니라 그 정원도 비록 彎强隊와 합한 것이지만, 1,350명으로 증액되었다. 이시애의 난 때 장용대를 통해 1,254명이 軍功免賤됨으로써 당시 천인들이 특권의식을 갖게 되었다. 장용대인 양녕대군의 노비가 大君에게 항거하였던 사례 등이 당시의 이러한 시대 분위기를 반영하고 있다. 양인병종의 장용위는 성종 6년부터 임진왜란 직전까지의 시기에 해당되는데 성종 초부터 臣權이 확대된 사실과 밀접한 관련이 있다. 신권이 확대되면 자영농민의 佃戶化 내지 私民化가 촉진되기 때문에 천인의 신분상승은 억제될 수밖에 없다. 이에 따라 당시 천인의 장용대 입속을 금지하는 조처가 취해졌다. 이후 양인병종의 장용위에게는 체아실직이 제수되고, 녹봉과 봉족이 지급되었으며, 정3품까지 승진하는 혜택이 주어졌다. 그러나 중종대 이후 代位制와 放軍收布制가 보편화되면서 그들의 군역의무가 가중되자 양인들도 장용위 입속을 기피하게 되었다.

한편 임진왜란 이후의 장용대는 사회변동에 편승하여 함경도의 공사천과 內奴들이 장용대를 거관함과 동시에 종량되었던 천인병종의 시기다. 특히 內奴의 군역 편입은 광해군과 북인정권에 이르러 크게 확대되었으나 인조반정과 崇明反淸思想에 기초한 양반지배체제가 확립됨으로써 광해군의 개방적 신분정책은 폐쇄적 신분정책으로 전환되었다.

軍功을 통한 최초의 신분상승은 고려 말의 添設職에서 찾을 수 있다. 그러나 천인이 군공을 통해 양인으로 신분상승한 경우는 조선 초의 양인확대정책에서 시작된다. 이시애의 난 때 군공면천된 숫자는 1,254명에 달하였다. 성종대부터 중종대까지는 良人의 私民化를 지향한 관료지배체제가 강화됨으로써 軍功에 의한 천인의 신분상승은 억제되었다. 그러나 北虜南倭의 군사적 위협이 증대된 명종대부터는 公私賤과 內奴가 軍役에 편제된 대가로 제한적이나마 군공면천의 법제화가 실현되었다.

한편 임진왜란 중 軍功免賤은 納粟策과 功名帖에 의한 신분상승까지 군공면천의 범주 안에 포함시킴으로써 천인의 良人化는 그 폭이 크게 확대되었다. 광해군대 역시 큰 전란이 없었음에도 불구하고 公私賤과 內奴의 군역을 통한 신분상승의 추세는 계속되었다. 인조대에는 인조반정, 이괄의 난, 양 호란 등 정치·군사 변동의 요인이 많았으므로 軍功에 의한 천인의 신분상승 역시 많았을 듯하지만 실제는 그렇지 않았다. 이는 인조정권이 名分論을 표방한 것과 직접 관계되지만, 한편으로 양 호란이 국지전이었고 전쟁기간이 짧았던 것도 한 원인이었다.

武科는 원칙적으로 양인신분 이상만 응시하였으나 임진왜란부터 확대된 軍功免賤과 赴防을 전제로 한 무과출신자의 양적 팽창에 편승하여 천인들도 무과에 응시하여 급제하였다. 임진왜란 중 다수의 천인들이 무과에 급제할 수 있었던 것은 정부가 從軍할 赴防軍士를 선발하기 위해 무과의 試取規定을 완화하였기 때문이다. 천인들이 무과에 급제한 형태를 살펴보면, 먼저 선조가 피난지에서 실시한 別試武科를 통한 土兵들의 대량 급제, 다음으로 斬給武科를 통한 천인의 무과급제, 마지막으로 천인의 탈법적 무과급제가 있는데 이것은 국가가 赴防軍士를 확보하기 위해 천인의 무과급제를 묵인함으로써 나타난 현상이다. 한편 천인들이 紅牌를 소지하면 良人이 될 수 있었으며, 守令과 邊將에 임명될 경우는 지배신분으로 상승할 수 있었기 때문에 홍패를 매매하는 것이 보편화되었다.

광해군대 역시 廣取武科를 통해서 천인들의 신분상승이 지속적으로 실현되었다. 이 같은 현상이 나타난 시대적 배경은 당시 後金勢力이 급팽창함으로써 다수의 부방군사가 필요하였음에도 불구하고 임진왜란 이후 양반과 양인 상층은 오히려 군역에서 면제되거나 피역하여 군액이 점차 감소되었기 때문이다.

한편 北伐이 논의되었던 仁祖·孝宗·肅宗代에는 정치·군사적 변동기였음에도 불구하고 무과를 통한 천인의 신분상승이 억제되었다. 특히 인조·효종대는 청나라의 군사적 간섭이 많았을 뿐만 아니라 인조반정으로 良人의 私民化를 추구하는 양반지배체제가 확대되었기 때문이다. 그러나 북벌의 준비라는 측면에서는 동일하지만, 무과를 통한 천인의 신분상승의 면에서 숙종대에는 인조·효종대와 다른 양상이 전개된다. 먼저 軍役의 收布化가 광범하게 진행된 결과 군역인구가 상당히 감소하였고, 둘째 당시 정예한 5군영의 군졸과 一身兩役의 폐단으로 군사력이 약화된 束伍軍을 변방의 赴防軍士로 보낼 수 없게 되었다. 이 같은 상황에서 정부는 부방군사를 확보하는 방안으로 다수의 천인을 무과에 급제시켰다. 당시 사족 자제가 무과응시를 기피한 이면에는 상품생산과 유통경제의 발달에 따라 부유한 천인들의 무과응시가 보편화되었기 때문이 아닌가 한다.

束伍軍은 임진왜란 이후 鎭管制가 붕괴되면서 설치된 지방군사제도로서, 양반·상민·천인의 신분을 구별하지 않고 한 대오에 편제한 것이 특징이다. 이는 皆兵制가 傭兵制로 전환되고, 職役 편성에서 신분제적 요인이 약화되었음을 반영한 것이다. 또한 천인의 속오군 편제는 良賤 간의 신분적 혼효 현상을 유발함으로써 사회·경제적 차별을 완화시켰다. 그러나 북벌시기인 인조대에 이르러 반정공신세력의 병권 장악과 관련해서 속오군은 都城의 시위체계에 편제되거나 병권과 행정권의 분화를 지향한 營將制의 폐지 등 정치변동과 관련하여 그 지위가 변동하였다. 한편 효종대에는 私賤束伍軍이 겪는 一身兩役의 폐단을 개선하기 위해 營將事目을 제정하였다. 그런데 이 때부터 時任座首가 속오군을 관장하여 壓良爲賤 현상이 억제되는 등 긍정적인 측면도 있었지만, 숙종대 이후 군역은 收布化되고 공사천이 職役 대신 奴軍에 편제되는 현상이 보편화되었다. 이에 따라 속오군을 통한 천인의 신분상승의 폭과 범위도 숙종대부터 현저히 약화될 수밖에 없었다. 그러나 이 같은 현상은 당시 5군영의 군졸이 정예화한 반면, 속오군은 收米·收布法 내지는 일신양역의 폐단으로 인해서 군사력이 약화되었던 데 그 원인이 있다. 따라서 속오군의 奴軍化는 군역을 통한 천인의 신분상승이 억제된 현상으로 볼 수는 없겠다.

　이상에서 기존의 견해를 분석·검토하고 軍役을 통해 賤人이 良人으로 신분상승하는 문제를 요약하였다.

　군역을 통한 천인의 신분상승의 폭과 범위는 조선 초기 및 임진왜란부터 광해군대에 가장 컸으며, 양반지배체제가 보편화된 성종·중종대 및 인조·효종대는 良人의 私民化가 확대되었기 때문에 신분변동이 폐쇄적인 시기였다고 규정할 수 있겠다. 그러나 현종대 이후 대내적으로 대동법 실시에 따른 상품화폐경제의 발달 등을 바탕으로 한 비합법적 신분상승이 보편화됨으로써 천인의 良人化는 더욱 용이해졌다. 현종 10년(1669)과 숙종 10년(1684)에 실시된 奴婢從母法이 이 같은 사실을 반영한 것으로 보인다. 물론 숙종대 이후 反淸的 대외관계가 완화됨으로써 군역을 통한 천인 종량의 폭은 현저히 축소되었다. 따라서 18세기부터는 이에 관한 사료가 감소되는 추세를 보이는데, 이러한 현상은 경제적 영향력이 증대된 결과 직역의 신분제적 요인이 약화되었기 때문이다. 중세 신분질서의 해체가 곧 근대사회로의 이행이라고 한다면, 賤人이 군역을 통해 양인이 되는 여러 현상을 구명하는 작업은 곧 조선사회의 근대적 요인을 구명한다는 점에서 역사적 의의가 크다고 생각된다.

參考文獻

1. 資 料

『高麗史』　　　　　『朝鮮王朝實錄』　　『承政院日記』
『備邊司謄錄』　　　『宋史』　　　　　　『續大典』
『大典通編』　　　　『大典會通』　　　　『受敎輯錄』
『新補受敎輯錄』　　『典律通補』　　　　『萬機要覽』
『磻溪隨錄』　　　　『迂書』　　　　　　『星湖僿說』
『牧民心書』　　　　『擇里志』　　　　　『增補文獻備考』
『經國大典』　　　　『大典後續錄』　　　『栗谷全書』

2. 論 著

近代史研究會 編, 1987, 『韓國中世社會 解體期의 諸問題(下)』, 한울.
金甲周, 1983, 『朝鮮時代 寺院經濟研究』, 同和出版社.
金斗憲, 1969, 『韓國家族制度研究』, 서울대출판부.
金錫亨, 1957, 『朝鮮封建時代 農民의 階級構成』, 신서원.
金泳謨, 1977, 『朝鮮支配層研究』, 一潮閣.
金泳謨, 1982, 『韓國社會階層研究』, 一潮閣.
金容燮, 1970, 『朝鮮後期農業史研究(1)』, 一潮閣.
金彩潤, 1995, 『社會階層이란 무엇인가』, 民音社.

金泰永, 1983, 『朝鮮前期土地制度史研究』, 知識産業社.

金鴻植, 1981, 『朝鮮時代 封建社會의 基本構造』, 博英社.

南都泳, 1996, 『韓國馬政史』, 한국마사회 박물관.

閔賢九, 1983, 『朝鮮初期의 軍事制度와 政治』, 韓國研究院.

朴翼煥, 1995, 『朝鮮鄕村自治社會史』, 三英社.

朴忠錫, 1982, 『韓國政治思想史』, 三英社.

徐台源, 1999, 『朝鮮後期 地方軍制研究』, 혜안.

宋俊浩, 1987, 『朝鮮社會史研究』, 一潮閣.

陸軍本部, 1968, 『韓國軍制史 - 近世朝鮮前期篇 - 』.

陸軍本部, 1979, 『韓國軍制史 - 近世朝鮮後期篇 - 』.

元裕漢, 1975, 『朝鮮後期貨幣史研究』, 韓國研究院.

元裕漢, 1978, 『朝鮮後期 貨幣流通史』, 정음사.

劉承源, 1987, 『朝鮮初期身分制研究』, 乙酉文化社.

尹南漢, 1982, 『朝鮮時代의 陽明學研究』, 集文堂.

尹熙勉, 1990, 『朝鮮後期鄕校研究』, 一潮閣.

李景植, 1986, 『朝鮮前期 土地制度研究』, 一潮閣.

이화여대 사학과연구실, 1987, 『朝鮮身分史研究 - 身分과 그 移動 - 』, 法文社.

李丙燾, 1987, 『韓國儒學史』, 亞細亞文化社.

李秉烋, 1984, 『朝鮮前期畿湖士林派研究』, 一潮閣.

李相佰, 1949, 『李朝建國의 研究』, 乙酉文化社.

李成茂, 1980, 『朝鮮初期兩班研究』, 一潮閣.

李成茂, 1994, 『改正增補 韓國의 科擧制度』, 集文堂.

李成茂·鄭萬祚 外, 1992, 『朝鮮後期 黨爭의 綜合的 檢討』, 韓國精神文化研
　　　　究院.

李泰鎭 編, 1985, 『朝鮮時代 政治史의 再照明』, 범조사.

李樹健, 1981, 『慶北地方古文書集成』, 영남대출판부.

李樹健, 1981, 『嶺南士林派의 形成』, 영남대출판부.

李樹健, 1984, 『韓國中世社會史研究』, 一潮閣.

李樹健 外, 1995, 『韓國史時代區分論』, 知識産業社.

李榮薰, 1980, 『朝鮮後期社會經濟史』, 한길사.

李銀順, 1988, 『朝鮮後期黨爭史研究』, 一潮閣.

李載龒, 1989, 『朝鮮初期社會構造研究』, 一潮閣.

李俊九, 1993, 『朝鮮後期 身分職役變動研究』, 一潮閣.

李泰鎭, 1985, 『朝鮮後期의 政治와 軍營制變遷』, 韓國研究院.
李泰鎭 外, 1992, 『韓國社會發展史論』, 知識産業社.
李海濬・金仁杰 外, 1993, 『조선시기 사회사 연구법』, 한국정신문화연구원.
全炯澤, 1989, 『朝鮮後期 奴婢身分研究』, 一潮閣.
全錫淡, 1946, 『李朝社會經濟史』, 노농사.
鄭杜熙, 1994, 『朝鮮時代의 臺諫制度』, 一潮閣.
鄭奭種, 1983, 『朝鮮後期社會變動研究』, 一潮閣.
車文燮, 1973, 『朝鮮時代軍制研究』, 단국대출판부.
車文燮, 1996, 『朝鮮時代 軍事關係研究』, 단국대출판부.
千寬宇, 1979, 『近世朝鮮史研究』, 一潮閣.
崔承熙, 1976, 『朝鮮初期 言官・言論研究』, 韓國文化研究所.
崔承熙, 1981, 『韓國古文書研究』, 知識産業社.
崔永禧, 1975, 『壬辰倭亂 中의 社會動態』, 韓國研究院.
崔永禧 外, 1992, 『壬辰倭亂의 再照明』, 국사편찬위원회.
韓國史研究會, 1988, 『韓國史研究入門』, 知識産業社.
韓永愚, 1983, 『朝鮮前期社會思想研究』, 知識産業社.
洪承基, 1981, 『高麗時代 奴婢研究』, 韓國研究院.
四方博, 1976, 『朝鮮社會經濟史研究』上・中・下, 國書刊行會.
守本順一郎 著, 김수길 옮김, 1985, 『東洋政治思想史研究』, 동녘.
平木實, 1982, 『朝鮮後期奴婢制研究』, 知識産業社.
崔孝軾, 1995, 『朝鮮後期 軍制史研究』, 신서원.

3. 論 文

丘秉朔, 1967, 「韓國社會法制史特殊研究」, 『友石文理法經大論文集』 1.
近代史研究會, 1987, 「朝鮮後期 身分史 研究現況」, 『韓國中世社會 解體期의
　　　　諸問題(下)』.
金甲周, 1973, 「院相制의 成立과 機能」, 『東國史學』 12.
金東仁, 1990, 「朝鮮前期 私奴婢의 隷屬形態」, 『李載龒博士還曆紀念 韓國史
　　　　學論叢』.

金相五, 1978・1979,「李施愛의 亂에 관하여」,『全北史學』2・3.

金良洙, 1987,「朝鮮初期 譯官身分에 관한 研究」연세대 박사학위논문.

金良洙, 1990・1991,「朝鮮後期 中人집안의 活動연구」(上)・(下),『實學思想
　　　　研究』1・2.

金泳謨, 1964,「李朝 議政府의 社會的 背景」,『韓國社會學』1.

金泳謨, 1966・1967,「李氏王朝時代 支配層(Elite)의 形成과 移動에 관한 연
　　　　구 - 榜目과 家寶의 分析에 의한 접근 - 」,『論文集』11・12, 중앙
　　　　대.

金泳謨, 1981,「朝鮮後期의 身分構造와 그 變動」,『東方學志』26.

金容晚, 1987,「朝鮮時代 掌隷院研究 序說」,『嶠南史學』3.

金容燮, 1960,「量案의 研究(上・下) - 朝鮮後期의 農家經濟 - 」,『史學研究』
　　　　7・8.

金容燮, 1963,「朝鮮後期에 있어서의 身分制의 動搖와 農地所有 - 尙州量案
　　　　研究의 一端 - 」,『史學研究』15.

金容燮, 1968,「18세기 農村知識人의 農業觀 - 正祖末年의 應旨進農書의 분
　　　　석 - 」,『韓國史研究』2.

金龍德, 1955,「鄕所部曲考」,『백낙준기념국학논총』.

金龍德, 1980・1981,「部曲의 規模 및 部曲人의 身分에 대하여」,『歷史學報』
　　　　79・80.

金鍾洙, 1992,「16세기 甲士의 消滅과 正兵立役의 變化」,『國史館論叢』32.

金彩潤, 1984,「朝鮮後期 實學의 職業觀」,『韓國社會學研究』7.

金泰永, 1989,「朝鮮前期의 均田・限田論」,『國史館論叢』5.

金泰永, 1994,「朝鮮初期 世祖王權의 專制性에 대한 일고찰」,『韓國史研究』
　　　　87.

金泰永・徐廷相, 1995,「朝鮮初期 軍役編制의 推移와 改革方向」,『경희사
　　　　학』19.

南都泳, 1960,「麗末鮮初의 馬政史로 본 對明關係」,『東國史學』6.

南都泳, 1961,「朝鮮時代의 地方馬政組織에 대한 小考」,『史學研究』18.

南都泳, 1965,「朝鮮牧子考」,『東國史學』8.

南都泳, 1966,「尙乘局에 대하여 - 鮮初의 內司僕寺 兼司僕 成立에 대한 一
　　　　考 - 」,『東國史學』9・10合.

南都泳, 1966,「典牧司에 대하여」,『歷史學報』30.

南都泳, 1969,「朝鮮初期의 兼司僕에 대하여」,『金載元博士華甲紀念論叢』.

南都泳, 1969, 「韓國牧場制度考」, 『東國史學』 11.

南都泳, 1975, 「鮮初의 牛馬盜賊」, 『東國大大學院論文集』 14.

南都泳, 1977, 「譯院制度」, 『서울六百年史(1)』.

南都泳, 1977, 「朝鮮時代의 交通(驛制)・通信制」, 『서울六百年史(1)』.

南都泳, 1978, 「牧畜業」, 『서울六百年史(2)』.

南都泳, 1979, 「朝鮮時代의 牧畜業」, 『東洋學』 9.

南都泳, 1981, 「朝鮮時代 軍事通信組織의 發達」, 『韓國史論』 9, 國史編纂委
　　　員會.

南都泳, 1985, 「朝鮮時代烽燧制度」, 『魯山劉元東博士回甲紀念 韓國近代社
　　　會經濟史硏究』.

南都泳, 1993, 「朝鮮時代 말 需給問題」, 『鄕土서울』 53.

南都泳, 1994, 「馬政」, 『韓國史』 24, 國史編纂委員會.

盧鎭英, 1979, 「17세기 초 山陰縣의 社會身分構造와 그 變動」, 『歷史敎育』
　　　25.

柳永博, 1969, 「朝鮮王朝初期의 勞動力問題 - 奴婢刷卷色의 社會政策的 機
　　　能 - 」, 『金載元博士回甲紀念論叢』.

文守弘, 1982, 「朝鮮後期 身分制動搖의 一考察 - 納粟策・空名帖 發給을 중
　　　심으로 - 」, 『東國大 경주캠퍼스 論文集』 1.

박시형, 1963, 「1467년 함경도 농민전쟁」, 『봉건지배계급을 반대한 농민들의
　　　투쟁 - 이조편 - 』, 과학원출판사.

朴宗基, 1980, 「高麗時代 鄕・部曲의 變質過程」, 『韓國史論』 6, 서울대 국사
　　　학과.

朴宗基, 1981, 「13세기 초엽 部曲의 存在形態」, 『韓國史硏究』 33.

朴菖熙, 「高麗後期의 身分制 動搖」, 『國史館論叢』 4, 1989.

北村明美, 1992, 「李朝初期國役制度'保法'成立について」, 『朝鮮史硏究會論文
　　　集』 30.

徐台源, 1993, 「束伍軍의 設置意義에 대한 硏究」, 『紀全女子專門大學論文
　　　集』 13.

徐台源, 1993, 「營將制의 設置와 運營」, 『實學思想硏究』 4, 毋岳實學會.

宋炳基, 1969, 「高麗時代의 農莊」, 『韓國史硏究』 3.

宋俊浩, 1977, 「李朝後期의 武科의 運營實態에 관하여」, 『全北史學』 1.

宋俊浩, 1987, 「朝鮮兩班考」, 『朝鮮社會史硏究』, 一潮閣.

宋俊浩, 1992, 「身分制를 통해서 본 朝鮮後期 社會의 性格의 一面」, 『歷史學

報』133.

宋俊浩, 1995,「朝鮮後期의 科擧制度」,『國史館論叢』63.

宋贊植, 1976,「朝鮮後期 校院生考」,『論文集』11, 국민대.

沈勝求, 1994,「朝鮮 宣祖代 武科及第者의 身分 - 1583~1584년의 大量試取
        榜目을 중심으로 - 」,『歷史學報』144.

沈勝求, 1996,「壬辰倭亂 중 武科及第者의 身分과 特性 - 1594년(선조 27)의
        別試武科榜目을 중심으로 - 」,『韓國史研究』92.

沈勝求, 1996,「壬亂中 武科의 運營實態와 機能」,『第39回 全國歷史學大會
        發表要旨』.

吳宗祿, 1989,「朝鮮初期의 邊鎭防衛와 兵馬僉使 - 萬戶 - 」,『歷史學報』123.

吳洙彰, 1985,「仁祖代 政治勢力의 動向」,『韓國史論』13, 서울대 국사학과.

元裕漢, 1985,「實學者 禹禎圭의 貨幣經濟論」,『弘益史學』2.

元裕漢, 1989,「조선전사 중세편의 분석 - 비판 - 」,『國史館論叢』7.

元裕漢, 1991,「朝鮮後期의 貨幣經濟發達과 그 影響」,『朝鮮後期 社會經濟
        史研究入門』, 민족문화사.

元裕漢, 1992,「五洲 李圭景의 商業論」,『實學思想研究』3.

元裕漢, 1995,「耆隱 朴文秀의 화폐경제론 - 실학자의 화폐경제론과 비교검
        토 - 」,『實學思想研究』5·6합집.

元裕漢, 1995,「조선 전기 화폐사의 역사적 위치」,『박물관휘보』6, 서울시립
        대 박물관.

有井智德, 1961,「李朝補充軍考」,『朝鮮學報』21·22합집.

李相佰, 1964,「賤者隨母考 - 良賤交婚出生者의 身分歸屬問題 - 」,『震檀學
        報』25·26합집.

李成茂, 1980,「兩班과 軍役」,『朝鮮初期兩班研究』, 一潮閣.

李成茂, 1987,「兩班과 良賤制」, 제2판『韓國史研究入門』, 知識産業社.

李成茂, 1987,「朝鮮時代 奴婢의 身分的 地位」,『韓國史學』9, 韓國精神文化
        研究院.

李成茂, 1987,「朝鮮初期 奴婢의 從母法과 從父法」,『歷史學報』115.

李樹健, 1969,「太宗朝에 있어서의 對奴婢施策」,『大邱史學』1.

李樹健, 1971,「朝鮮初期 郡縣制整備에 대하여」,『嶺南史學』1.

李樹健, 1972,「朝鮮朝 郡縣制의 一形態에 대하여」,『東洋文化』13.

李樹健, 1974,「朝鮮初期 戶口의 地域的 移動 현상」,『李瑄根華甲紀念 韓國
        學論叢』.

李樹健, 1978, 「直村考 - 朝鮮前期 村落構造의 一斷面 - 」, 『大邱史學』 10.

李樹健, 1995, 「高麗·朝鮮時代 支配勢力 變遷의 諸時期」, 『韓國史時代區分論』, 을유문화사.

李榮薰, 1987, 「古文書를 통해 본 朝鮮前期 奴婢의 經濟的 性格」, 『韓國史學』 9, 韓國精神文化研究院.

李榮薰, 1988, 「조선 후기 농민경영에서 주호·협호관계」, 『조선 후기사회경제사』, 한길사.

李榮薰, 1989, 「조선사회 率居·外居奴婢區分 再考」, 『한국근대경제사연구의 성과』, 형설사.

李榮薰, 1994, 「朝鮮佃戶考」, 『歷史學報』 142.

李佑成, 1966, 「高麗末期 羅州牧居平部曲에 대하여」, 『震檀學報』 29·30합집.

李章熙, 1984, 「朝鮮前期 土兵에 대하여」, 『藍史鄭在覺博士古稀記念東洋學論叢』.

李載龒, 1971, 「朝鮮初期의 奴婢研究」, 『崇田大論文集』 3.

李載龒, 1976, 「朝鮮前期 良人農民의 軍役과 土地所有」, 『第7回 東洋學學術會議講演抄』.

李載龒, 1977, 「奴婢」, 『韓國史』 10, 국사편찬위원회.

李載龒, 1984, 「朝鮮初期의 遞兒職」, 『朝鮮初期社會構造研究』, 一潮閣.

李載龒, 1989, 「朝鮮初期의 農莊」, 『國史館論叢』 6.

李種河, 1976, 「朝鮮王朝에서의 奴婢·雇工 및 婢夫의 法的 地位」, 『論文集』 10.

李泰鎮, 1976, 「15세기 후반기의 '鉅族'과 名族意識」, 『韓國史論』 3, 서울대 국사학과.

李泰鎮, 1993, 「朝鮮後期 兩班社會의 變化」, 『韓國社會發展史論』, 一潮閣.

李弘斗, 1985, 「中宗初 士林派의 政治的 性格에 관한 研究」, 『弘益史學』 2.

李弘斗, 1995, 「軍功論賞을 통한 朝鮮朝 賤人의 身分變動」, 『東國史學』 29.

李弘斗, 1996, 「武科를 통한 朝鮮後期 賤人의 身分變動」, 『民族文化』 19, 민족문화추진회.

李弘斗, 1996, 「壯勇隊 運營實態와 朝鮮朝 賤人의 身分變動」, 『實學思想研究』 8.

李洪烈, 1964, 「萬科設行의 政策史的 推移」, 『史學研究』 18.

李勛相, 1984, 「彰忠祠의 建立과 居昌愼氏 吏族」, 『동아문화』 4, 서강대.

李勛相, 1985,「朝鮮後期 慶州의 鄕吏와 安逸房」,『歷史學報』107.

林英正, 1973,「朝鮮初期 公賤에 대한 研究 - 外居奴婢의 成立을 중심으로 - 」,『史學研究』23.

林英正, 1977,「鮮初 補充軍 散稿」,『南溪曺佐鎬博士華甲紀念論叢 現代史學의 諸問題』.

林英正, 1986,「朝鮮初期의 官奴婢」,『東國史學』19·20.

全炯澤, 1990,「朝鮮初期의 公奴婢 勞動力 動員體制」,『國史館論叢』12.

鄭杜熙, 1992,「朝鮮前期 支配勢力의 形成과 變遷 - 그 研究史的인 成果와 課題 - 」,『韓國社會發展史論』, 一潮閣.

鄭奭鍾, 1972,「朝鮮後期社會身分制의 崩壞 - 蔚山府戶籍臺帳을 중심으로 - 」,『19세기의 韓國社會』, 大東文化研究院.

鄭奭鍾, 1983,「朝鮮後期 奴婢賣買文記 分析」,『金哲埈博士華甲紀念史學論叢』, 知識産業社.

鄭奭鍾, 1983,「朝鮮後期 社會變動의 動向과 政變 - 肅宗年間의 甲戌換局과 中人·商人·武人의 政變參與를 중심으로 - 」,『韓國史學』5.

鄭鉉在, 1981,「鮮初 內需司奴婢考」,『慶北史學』3.

鄭鉉在, 1982,「朝鮮初期의 奴婢免賤」,『慶北史學』5.

鄭鉉在, 1984,「朝鮮初期의 新良人」,『論文集』23 - 1, 慶尙大.

鄭鉉在, 1985,「朝鮮初期 ‘外居奴婢’의 槪念 검토」,『慶尙史學』創刊號.

鄭鉉在, 1986,「朝鮮初期의 奴婢法制」,『慶尙史學』2.

鄭鉉在, 1989,「朝鮮初期 奴婢에 관한 一考察 - 奴婢人口 問題를 중심으로 - 」,『慶尙史學』4·5합집.

鄭亨愚, 1970,「朝鮮鄕約의 實施經緯 및 그 內容에 대한 一考察」,『人文科學』23.

曺永祿, 1996,「朝鮮의 小中華觀 - 明淸交替期 東亞三國의 天下觀의 변화를 중심으로 - 」,『歷史學報』149.

趙湲來, 1980,「金千鎰의 義兵活動과 그 性格」,『史學研究』31.

池承鍾, 1991,「身分槪念과 身分構造」,『善丁金彩潤敎授回甲紀念論文集』, 다산출판사.

池承鍾, 1995,「傳統社會와 社會史研究 - 家族·鄕村社會 身分研究를 중심으로 - 」,『韓國學報』80.

車文燮, 1961,「壬亂 이후의 良役과 均役法의 成立」(上·下),『史學研究』10·11.

車文燮, 1966,「鮮初의 內禁衛에 대하여」,『史學硏究』18.

車文燮, 1967,「鮮初의 忠義·忠贊·忠順衛에 대하여」,『史學硏究』19.

車文燮, 1973,「宣祖朝의 訓鍊都監」,『朝鮮時代軍制硏究』, 단국대출판부.

車文燮, 1973,「束伍軍硏究」,『朝鮮時代軍制硏究』, 단국대출판부.

車文燮, 1976·1979,「守禦廳硏究」(上·下),『東洋學』6·9.

車文燮, 1981,「朝鮮後期 中央軍制의 再編」,『韓國史論 9』, 국사편찬위원회.

車文燮, 1983,「朝鮮中期 倭亂期의 軍令·軍事指揮權硏究 - 都體察使·都元師를 중심으로 - 」,『韓國史學』5.

車文燮, 1990,「朝鮮後期 兵馬防禦營設置考」,『國史館論叢』17.

車文燮, 1996,「朝鮮後期의 軍制와 國防」,『第26回 東洋學學術會議 講演抄』.

千寬宇, 1979,「科田法과 그 崩壞」,『近世朝鮮史硏究』, 一潮閣.

千寬宇, 1979,「朝鮮初期 五衛의 兵種」,『近世朝鮮史硏究』, 一潮閣.

崔承熙, 1983,「朝鮮後期 鄕吏身分變動與否考 - 鄕吏家門 古文書에 의한 事例研究 - 」,『金哲埈博士華甲紀念史學論叢』, 知識産業社.

崔承熙, 1983,「朝鮮後期 鄕吏身分變動與否考(2) - 鄕吏家門 古文書에 의한 事例研究 - 」,『韓國文化』4.

崔承熙, 1985,「朝鮮時代 兩班의 代加制」,『震檀學報』60.

崔承熙, 1985,「朝鮮後期 身分變動의 事例硏究 - 龍宮縣 大邱白氏家 古文書의 분석 - 」,『邊太燮博士華甲紀念史學論叢』, 三英社.

崔永浩, 1984,「幼學·學生·校生考 - 17세기 身分構造의 변화에 대하여 - 」,『歷史學報』101.

崔永禧, 1963,「朝鮮後期에 있어서의 社會的 變動 : 社會身分制度 - 宮寺奴婢革罷를 중심으로 - 」,『史學硏究』16.

崔孝軾, 1983,「御營廳硏究」,『韓國史硏究』40.

崔孝軾, 1985,「摠戎廳硏究」,『東國大 경주캠퍼스 論文集』4.

崔孝軾, 1991,「扈衛廳의 設置와 그 組織編制」,『용암차문섭박사화갑기념논총 조선시대사연구』, 신서원.

韓基範, 1982,「17世紀初 丹城縣民의 身分構成 - 戶籍分析을 중심으로 - 」,『호서사학』10.

韓基範, 1984,「17세기 驛屬人의 身分的 地位 - 丹城戶籍分析을 중심으로 - 」,『大田實專·中京工專論文集』13.

韓明基, 1988,「光海君代의 大北勢力과 政局의 動向」,『韓國史論』20, 서울대 국사학과.

韓榮國, 1973,「府의 戶口와 그 構成分析」,『大丘市史(1)』.
韓榮國, 1977·1978,「朝鮮中葉의 奴婢結婚 樣態-1609년의 蔚山府 戶籍에
　　　　나타난 事例를 중심으로-」(上·下),『歷史學報』75·76합집.
韓榮國, 1979,「朝鮮後期의 雇工-18·19세기 大邱戶籍에서 본 그 實態와 性
　　　　格-」,『歷史學報』81.
韓榮國, 1981,「豆毛岳考」,『韓㳰劤博士停年紀念史學論叢』, 知識産業社.
韓榮國, 1985,「朝鮮王朝 戶籍의 基礎的 研究」,『韓國史學』6.
韓永愚, 1969,「麗末鮮初 閑良과 그 地位」,『韓國史研究』4.
韓永愚, 1971,「朝鮮初期 上級胥吏 成衆官」,『東亞文化』10.
韓永愚, 1983,「朝鮮初期 兩班研究의 現況과 問題點」,『朝鮮前期社會經濟研
　　　　究』, 乙酉文化社.
韓永愚, 1983,「朝鮮初期의 社會階層과 社會移動에 관한 試論」,『朝鮮前期社
　　　　會經濟研究』, 乙酉文化社.
韓永愚, 1985,「美國內 韓國身分資料 및 朝鮮時代身分史 研究動向에 대한
　　　　研究」,『韓國史論』13, 서울대 국사학과.
韓永愚, 1986,「朝鮮後期 中人에 대하여-哲宗朝 中人通淸運動 자료를 중심
　　　　으로-」,『韓國學報』45.
韓㳰劤, 1960,「韓國社會階層의 近代化 과정」,『思想界』10월호.
韓㳰劤, 1961·1965,「白湖 尹鑴 研究」(1·2·3),『歷史學報』15·16·17.
韓㳰劤, 1965,「李朝後期의 貢人身分」,『學術院論文集-人文社會科學編-』
　　　　5.
韓㳰劤, 1977,「中央集權體制의 特性」,『한국사』10, 국사편찬위원회.
韓嬉淑, 1995,「양천제와 신분구조 변동」,『한국역사입문②』, 한국역사연구회
　　　　편.
韓嬉淑, 1995,「朝鮮初期軍役과 農民經營에 관한 研究」,『國史館論叢』61.
許善道, 1973·1974,「制勝方略研究」(上·下),『震檀學報』36·37.
洪鍾佖, 1977,「三藩亂을 전후한 顯宗·肅宗年間의 北伐論-특히 儒林과 尹
　　　　·　鑴를 중심으로-」,『史學研究』27.
洪鍾佖, 1977,「朝鮮 顯·肅宗年間 淸의 군원요청」,『南溪曺佐鎬博士華甲紀
　　　　念論叢-現代史學의 諸問題-』.
浜中昇, 1967,「麗末鮮初の閑良について」,『朝鮮學報』42.
四方博, 1938,「李朝人口に關する身分階級別的觀察」,『朝鮮經濟の研究』3.
Edward W. Wagner, "Social Stratification in Seventeenth Century Korea :

Some obeservations from a 1663 Seoul Census Register", *Occasional Papers on Korea* No. 1(Revised edition 1974).
Susan Shin, "The Social Structure of Kumwha Country in the Late Seventeenth Century", *Occasional Papers on Korea* No. 1(Revised edition 1974).

찾아보기

254

이홍두 (李弘斗)

전남 해남 출생
홍익대학교 사범대학 역사교육과 졸업
홍익대학교 대학원 사학과 졸업(문학석사)
동국대학교 대학원 사학과 졸업(문학박사)
현재 동국대·홍익대 강사
논문 : 「高麗 部曲의 郡縣昇格과 賤人의 身分上昇」,
    「朝鮮初期 天觀의 認識과 '國史' 敎育」 외 다수

朝鮮時代 身分變動 硏究
 -賤人의 身分上昇을 중심으로-

李弘斗 著

초판 1쇄 발행·1999년 8월 27일
초판 2쇄 발행·2000년 12월 15일

발행처·도서출판 혜안
발행인·오일주
등록번호·제22-471호
등록일자·1993년 7월 30일
121-836 서울 마포구 서교동 326-26
전화·02) 3141-3711, 3712
팩시밀리·02) 3141-3710

값 12,000원

ISBN 89-85905-85-6 93910